云南大学"一带一路"沿线国家综合数据库建设项目
中国周边外交研究省部共建协同创新中心　联合推出

"一带一路"沿线国家综合数据库建设丛书 | 林文勋 主编

企聚丝路
海外中国企业高质量发展调查

泰国

邹春萌 等 著

Overseas Chinese Enterprise and
Employee Survey in B&R Countries
THAILAND

中国社会科学出版社

图书在版编目（CIP）数据

企聚丝路：海外中国企业高质量发展调查.泰国／邹春萌等著.—北京：中国社会科学出版社，2020.10

（"一带一路"沿线国家综合数据库建设丛书）

ISBN 978 - 7 - 5203 - 7271 - 8

Ⅰ.①企…　Ⅱ.①邹…　Ⅲ.①海外企业—企业发展—研究—中国　Ⅳ.①F279.247

中国版本图书馆 CIP 数据核字（2020）第 180234 号

出 版 人	赵剑英
责任编辑	马　明
责任校对	王福仓
责任印制	王　超

出　　版	中国社会科学出版社
社　　址	北京鼓楼西大街甲 158 号
邮　　编	100720
网　　址	http://www.csspw.cn
发 行 部	010 - 84083685
门 市 部	010 - 84029450
经　　销	新华书店及其他书店

印　　刷	北京明恒达印务有限公司
装　　订	廊坊市广阳区广增装订厂
版　　次	2020 年 10 月第 1 版
印　　次	2020 年 10 月第 1 次印刷

开　　本	710 × 1000　1/16
印　　张	17.25
字　　数	242 千字
定　　价	85.00 元

总　序

党的十八大以来，以习近平同志为核心的党中央准确把握时代发展大势和国内国际两个大局，以高瞻远瞩的视野和总揽全局的魄力，提出一系列富有中国特色、体现时代精神、引领人类社会进步的新理念新思想新战略。在全球化时代，从"人类命运共同体"的提出到"构建人类命运共同体"的理念写入联合国决议，中华民族为世界和平与发展贡献了中国智慧、中国方案和中国力量。2013 年秋，习近平主席在访问哈萨克斯坦和印度尼西亚时先后提出共建"丝绸之路经济带"和"21 世纪海上丝绸之路"的重大倡议。这是实现中华民族伟大复兴的重大举措，更是中国与"一带一路"沿线国家乃至世界打造政治互信、经济融合、文化包容的利益共同体、命运共同体和责任共同体的探索和实践。

大国之路，始于周边，周边国家是中国特色大国外交启航之地。党的十九大报告强调，中国要按照亲诚惠容理念和与邻为善、以邻为伴周边外交方针深化同周边国家关系，秉持正确义利观和真实亲诚理念加强同发展中国家团结合作。① 当前，"一带一路"倡议已从谋篇布局的"大写意"转入精耕细作的"工笔画"阶段，人类命运共同体建设开始结硕果。

---

① 习近平：《决胜全面建成小康社会　夺取新时代中国特色社会主义伟大胜利——在中国共产党第十九次全国代表大会上的报告》（2017 年 10 月 18 日），人民出版社 2017 年版，第 60 页。

在推进"一带一路"建设中，云南具有肩挑"两洋"（太平洋和印度洋）、面向"三亚"（东南亚、南亚和西亚）的独特区位优势，是"一带一路"建设的重要节点。云南大学紧紧围绕"一带一路"倡议和习近平总书记对云南发展的"三个定位"，努力把学校建设成为立足于祖国西南边疆，面向南亚、东南亚的综合性、国际性、研究型一流大学。2017 年 9 月，学校入选全国 42 所世界一流大学建设高校行列，校党委书记林文勋教授（时任校长）提出以"'一带一路'沿线国家综合数据库建设"作为学校哲学社会科学的重大项目之一。2018 年 3 月，学校正式启动"'一带一路'沿线国家综合数据库建设"项目。

一是主动服务和融入国家发展战略。该项目旨在通过开展"一带一路"沿线国家中资企业与东道国员工综合调查，建成具有唯一性、创新性和实用性的"'一带一路'沿线国家综合调查数据库"和数据发布平台，形成一系列学术和决策咨询研究成果，更好地满足国家重大战略和周边外交等现实需求，全面服务于"一带一路"倡议和习近平总书记对云南发展的"三个定位"。

二是促进学校的一流大学建设。该项目的实施，有助于提升学校民族学、政治学、历史学、经济学、社会学等学科的建设和发展；调动学校非通用语（尤其是南亚、东南亚语种）的师生参与调查研究，提高非通用语人才队伍的科研能力和水平；撰写基于数据分析的决策咨询报告，推动学校新型智库建设；积极开展与对象国合作高校师生、中资企业当地员工的交流，促进学校国际合作与人文交流。

项目启动以来，学校在组织机构、项目经费、政策措施和人力资源等方面给予了全力保障。经过两年多的努力，汇聚众多师生辛勤汗水的第一波"海外中国企业与员工调查"顺利完成。该调查有如下特点：

一是群策群力，高度重视项目研究。学校成立以林文勋书记任组长，杨泽宇、张力、丁中涛、赵琦华、李晨阳副校长任副组长，各职能部门领导作为成员的项目领导小组。领导小组办公室设在社科处，由社科处处长任办公室主任，孔建勋任专职副主任，陈瑛、许庆红任技术骨干，聘请西南财经大学甘犁教授、北京大学邱泽奇教授、北京大学赵耀辉教授、北京大学翟崑教授为特聘专家，对项目筹备、调研与成果产出等各个环节做好协调和指导。

二是内外联合，汇聚各方力量推进。在国别研究综合调查数据库建设上，我校专家拥有丰富的实践经验，曾依托国别研究综合调查获得多项与"一带一路"相关的国家社科基金重大招标项目和教育部重大攻关项目，为本项目调查研究奠定了基础。国际关系研究院·南亚东南亚研究院、经济学院、民族学与社会学学院、外国语学院、政府管理学院等学院、研究院在问卷调查、非通用语人才、国内外资料搜集等方面给予大力支持。同时，北京大学、中国社会科学院、西南财经大学、广西民族大学等相关单位的专家，中国驻各国使领馆经商处、中资企业协会、企业代表处以及诸多海外中央企业、地方国有企业和民营企业都提供了无私的支持与帮助。

三是勇于探索，创新海外调研模式。调查前期，一些国内著名调查专家在接受咨询时指出，海外大型调查数据库建设在国内并不多见，而赴境外多国开展规模空前的综合调查更是一项艰巨的任务。一方面，在初期的筹备阶段，项目办面临着跨国调研质量控制、跨国数据网络回传、多语言问卷设计、多国货币度量统一以及多国教育体系和民族、宗教差异性等技术难题和现实问题；另一方面，在出国调查前后，众师生不仅面临对外联络、签证申请、实地调研等难题，还在调查期间遭遇地震、疟疾、恐怖袭击等突发事件的威胁。但是，项目组克服各种困难，创新跨国调研的管理和实践模式，参与调查的数百名师生经过两年多的踏实工作，顺利完成了这项兼具开源性、创新性和唯一性的调查任务。

四是注重质量，保障调查研究价值。项目办对各国调研组进行了多轮培训，强调调查人员对在线调查操作系统、调查问卷内容以及调查访问技巧的熟练掌握；针对回传的数据，配备熟悉东道国语言或英语的后台质控人员，形成"调查前、调查中和调查后"三位一体的质量控制体系，确保海外调查数据真实可靠。数据搜集完成之后，各国调研组立即开展数据分析与研究，形成《企聚丝路：海外中国企业高质量发展调查》报告，真实展现海外中国企业经营与发展、融资与竞争、企业形象与企业社会责任履行状况等情况，以及东道国员工工作环境、就业与收入、对中国企业与中国国家形象的认知等丰富内容。整个调查凝聚了 700 多名国内外师生（其中 300 多名为云南大学师生）的智慧与汗水。

《企聚丝路：海外中国企业高质量发展调查》是"'一带一路'沿线国家综合数据库建设"的标志性成果之一。本项目首批由 20 个国别调研组组成，分为 4 个片区由专人负责协调，其中孔建勋负责东南亚片区，毕世鸿负责南亚片区，张永宏负责非洲片区，吴磊负责中东片区。20 个国别调研组负责人分别为邹春萌（泰国）、毕世鸿（越南）、方芸（老挝）、孔建勋和何林（缅甸）、陈瑛（柬埔寨）、李涛（新加坡）、刘鹏（菲律宾）、杨晓强（印度尼西亚）、许庆红（马来西亚）、柳树（印度）、叶海林（巴基斯坦）、冯立冰（尼泊尔）、胡潇文（斯里兰卡）、邹应猛（孟加拉国）、刘学军（土耳其）、朱雄关（沙特阿拉伯）、李湘云（坦桑尼亚）、林泉喜（吉布提）、赵冬（南非）和张佳梅（肯尼亚）。国别调研组负责人同时也是各国别调查报告的封面署名作者。

今后，我们将继续推动"'一带一路'沿线国家综合数据库建设"不断向深度、广度和高度拓展，竭力将其打造成为国内外综合社会调查的知名品牌。项目实施以来，尽管项目办和各国调研组竭尽全力来完成调查和撰稿任务，但由于主、客观条件限制，疏漏、错误和遗憾之处在所难免，恳请专家和读者批评指正！

《"一带一路"沿线国家综合数据库
建设丛书》编委会
2020 年 3 月

目　　录

第 一 章

泰国政经形势与对外关系

　　泰王国（The Kingdom of Thailand），简称泰国（Thailand），位于中南半岛中部，西部与北部与缅甸、安达曼海接壤，东北部是老挝，东南部是柬埔寨，南部狭长的半岛与马来西亚相连。泰国的政治体制是二元制君主立宪制。在泰国现行的宪法中规定，议会是国家立法机关和权力机关，由议会选举产生的总理组织政府，掌握国家最高的行政权力。2016年12月，新国王玛哈·哇集拉隆功正式登基成为拉玛十世王。泰国现任总理为巴育·詹欧差，现行宪法于2017年4月经新国王批准生效。泰国实行自由经济政策，属外向型经济。20世纪90年代泰国经济发展迅速，跻身"亚洲四小虎"之列。1997年亚洲金融危机爆发，泰国经济遭受重大挫折，1999年其经济开始复苏。如今，泰国产业结构变化明显，农业、制造业和旅游业是泰国的主要经济部门，电子工业、汽车制造业发展迅速。泰国已成为亚洲唯一的粮食净出口国和世界五大农产品出口国之一，同时也是东南亚汽车制造中心和东盟最大的汽车市场。

第一节　泰国政治形势

　　泰国是二元制君主立宪制的国家，其政治形势总体稳定，局部存在波动。泰国国王不仅是国家元首、军队的最高统帅，还是国家宗教文化意义上的最高权威。过去十多年，泰国政权虽然频繁更迭，各种街头政治活动活跃，但是军方和王室一直保持行动一致。2014 年，泰国军方发动军事政变，军方领导人巴育宣布接管政权并出任总理。巴育军政府执政后，一直在探索一种政治协商机制，试图维持政治的稳定，弥合社会的分歧。泰国新国王拉玛十世玛哈·哇集拉隆功继续发挥泰国政局"政治稳定器"的作用，在王室、军权、政权三方势力之间做出平衡。2019 年，以军方实力为支撑，新组建的人民国家力量党参与大选，巴育作为该党候选人参选总理。2019 年 6 月 5 日，泰国大选计票结果出炉，巴育成功当选新一任总理。7 月 16 日，巴育正式辞去军政府权力机构"全国维持和平秩序委员会"主席职务，并称国家经五年军人统治后，现已成为一个正常的民主政体。①

一 泰国政治的历史发展

泰国在封建君主制时期，除遭受外来大规模武力侵略外，各个王朝间的更迭相对稳定。然而，从 1932 年 6 月第一次军事政变至今，泰国已经发生了 20 次大小军事政变，共颁布过 17 部宪法，举行过 26 次大选，大约组成过 50 届内阁。② 可以说泰国近现代政治史近乎是一部军事政变史。

最近的一次军事政变发生在 2014 年。2014 年 5 月 20 日，泰国军方开始实施军事管制法，控制曼谷及全国的重要据点，占领国家电视台。5 月 21 日，泰国陆军总司令巴育·詹欧差召集执政党、反对党、选举委员会高层以及其他各方势力商讨解决当时的政治危机而无果。5 月 22 日，军方发动政变，宣布接管国家政权，逮捕政治斗争两派的主要领导人，包括时任总理英拉·西那瓦。③ 8 月 25 日，泰国国王普密蓬

---

① 《总理巴育辞去军政府权力机构领导职务　泰国结束军人统治》，2019 年 7 月 16 日，人民日报海外网（http：//baijiahao. baidu. com/s？id＝1639181406006224 463&wfr＝spider&for＝pc）。

② 周威：《中国企业在泰国投资的政治风险分析》，《中国经贸导刊》2018 年第 20 期。

③ 巴拉帕珀·西哈、马银福：《泰国政治冲突与 2014 年政变》，《南洋资料译丛》2018 年第 3 期。

签署国王命令，正式任命"全国维持和平秩序委员会"主席、陆军总司令巴育担任泰国新总理。军事政变发生后，军方宣布暂停2007年国家宪法的执行，选举产生的下议院被停止活动，看守政府被解散，行使行政权力的是由巴育担任主席的"全国维持和平秩序委员会"。

为什么泰国会屡次发生政变？正如许多长期关注泰国政治的专家所指出的那样，每当泰国因陷入漫长的政治对立无法找到妥协的途径之时，无论是通过协商还是选举都无法打破这种僵持的"政治平衡"，泰国人就只能选择由军方介入的政变来打破这一僵局，让一切从头开始。对于西方国家来说，一切形式的军事政变都是民主政治的倒退。而泰国舆论却普遍认为政变是解决政治僵局的唯一方法。泰国军方亦解释称，当政治进入到无法分出胜负也无法和局的情况，其他任何政治手段都没有军事介入来得简单有效，它可以让民主政治从头开始。① 因此，军事政变只是各时期各方利益矛盾激化不可调和的产物，其本质是泰国社会制度和政治体制的深层次原因造成的。②

虽然泰国政府在各种政变中重组更迭频繁，并通过政变完成泰国政治的重要演进和发展，但是泰国的政治制度并没有发生根本的改变，对泰国的经济发展也没有造成巨大的负面影响。在泰国这样一个全民笃信佛教的国家，"非暴力"原则似乎是一切民主化道路都需要遵行的潜规则。除个别政变外，多数政变的人口伤亡较小，政变者较少发动残酷杀戮的军事行动。③ 军方发动的军事政变只是在国家层面上夺回对政治权力的控制权，对经济和社会生活的干预很少。高层领导人之间争权夺势、利益集团重组变动对于民生和王室的影响也是轻微的。

---

① 《泰国军事政变80年19次称阻止泰国成下一个埃及》，《环球时报》2014年5月23日。
② 张锡镇：《泰国民主政治的怪圈》，《东南亚研究》2009年第3期。
③ 周佳佳：《军人干政：泰国政治制度的顽疾及启示》，硕士学位论文，山东大学，2018年，第18—19页。

二 泰国的政党政治

自 1992 年泰国结束军人独裁统治，军人逐渐淡出政坛，政党政治一度蓬勃发展，民选文官政府多次上台执政。然而，在泰国民主政治的发展过程中，军人干政一直是阻碍政党政治发展的重要因素。[①] 而泰国政党本身的素质也限制了其发展成为真正意义上的强大政治力量，泰国民主政治的发展也受此制约。[②] 总体而言，泰国虽是典型的民主国家，但又不同于传统的西式民主，有其特殊性。

一方面，新生政党生机勃勃，政党竞争激烈。自 2007 年始，泰国宪法修订重新开放得票少于 5% 的政党在众议院拥有的议席权，众多中小党派都获得一定程度的复兴与发展。以未来前进党为代表，众多政治新生力量走上泰国的政治舞台，这些政党的领袖都拥有一定的政商家族背景，且其成员也是来自泰国社会各领域的精英。新政党对于泰国新一代的选民往往具有较高的吸引力，因为他们对于保守力量缺乏好感，希望能够获得更多的自由和表达权。2014 年军事政变后，巴育政府宣布废除 2007 年宪法，2017 年颁布新的政党法，通过提高建党门槛、健全政党组织机构、强化对违规政党的惩罚力度、加强司法和独立机构的权力等措施降低政党的政治地位和影响力，挤压政党的活动空间。[③] 政党活动受到限制，在泰国的权力格局中处于边缘地位，但这并不代表各政党的力量没有发生变化。实际上，泰国整个政党格局近年来一直暗流涌动。2018 年 3 月 2 日，泰国选举委员会开放新党登记，标志着自 2014 年军事政变以来长期冻结的政党政治开始恢复生机。

---

① 周佳佳：《军人干政：泰国政治制度的顽疾及启示》，硕士学位论文，山东大学，2018 年，第 31 页。

② 任一雄：《政党的素质与民主政治的发展——从泰国政党的历史与现状看其民主政治的前景》，《东南亚研究》2001 年第 5 期，第 15—18 页。

③ 常翔、张锡镇：《泰国新政党法解析》，《东南亚纵横》2018 年第 6 期。

如今存在于泰国政党政治背后的主要力量有人民国家力量党（军人集团）、王室集团、护国党（现为泰党，他信集团）、民主党（阿披实集团）等派系。[①] 2014 年军事政变以来军人集团和王室集团等保守势力联手压制其他各派力量，使得保守力量掌握了泰国的权力核心，手握立法与行政权，且还在一定程度上干预司法与监察权。虽然在 2019 年大选中，巴育谋求连任遭遇不少挑战，例如自己的声望受到政府贪腐的拖累、经济发展的成绩差强人意、与王室的政治合作出现变动等，但是作为保守力量的最大竞争对手，亲他信集团力量的护国党却在大选前被泰国宪法裁定解散，护国党管理层也被判处未来 10 年不得参政。法院给出的理由是，该党提名现任国王姐姐作为总理候选人的行为危害了泰国的君主立宪制度。[②] 此外，他信集团的为泰党与阿披实集团的民主党也存在根本性的立场分歧，两者走向联合的可能性极低。这正是泰国当今政党分化、竞争激烈的一部份缩影。

另一方面，军人势力渗透政党政治，掌握行政实权。回顾泰国政治发展过程，分析其政治转型的动力、过程与路径可以发现，各方利益集团在长期的博弈中形成了"三元制衡"的政治权力结构。[③] 自 1932 年泰国君主立宪制确立以来，整个国家的政治进程就是王权、军权、政权三方不断磨合的过程。[④] 军人势力始终贯穿泰国政治发展的整个进程。2017 年，泰国进行新宪法的起草，军事集团等保守力量为巩固自己的地位进行了三方面的政治安排。一是恢复参议员由军方遴选的制度，巩固保守力量在立法和监察领域的利益。军人集团可以通过参议院制衡众议院，在很大程度上控制议会、干预政治。二是对众议院的议席采取混合分配的选举规则，压制他信集团的话语权。在泰国的政党政

① 周方冶：《泰国政党政治回归的前景与挑战》，《当代世界》2018 年第 5 期。

② 《泰国宪法法院裁定解散泰护国党》，2019 年 3 月 8 日，新华网（http://www.xinhuanet.com/photo/2019－03/08/c_1124206506.htm）。

③ 周方冶：《从威权到多元：泰国政治转型的动力与路径》，博士学位论文，中国社会科学院，2011 年，第 1 页。

④ 张锡镇：《泰国民主政治论》，中国书籍出版社 2003 年版，第 8—13 页。

治历史上曾经党派林立，削弱了议会的行政效力，于是泰国 1997 年宪法取消了得票少于 5% 的政党在众议院拥有的议席权，先前他信集团的为泰党也正是得益于此才成为众议院拥有多数议席的政党。2007 年，为了防止他信集团在众议院再出现"一党独大"的局面，废止了该规则。这一修订在一定程度上既打压了竞争对手又在名义上推动了民主政治的发展。2017 年宪法则进一步提出了议席混合分配的制度，以进一步限制大党的规模来促进中小政党的发展。三是修改了内阁总理必须是民选议员的条款。这为现总理巴育实现连任铺平了道路。① 经过五年的精心准备，2019 年 3 月，泰国终于举行了自 2011 年以来的首次大选，此次大选共有 44 个泰国政党参与角逐，其中主要政党有以巴育为代表的人民国家力量党、以素达拉为代表的为泰党、以阿披实为代表的民主党和以塔纳通为代表的新未来党。② 最终，以巴育为代表的人民国家力量党在大选中获胜，也算是预料之中。

　　总体来看，泰国政党政治发展以 2006 年政变为分水岭，经历了"过山车"式的调整，从"西式民主"折返到"泰式民主"。2014 年政变后的党禁，更是严重阻碍了政党政治的有序发展。短期来看，保守阵营依托 2017 年宪法复辟以非政党博弈为主的政治架构，试图在"还政于民"后延续权力主导地位，也确实获得了成功。但从中长期来看，随着保守阵营衰落，泰国政党政治将在新兴力量推动下再次转向"西式民主"的政治架构。③ 通过加强政党政治共识，对于民主有序运作的重要性进行宣传和教育等政治社会化活动，建立政党之间有效的协商对话和妥协包容等机制，来形塑政党政治共识，可能是泰国摆脱和避

---

　　① 周方冶：《泰国政党政治回归的前景与挑战》，《当代世界》2018 年第 5 期，第 59—60 页。

　　② 《泰国国家概况》，2019 年 4 月，中华人民共和国外交部（https：//www. fmprc. gov. cn/web/gjhdq_676201/gj_676203/yz_676205/1206_676932/1206x0_6769 34/）。

　　③ 周方冶：《泰国政党政治重返"泰式民主"的路径、动因与前景》，《东南亚研究》2019 年第 2 期。

免民主困境的关键。①

三　泰国政治的稳定性

2019 年大选是巴育军政府酝酿 5 年的泰国民主政治发展的一个转折点，看似是各党派在民主原则下进行的公平竞争，实则是保守力量谋而后动的结果。巴育集团延续了其对国家核心权力的主导地位，但是能够带来泰国政治的长久稳定吗？军人集团的派系丑闻、保守阵营的联盟裂痕以及新生代政治力量登上政治舞台、愈演愈烈的社会阶级矛盾，这些仍然可能是泰国权力结构调整的重要不确定性因素。② 自 2014 年军事政变至今，巴育政府多靠军方背景下的权力机构推行各项举措。此次巴育再次当选总理，其最大的考验也可能在于如何在议会框架下推行政策。③

巴育任期内，泰国军方的存在使得因为政治分裂而可能造成的社会动荡风险显著降低。聪明的泰国军方并不会充当社会秩序破坏者的角色，反而承担了维护社会稳定和经济发展的重要责任。短期内泰国需要的也的确是一个带有威权主义特征的强势政府来推动社会经济发展，改善民生，为更好的民主创造条件。④ 这可能是本次大选巴育能够获得连任的重要原因之一。新任期内，巴育政府必定要继续谋求经济的稳定发展、社会的总体稳定、人民生活水平的稳定提高。

尽管新国王拉玛十世玛哈·哇集拉隆功即位不久，威望和影响力不及九世国王，但巴育集团继续执政必然依赖同为保守力量的王室集团的支持，两者紧密联合才能有效压制政党集团的势力。哇集拉隆功国王在选举前夜的一番讲话也被认为是王室对巴

---

① 叶麒麟：《政党政治共识危机：街头运动与军事政变——泰国民主困境的一种解析》，《学术探索》2018 年第 4 期。

② 周方冶：《泰国政党政治回归的前景与挑战》，《当代世界》2018 年第 5 期。

③ 《泰国选情焦灼政治僵局隐现　巴育能否再任总理引关注》，《法制日报》2019 年 4 月 2 日。

④ 张锡镇：《泰国民主政治的怪圈》，《东南亚研究》2009 年第 3 期。

育政府的支持。① 可以判断未来一段时间国王和王室将继续支持巴育政府在泰国政治中发挥影响力。

当前，泰国政局最大的不稳定因素是执政的保守力量集团无法完全保证满足各民主党派所代表的广大中下层阶级，包括中产阶级、新资本集团、农村城市较弱势群体、社会新青年群体等在政治、经济、文化和社会利益上的诉求，而可能导致的社会矛盾激化。例如，泰国农村发展问题之所以始终得不到有效解决，很大程度上是与既得利益集团所奉行的"重城市，轻农村"政策导向有关。② 新资产阶级与中下层阶级群体与上层保守派既得利益集团的分歧是近年来泰国政治持续动荡的根源。③ 不过，在新任期内参议院（上议院）将由与军方相关的人物控制，因此对政府的挑战将可能是以政治抵制和抗议者集会游行的形式展现。④ 在穆斯林占主导地位的南部省份也拉府、北大年府和陶公府，叛乱在继续；针对安全部队和偶尔在平民经常光顾的宗教场所的小规模袭击仍在继续。2017 年 2 月，军方与泰国南部六个分离主义运动的保护伞组织马拉帕塔尼举行了和平谈判，在该地区建立了"安全区"，但这些地区以外的袭击仍在继续。不过，叛乱活动对泰国整体政治稳定的威胁微乎其微，其大幅扩大并蔓延到该国其他地区的可能性仍然很低。因此，可以预计这种情况不会威胁到未来几年泰国政治的稳定。

综上所述，未来泰国政局的不稳定因素虽属于根源性矛盾但总体可控。泰国政局是否稳定一方面取决于泰国新国王与军事集团的紧密合作是否仍然稳固有效，以及是否能协调和化解好与其他民主政党的矛盾和利益；另一方面也取决于巴育政府在新任期内的经济社会发展

---

① 《泰国选情焦灼政治僵局隐现　巴育能否再任总理引关注》，《法制日报》2019 年 4 月 2 日。

② 周方冶：《从威权到多元：泰国政治转型的动力与路径》，博士学位论文，中国社会科学院，2011 年，第 1—5 页。

③ 同上。

④ United Kingdom Economist Intelligence Unit, *Country Report Thailand December* 2017, 2018, p. 5.

成绩、官员体系的清廉程度，以及社会中产阶级、新兴资产阶级等中下层群众经济实力、参政素质、社会地位的提升程度等。

第二节　泰国经济形势

2006 年以来，泰国政治陷入动荡，经济受到一定影响。2014 年，军人政府上台，泰国结束了多年的政局动荡及社会的无序状态。军政府任用擅长经济及财政管理的专业人士为政府要职，实行积极的财政政策以及宽松的货币政策并出台《20 年国家战略发展规划（2017—2036 年)》、工业 4.0 战略及东部经济走廊规划等发展经济的政策措施，泰国经济逐步进入平稳增长的轨道。

一　泰国的经济增长

2014 年巴育军政府上台后，将经济复苏发展视为首要任务，极力推行旨在促进消费和投资的财政政策。2016 年，泰国政府正式颁布第十二五国家发展规划（2017—2021）。为改变自亚洲经济危机以来一蹶不振的传统制造业，引领国家走出"中等收入陷阱"，军政府又进一步提出"泰国工业 4.0"高附加值经济发展模式，这是未来 20 年泰国经济社会发展战略。巴育总理表示，泰国走过农业 1.0 时代和专注于廉价劳动力的轻工业 2.0 时代，跨越吸引外资的重工业 3.0 时代，最终将进入创新驱动和高附加值经济的"泰国工业 4.0"时代。巴育在多个场合描述泰国经济结构改革的计划，表示"泰国工业 4.0"模式是要推动更多高新技术和创新技术的应用，使创新成为推动泰国经济增长的主要动力。[①] 此外，巴育政府还制定了关于大型基建、东部经济走廊（EEC）、数字经济三大领域的最新政策，致力于在泰国东部经济走廊

---

① 陈红升、唐卉：《泰国 2016 年发展回顾》，《东南亚纵横》2017 年第 3 期。

及其周边地区实现包括陆路、水路、空中和铁路等物流系统的无缝衔接，并努力进入数字政府（E-Government）时代。

经过近几年的努力，泰国经济逐步走出谷底，发展趋势向好。2014 年其 GDP 为 4073.4 亿美元，人均 GDP 为 5953.8 美元。2018 年泰国 GDP 增至 5050.0 亿美元。人均 GDP 达到 7297.0 美元（详见表 1-1）。政府投资增长带动民间投资攀升、旅游业持续强劲增长及数字经济的发展决定了 2018 年泰国经济更好的表现。受大选预期的不利影响，2019 年泰国经济略有回落。据泰国国家经济与社会发展委员会公布的数据显示，2019 年首季 GDP 增长 2.8%，预计全年将增长 3.6%。[①]

表1-1 近年来泰国 GDP、GDP 增长率与人均 GDP

项目 \ 年份	2014	2015	2016	2017	2018
GDP（十亿美元）	407.34	401.30	412.35	455.28	505.0
GDP 增长率（%）	0.98	3.13	3.36	4.02	4.13
人均 GDP（美元）	5953.8	5846.4	5979.3	6595.0	7297.0

注：GDP 增长率是以泰铢而非美元衡量的 GDP 增长率。

资料来源：根据世界银行数据整理，https://data.worldbank.org.cn/。

自 2014 年以来，泰国财政收支基本保持平衡，财政收入约占 GDP 的 20%，财政支出约占 GDP 的 19%（见表 1-2）。巴育政府通过减少税收来提高农民和中小企业的收入，并通过转移支付，增加社会福利待遇，改善民生；加大基础设施建设的投资力度，设立经济特区，以此活跃经济，促进经济走出低谷。

―――――――――――――

① 《泰国今年首季 GDP 增长 2.8%》，2019 年 5 月 27 日，中华人民共和国驻泰王国大使馆经济商务参赞处，（http://th.mofcom.gov.cn/article/jmxw/201905/201905028 66807.shtml）。

表1－2　　　　　　　　　　近几年泰国收支占 GDP 的比重

项目 ＼ 年份	2014	2015	2016	2017
收入（%）	19.69	20.41	19.89	19.22
支出（%）	19.30	18.58	19.01	18.40
收支平衡（%）	0.39	1.83	0.89	0.82

资料来源：根据世界银行数据整理，https：//data. worldbank. org. cn/。

近几年，泰国央行通过降低存款利率，实行宽松的货币政策以刺激国民消费。据世界银行公布的数据，2014 年至 2017 年，泰国按 GDP 平减指数衡量的年通货膨胀率分别为 1.44%、0.86%、2.36%、2.32%，而存款利率分别为 1.75%、1.43%、1.30%、1.29%。2016 年和 2017 年，受国际原油和粮食价格影响泰国通货膨胀率有所增加。可见，即便在通货膨胀率增大的情况下，泰国央行仍降低存款利率。其旨在控制国内经济的进一步恶化，并希望通过泰铢的软化来刺激经济增长，稳定民众信心。

二　泰国的产业结构

泰国是世界的新兴工业国家和新兴市场经济体之一。农业、制造业和旅游业是经济的主要部门。泰国不仅是世界五大农产品出口国之一，还是东南亚汽车制造中心和东盟最大的汽车市场。近年来，泰国农业与工业占 GDP 的比重有所下降，而服务业的比重不断增加，三大产业结构呈现三、二、一序列。其中，服务业增加值在国内生产总值的比重超过二分之一，工业增加值占比约为三分之一，而农业增加值占比约为十分之一（详见表1－3）。总体来看，泰国的产业结构不断优化调整。

表1-3　　近年来泰国农业、工业、服务业增加值占 GDP 比重及其增长率

（单位：%）

项目 \ 年份		2014	2015	2016	2017
农业	GDP 占比	10.09	8.99	8.51	8.65
	增长率	-0.29	-6.27	-2.45	6.24
工业	GDP 占比	27.72	27.54	27.38	27.32
	增长率	-0.01	3.04	2.87	1.64
服务业	GDP 占比	53.07	54.79	55.72	56.29
	增长率	1.98	4.93	4.65	5.30

资料来源：根据世界银行数据整理，https://data.worldbank.org.cn/。

（一）农业的发展及其构成

作为传统农业国，泰国有着丰富的农业资源，农业在其国民经济中一直占据举足轻重的地位，是其支柱产业。泰国的气候条件对农业发展十分有利，大部分地区属于热带季风气候，几乎全年都适合农作物的栽培。随着经济不断发展，泰国农业的规模不断扩大，结构不断完善，传统农业的改造以及现代农业的发展取得了长足的进步。[①] 根据泰国统计局数据，2014—2018 年，农业进出口一直保持绝对的贸易顺差，五年间农业出口平均收入为 12772.64 亿泰铢，农业进口平均为 4855.20 亿泰铢。特别是 2017 年大米出口规模创 2014 年以来新高，达到 1148 万吨，成为印度之后，世界第二大大米出口国。

泰国种植业比较发达，享有"东南亚粮仓"的美誉，是农业的重要组成部分。中部湄南河三角洲、东北部呵叻高原的沿河区域、北部山间盆地和南部半岛是泰国主要的农业产区。[②] 过去泰国主要种植水稻，20 世纪 60 年代之后，在外向型经济和"农业多元化"战略的引导

---

① 王禹、李哲敏、雍熙、王恩、李干琼：《泰国农业发展现状及展望》，《农学学报》2017 年第 11 期。

② 陈军军：《泰国农业支柱产业研究》，《时代农机》2015 年第 1 期。

之下，农民开始广泛种植各种经济作物并形成一定的规模。主要经济作物有橡胶、烟草、花卉、原麻和甘蔗等。其中，橡胶是泰国仅次于大米的重要农产品，也是最先动摇大米在农业中统治地位的经济作物。① 品种丰富、产量充足的农产品是泰国外贸出口的主要商品之一，主要包括稻米、橡胶、木薯、玉米、甘蔗、热带水果等。②

泰国橡胶出口量居世界第一，约占其国内产量的90%。2017年，泰国橡胶总出口量为366.21万吨，主要出口市场是中国、日本、马来西亚、美国、韩国。2018年，泰国政府积极控制橡胶种植面积，减少其供应量。当年泰国年产橡胶450万吨，其中国内消费60万吨，占年产量的13%。③ 可见，泰国橡胶产业的重要性不低于大米在泰国农业中的重要性。

在泰国，渔业是仅次于种植业的重要农业，鱼类是泰国人摄取动物蛋白质的主要来源。泰国海域辽阔，拥有长达2615公里的海岸线，海岸相对平直，有利于开展渔业生产。泰国湾和安达曼海湾是得天独厚的天然海洋渔场，曼谷、宋卡、北榄、普吉等地是重要的渔业中心和渔产品集散地。优越的自然地理条件使泰国成为全球十大海洋渔业国之一，也是继中国和日本之后的亚洲第三大海洋渔业国。④

一直以来，泰国政治环境频繁变化，但无论如何变化，历届的领导人都十分重视农业的基础地位。始终坚持优先发展农业，再推进工业化进程。未来预计泰国政府会继续遵循"农业资源促进型发展"模式，充分利用自身的农业优势，继续制定符合国情的农业政策，推进农业不断向前发展。⑤

---

① 邹春萌、罗圣荣：《泰国经济社会地理》，世界图书出版公司2014年版，第95页。

② 《泰国农业简况》，《世界热带农业信息》2018年第9期。

③ 郑淑娟：《2018年泰国橡胶产业分析》，《世界热带农业信息》2019年第1期。

④ 陈军军：《泰国农业支柱产业研究》，《时代农机》2015年第1期。

⑤ 王禹、李哲敏、雍熙、王恩、李干琼：《泰国农业发展现状及展望》，《农学学报》2017年第11期。

(二) 工业的发展及其构成

泰国是中等收入国家, 工业在国民经济中扮演着越来越重要的角色。泰国政府为实现本国的工业化目标加快谋篇布局, 特别是 "泰国工业 4.0" 战略的提出及东部经济走廊的建设。"泰国工业 4.0" 战略是通过竞争力、包容性和绿色增长发展引擎, 推动劳动密集型低技术含量产业向高附加值的高新技术产业转型升级。而东部经济走廊地区位于泰国最具竞争力的工业基地, 拥有良好的工业基础设施及配套的产业链, 不仅有助于逐步淘汰老旧工业产业, 还能够为外国企业的入驻提供便利。[①]

泰国工业门类增多, 结构亦日趋多样化, 出现了许多资本密集和技术密集型产业。纺织服装业、汽车摩托车装配及零配件工业、软件工业、石化工业、食品加工业、电子电器工业、建筑材料与建筑机械工业、轮胎工业以及鞋类、玩具、家具、皮革等制造业都是泰国工业的重要门类。其中以汽车、摩托车、电子电器、工艺品及信息产品的制造部门为重点。汽车产业已经成为泰国十分重要的制造业之一。世界汽车组织 (OICA) 的数据表明, 2017 年泰国生产汽车约 198.9 万辆, 较 2016 年增长 2.28%, 居世界汽车生产国的第 12 位、东南亚汽车生产的首位 (见图 1-1)。

泰国已跻身世界主要生产汽车基地, 全球许多汽车和摩托车企业都将生产基地转移到泰国。目前, 泰国主要有 8 家客车汽车公司, 其中日本公司 4 家, 分别为本田、三菱、丰田和日产; 美国公司 2 家, 分别是 Auto Alliance 和通用汽车 (General Motor); 欧洲公司 2 家, 即奔驰和宝马, 主要针对高级客户, 生产中型以上的汽车。泰国本地汽车公司有 3 家, 分别是 Thairung、Deva-auto 和 Akepanich、Thairung 公司生产通用型汽车, Deva-auto 公司生产货车, Akepanich 公司生产三轮车。

---

① 常祥、张锡镇:《泰国东部经济走廊发展规划》,《东南亚纵横》2017 年第 4 期。

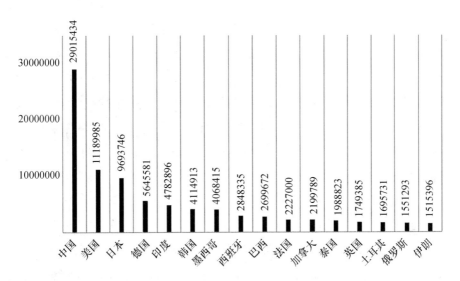

图 1 - 1　2017 年全球主要汽车生产国（辆）

资料来源：世界汽车组织（OICA），http://www.oica.net/。

但泰国公司的生产量偏少，在泰国汽车行业的影响不是很大。[①] 据 MarkLines 统计数据显示，截至 2019 年 7 月，占泰国汽车及摩托车市场份额前 5 名的依次为日本丰田汽车、北京福田汽车、日本 Honda 摩托车、日本三菱汽车以及日本马自达汽车。[②]

（三）服务业的发展及其构成

作为泰国国民经济的第一大部门，服务业对于 GDP 以及国民就业做出巨大贡献，历届政府都十分看重服务业的发展。世界银行称泰国服务业是"创造就业岗位的主导产业"。[③] 在泰国服务业中，旅游业、交通运输业、金融服务业、通信服务业以及批发零售业是其重要的服

---

① 林美薇：《泰国汽车产业外商投资分析》，硕士学位论文，广西大学，2015 年，第 36 页。

② 《泰国 2019 年汽车销量速报》，https://www.marklines.com/cn/statistics/flash_sales/salesfig_thailand_2019。

③ 邹春萌、罗圣荣：《泰国经济社会地理》，世界图书出版公司 2014 年版，第 182 页。

务行业。

据世界旅游组织统计，泰国旅游业及其带动的相关产业占泰国GDP近五分之一。[①] 泰国商业部的数据表明，赴泰旅游的外国游客逐年增加，2014—2017年游客人数分别约为2481万人次、2992万人次、3253万人次、3559万人次。泰国国际游客来源集中化的趋势日益明显，东亚地区的游客占据绝对优势地位。2017年高达67%的游客来自东亚地区，18%来自欧洲，5%来自南亚，4%来自美洲，来自其他地区的游客则较少。

泰国旅游业的发展与政府的大力支持是分不开的。多年来，泰国政府将旅游业发展作为主要战略目标，致力于将泰国打造成为亚洲的重要旅游中心国家，使泰国成为世界级旅游胜地。但泰国旅游业仍面临着竞争力不突出、企业规模较小、劳动力素质不高等亟待解决的问题。

三　泰国的外贸与外资

（一）对外贸易的发展

对外贸易不仅是泰国经济的重要组成部分，也是驱动泰国经济发展的重要因素，对泰国外向型经济具有重大贡献。泰国政府十分关注这一领域，对此制定了一系列政策措施，旨在推动对外贸易的良性发展。近年来，泰国对外贸易取得较大成就，贸易结构得到改善，贸易市场也日益多元化。

自2014年以来，泰国进出口规模逐渐加大，尽管2015年和2016年稍有回落，但整体规模波动不大（见表1-4）。除了2014年泰国对外贸易有些许逆差，2015年之后泰国对外贸易皆处于顺差的相对有利地位。贸易顺差可能得益于两个方面：一是由于国内外农产品价格转

---

① 戴丽君：《泰国近五年投资环境及其经济数据分析》，《企业改革与管理》2016年第11期。

好，多个贸易伙伴国购买力回升等有利因素；二是因为泰国政府调整政策、在保持原有市场稳定的同时开拓新兴贸易出口市场的策略取得一定成效。[①] 2019 年泰国出口目标是增长 5%—8%、出口总额为 2680 亿—2760 亿美元。[②]

表1-4　　　　　　　　　　泰国对外贸易规模　　　　　（单位：十亿美元）

项目 \ 年份	2014	2015	2016	2017	2018
进口	227.749	202.653	194.198	221.519	249.660
出口	227.462	214.310	215.388	236.635	252.106
差额	-0.287	11.657	21.190	15.116	2.446

资料来源：泰国商业部，http：//tradereport. moc. go. th/Report/Default. aspx？Report = TradeThBalanceYearly。

泰国进出口商品结构相对合理。根据世界贸易组织数据，泰国出口商品主要由 74.6% 的工业制成品、17.1% 的农产品以及 4.1% 的燃料和矿产品组成；而进口商品主要由 72.7% 的工业制成品、8.4% 的农产品以及 16.4% 的燃料和矿产品组成。在农产品方面，主要出口大米、甘蔗或甜菜糖、其他肉类制品等，进口的主要是大豆、豆油中的固体残渣、小麦和棉布等。在非农产品方面，出口的主要是自动数据处理设备、汽车、电子集成电路等，进口的主要是石油、原油、黄金等。商品出口国或地区主要是美国、中国、欧盟、日本、中国香港和越南等，商品进口国或地区主要是中国、日本、欧盟、美国、马来西亚、韩国等。

在对外贸易不断发展的同时，泰国也重视调整与世界各个贸易伙伴的关系，力图改变出口市场集中的问题。近几年，泰国出口市场日

---

① 戴丽君：《泰国近五年投资环境及其经济数据分析》，《企业改革与管理》2016 年第 11 期。

② 《泰国制定 2019 年出口目标》，2018 年 10 月 24 日，中华人民共和国驻泰王国大使馆经济商务参赞处，http：//th. mofcom. gov. cn/article/jmxw/201810/2018 1002798838. shtml。

益多元化，美国、日本等传统出口市场的比重下降，而以中国为代表的新兴市场的比重稳步上升。

（二）外国直接投资的发展

在经济全球化的进程中，吸引外资已经被看作是影响经济发展的重要因素，尤其是外商直接投资，对发展中国家经济增长起着直接推动作用。与对外贸易一样，外国直接投资也是泰国外向型经济发展所依赖的重点方面。泰国政府予以高度重视，制定了一系列政策措施来鼓励外资。

比如，在"泰国工业4.0"战略背景下，泰国向全球投资者抛出了5个方向的橄榄枝：核心科技、人力资源发展、基础设施建设、企业和目标产业。泰国宣称在未来的20年内，这些投资发展方向既是泰国经济转型的目标，也是助力其成功升级"泰国工业4.0"的手段。泰国投资促进委员会（BOI）近年来陆续颁布了一系列投资促进政策，包括"东部经济走廊"计划、智慧签证（Smart VISA）、扶持中小企业举措、提高生产效率措施等。①

优良的投资环境使泰国对外国投资颇具吸引力。2014—2017年，外国直接投资金额分别为49.75亿美元、89.28亿美元、28.10亿美元和80.46亿美元，占GDP的百分比分别为1.22%、2.22%、0.68%和1.77%（详见表1-5）。

表1-5 外国直接投资净流入额与净流入率

项目 \ 年份	2014	2015	2016	2017
净流入额（亿美元）	49.75	89.28	28.10	80.46
净流入率（%）	1.22	2.22	0.68	1.77

资料来源：根据世界银行数据整理，https://data.worldbank.org.cn/。

① 王莉莉：《"4.0战略"下的泰国：泰国成为东盟投资中心》，《中国对外贸易》2018年第6期。

根据中国驻泰国经商参处公布的数据显示，2018年中国申请泰国投资优惠的项目数量为131个（占比13%），涉及投资额554.8亿泰铢（占比9.5%），位居泰国第三大投资来源国，前两位分别是美国和日本。此外，新加坡和马来西亚等国也是泰国的主要投资来源国。越来越多的国家参与泰国的投资，使得泰国外资来源日渐多元化。

第三节　对外关系发展态势

2014年泰国发生军事政变，以巴育为首的军人集团执掌政权，欧美等西方国家纷纷对其施加压力，泰国外交环境发生重要变化，对外关系进入低谷。2016年美国新总统特朗普上台后，大幅改变之前美国对泰国的批评与冷漠态度，泰美关系出现重大转机。在此带动下，泰国与其他西方国家的政治与经贸关系也逐渐升温。

一　泰国与美国关系

（一）政治关系

首先，军政府上台，泰美关系陷入低谷。2014年，巴育军政府通过发动政变上台。美国对此表达出强烈不满，并采取一系列高压手段对泰国军政府施压，泰美关系陷入低谷。

政变发生后，美国决定中断与泰国的高层战略对话关系。美国国务卿克里以强硬的语气对泰国军方进行批评，并呼吁泰国早日举行大选。美国陆军参谋长致电巴育，促请对方"重返民主原则，确保在这个不确定的时期尊重基本人权"。美国东南亚高级外交官员斯科特·马谢尔在国会听证会上指出泰国的民主正在受到威胁，并表示作为美国在亚洲的老朋友，泰国的民主制度未能恢复之前，美泰两国关系不可能和从前一样。① 美国多次提及泰国罢免民选总理的做法，敦促泰国尽早恢复民主制度。

作为传统军事盟友，美国每年对泰援助大约1050万美元，涉及内容广泛。军政府的上台使得美国国务院宣布将削减对泰国的470万美元与安全相关的援助项目，包括350万美元的直接军事援助、对泰国警方的武器训练项目和高级警官的赴美学习项目等，并取消了一系列双边军方高层的互访。此外，美国随之下调自1980年以来每年一度的联合军事演习"金色眼镜蛇"的等级。美国国务院官员斯科特·马谢尔在军政府上台后，曾表达美国正在考虑是否中止该军事演习。美国参议院亚洲外交事务小组委员会主席史蒂夫·沙博说，如果继续在泰国搞"金色眼镜蛇"军演，将会给外界发出错误信息。沙博甚至写信给奥巴马，建议把2015年军演地点换到有2500名美国军人驻扎的澳大利亚达尔文。②

其次，美国尝试退让，泰美关系趋向缓和。2015年1月25日，美国国务院亚太事务助理国务卿拉塞尔访问泰国，其间分别与泰国副总理兼外交部部长他纳萨上将、前总理英拉和民主党党魁阿披实举行会谈，并在泰国朱拉隆功大学发表演讲。这是2014年军事政变后美国高层官方代表首次访问泰国，表明了两国关系有所缓和。在拉塞尔与他纳萨副总理的会谈中，双方一致同意推动两国友好关系，确保双边战略合作伙伴关系长久稳定发展，美国同时希望泰国促进和谐计划取得实质性进展。2月9日，"金色眼镜蛇"联合军事演习启动仪式在泰国那空那育府一所军事院校如期举行，该演习虽将保留，但美方要求低调处理，不允许媒体对演习进行报道，同时压缩各国参加演习人数，由2014年的4300人缩减到3600人。9月14日，美国新一任驻泰大使格林·戴维斯到任，而此前美国驻泰大使一职已空缺近一年时间。在

---

① 《美国多项措施疏远泰国军政府与其"划清界限"》，2014年6月27日，腾讯网（https：//new.qq.com/cmsn/20140627/20140627007228）。

② 《美国与泰国军政府"划界"》，2014年6月26日，和讯新闻（http：//news.hexun.com/2014－06－26/166053213.html）。

泰国发生政变数月之后，时任美国驻泰大使宣布离任，美国大使馆暂由级别较低的外交官担任临时代办。

2016 年 5 月 12 日，总理巴育会晤美国 SASAKAWA 和平基金会主席，就泰国当前的人权状况进行解释，并承诺会按照既定路线图于 2017 年举行全国大选。同年 9 月 8 日，出席东盟峰会的巴育总理与奥巴马会面。巴育表示泰国支持建立美国—东盟连接中心，通过设在曼谷的美国机构加深与美国的能源合作。2017 年 4 月 30 日，美国总统特朗普与泰国总理巴育通电话，强调美泰共同的工作目标为长期双边合作，并就双边关系及朝鲜威胁等地区安全问题进行了讨论。这次泰美高层通话明确表明美国新总统特朗普将大大改变自 2014 年之后美国对泰国采取的批评与冷漠态度，意味着泰美关系走出低谷。

最后，巴育访美，泰美关系日益好转。2017 年 8 月 8 日，美国国务卿蒂勒森出访泰国，与泰国总理巴育举行会晤。10 月，巴育受特朗普的邀请对美国进行正式访问。此次访美是泰国总理级领导人 12 年以来首次正式对美国进行国事访问。在会谈中，巴育表达了特朗普提出的"美国优先"政策与泰国 4.0 政策的不谋而合，双方还就朝鲜问题等区域与和平稳定问题交换意见。在巴育和特朗普的共同见证下，泰国 PTTGC American LLC 公司与美国俄亥俄州 JobsOhio 公司签订合作备忘录，共同研究和实施提高民生水准的计划。美国邀请巴育访美是美方对恢复美泰正常外交关系做出的努力，也是两国关系趋于好转的重要标志。

2017 年 12 月，美国与泰国举行第 4 次防务战略对话，这是自 2013 年以来美泰举行的首次防务战略对话，特朗普政府以此表明对两国同盟的重视。对话中，美国重申美泰同盟的承诺，提出要加强美泰防务合作，特别是加强美泰同盟在海事安全方面的合作，维护地区自由与开放。[①] 2018 年 4 月 28 日，美海军又与泰国进行"卫海"联合军事演

---

① "The 4th US-Thailand Defense Strategic Talks", U. S. Department of Defense, December 2017, http：//media. defense. gov/2017/Dec/22/2001860613/ – 1/1/Readout4thUSThailand Defense.

习。"卫海"联合军事演习旨在共同对抗敌方潜艇侵略，参加演习的美海军第七驱逐舰军官莱克斯·沃克上校说，美国和泰国是传统友好盟友，两国有义务确保相关海域的安全和稳定，并且"卫海"反潜演习的规模将会越办越大。

当前，特朗普政府已宣布"自由与开放的印太战略"，泰国作为美国在亚洲地区时间最长的盟友，对其在东南亚地区推进"印太战略"具有重要战略意义，预期未来泰美关系将会朝着更好的方向发展。

（二）经贸关系

美国一直是泰国重要的贸易伙伴，泰国对美国常年保持贸易顺差。根据泰国商务部统计，2014 年泰国对美国贸易总额达 384.71 亿美元，同比增长 2.36%，向美国出口 238.91 亿美元，进口 145.80 亿美元，贸易顺差额达 93.11 亿美元。受军政府上台的影响，2015 年和 2016 年，泰美双边贸易总额不断下降。2017 年，泰美关系走向缓和，美国取消对泰国的制裁措施，当年泰美贸易总额增至 413.68 亿美元，同比增长13.21%，泰国对美国出口 265.70 亿美元，进口 147.98 亿美元，贸易顺差额达 117.72 亿美元。2018 年，泰美贸易总额续续增长，达 431.16亿美元，较上一年增长 4.23%，泰国向美国出口 280.16 亿美元，进口151.00 亿美元，贸易顺差额达 129.17 亿美元，详见表 1 – 6。

表 1 – 6 近五年泰美双边贸易情况 （单位：百万美元）

项目 \ 年份	2014	2015	2016	2017	2018
总贸易额	38471	37920	36541	41368	43116
出口额	23891	24056	24500	26570	28016
进口额	14580	13864	12041	14798	15100
贸易差额	9311	10192	12459	11772	12917
同比增长（%）	2.36	– 1.43	– 3.64	13.21	4.23

资料来源：泰国商务部，http://tradereport. moc. go. th/Report/ReportEng. aspx? Report = TradeEn-CountryTrade。

美国是泰国传统的外资来源国，2014 年美国对泰国投资总额达1309.21 亿泰铢，仅次于日本排名第二位。由于军政府的上台，2015 年美国对泰投资锐减到 68.10 亿泰铢，跌到第五位。2016 年持续减少至52.74 亿泰铢，排名跌到第九位。2017 年，美国取消对泰制裁，当年美国对泰投资额回升到 200.22 亿泰铢，排名第四。2018 年美国对泰投资持续升温，超过 2014 年达到 3339.48 亿泰铢，排名超过日本成为泰国最大投资国。①

二 泰国与日本的关系

（一）政治关系

泰国发生军事政变后，日本与美国统一步调，与泰国军政府保持一定距离。但基于与泰国长期友好关系，日本很快便和泰国军政府密切往来。军政府上台第二年，日本与泰国继续加强投资合作。2015 年11 月 19 日，巴育总理在吉隆坡出席东盟峰会期间与日本首相安倍晋三举行会谈，强调泰日之间可以在城市轨道运输系统、地质资源卫星、创新研发、边境经济特区以及农产品贸易等方面深化合作。同年 11 月25—28 日，泰国内阁经济小组组长颂奇副总理率团访问日本，双方签署多项合作备忘录，其中最受人瞩目的是全长 574 公里的北碧府—曼谷—沙缴—林查班铁路合作备忘录。

2017 年是日本与泰国建交 130 周年。3 月 5 日，日本天皇夫妇完成对越南访问后，从越南顺化出发抵达曼谷对泰国进行吊唁访问。日本天皇夫妇在泰国王宫向前国王普密蓬的祭坛献花并留言，随后会见了新国王哇集拉隆功。6 月，泰国副总理颂奇率经济部委领导团成员访问日本，以促进两国在各个经济领域的合作。颂奇邀请日本投资泰国的东部经济走廊，双方共同签署经济合作备忘录。9 月，日本经贸代表团对泰国进行为期三天的访问。9 月 12 日，副总理颂奇与日本经济产业

---

① 泰国投资促进委员会，https：//www.boi.go.th。

大臣世耕弘成（Hiroshige Seko）及日本企业家代表举行会晤。颂奇表示，希望泰国商业部和工业部能持续与日本经济产业省保持沟通和交流，希望日本贸易振兴机构能帮助泰国发展互联网、机器人和自动化系统等领域。除了已经取得重大进展的泰日高铁曼谷—清迈线项目外，颂奇还邀请日本投资东西走廊铁路项目，以真正实现越老泰缅四国的互联互通。同时，日方向泰方提出产业联结概念，这是促成日本工业改革的重要因素，日方将助力泰国进入 4.0 时代，加快落实泰国东部经济走廊（EEC）合作项目。[①]此次会晤双方共签订 7 份合作协议。

2018 年 5 月，泰国副总理与日本经济大臣茂木敏充见面，讨论跨太平洋全面进步协议（CPTPP）的推进方向，泰国商业部已组织有关专家评估泰国加入该协议的利害关系。

（二）经贸关系

日本是泰国的第二大贸易伙伴国，泰国常年对日本保持贸易逆差。据泰国商务部统计，2014 年泰日双边贸易总额为 572.05 亿美元，泰国向日本出口 216.98 亿美元，进口 355.07 亿美元，贸易逆差额达 138.09 亿美元，较上年减少 9.65%。2015 年和 2016 年两国贸易进一步减少，2017 年两国贸易恢复增长，达到 541.21 亿美元，同比增 5.80%，泰国向日本出口 220.67 亿美元，进口 320.54 亿美元，贸易逆差额为 99.87 亿美元。2018 年两国贸易超过 2014 年的水平，为 602.02 亿美元，同比增 11.24%，泰国向日本出口 249.42 亿美元，进口 352.60 亿美元，贸易逆差额为 103.18 亿美元（详见表 1 - 7）。

---

① 《日本经贸代表团对泰国进行为期三天的访问，期间签署七份协议》，2017 年 9 月 14 日，驻泰国经商参处（http：//th. mofcom. gov. cn/article/jmxw/201709/20170902644062. shtml）。

表1-7　　　　　　　　　近五年泰日两国贸易情况　　　　　（单位：百万美元）

项目 ＼ 年份	2014	2015	2016	2017	2018
总贸易额	57205	51291	51154	54121	60202
出口额	21698	20055	20481	22067	24942
进口额	35507	31236	30673	32054	35260
贸易差额	－13809	－11181	－10192	－9987	－10318
同比增长（％）	－9.65	－10.34	－0.27	5.80	11.24

资料来源：泰国商务部，http：//tradereport. moc. go. th/Report/ReportEng. aspx？ Report ＝ TradeEn-CountryTrade。

日本也是泰国最重要的外资来源国，2014 年到 2017 年连续四年是泰国第一大投资国。2014 年日本对泰国投资总额达 2933.34 亿泰铢，2015 年受军政府上台的影响，跌到 285.73 亿泰铢，但仍然维持第一大投资国的地位。2016 年投资总额缓慢回升到 536.00 亿泰铢，2017 年快速达到 1330.02 亿泰铢，2018 年再次跌到 695.07 亿泰铢，失去对泰投资最大国地位。①

三　泰国与东盟的关系

（一）政治关系

第一，在多边关系上，积极参与东盟事务。巴育总理表示军政府的上台不会影响泰国发展与东盟国家关系，泰国将继续积极参与东盟事务。2015 年，泰国总理巴育出席了各种东盟多边外交活动。4 月 23 日，巴育总理出席在印度尼西亚雅加达举办的亚洲—非洲峰会。4 月 26—28 日出席在马来西亚吉隆坡和兰卡威举行的东盟峰会及第 9 次印马泰三国经济区发展会议。11 月 21 日，出席第 27 届东盟峰会，并倡议东盟与中国加速推动自由贸易区升级版以及区域全面经济伙伴协议

---

① 泰国投资促进委员会，https：//www. boi. go. th。

（RCEP）的密集谈判，以扩大东盟与中国之间的贸易与投资，减少贸易壁垒。[①] 经过 2015 年的积极努力，此后泰国在发展与东盟关系上更加顺利。2018 年 10 月，巴育出席东盟国家与国际组织领导人非正式会议，提出泰国方面的三点立场和态度：一是泰国愿意促进地区和世界经济、金融的稳定性，促进连续性；二是泰国大力提倡加强国家、地区间软件和硬件连接；三是泰国强调促进经济发展，实现可持续性发展的目标。[②] 11 月 8 日，第 24 届东盟交通部长会议在曼谷开幕，巴育在会上呼吁，东盟各成员国应加强合作发展区域无缝交通运输网络。11 月 15 日，泰国从新加坡手里接过象征东盟轮值主席国身份的木槌，宣布成为 2019 年东盟轮值主席国。

第二，在双边关系上，积极发展与东盟国家关系。泰国与马来西亚长期保持通畅的对话机制。2015 年 11 月 19 日，泰国总理巴育召开泰国驻马来西亚政府机构工作人员会议，表示泰国政府对于泰马两国关系的重视，希望能增进两国交流和合作，吸引更多马来西亚投资商到泰国南部经济特区投资。同年，泰马两国还召开首次跨境运输会议，就提高两国陆路和铁路运输效率的合作方案进行协商。2016 年 9 月 9 日，马来西亚总理纳吉布受巴育邀请对泰国进行访问，并参加第六届泰国总理与马来西亚总理年度会议。两国探讨边境管理、打击跨国犯罪及跨国袭击，签署关于打击人口贩卖、农业和教育合作备忘录。此外，泰马两国还加强军事演练和教育及边境安定方面的合作。

2015 年，泰国与老挝联合解决水陆边界问题取得成效，两国边界工作联合委员会年内共召开 4 次会议并签署多项合作协议。2016 年 7 月 6 日，泰国总理巴育在曼谷会见老挝总理通伦，双方就解决边界问题、劳工问题取得实质性进展，并在加强旅游、基础设施合作方面达成了共识，两国领导人共同见证了劳工合作备忘录的签署。2017 年 5

[①] 陈红升、黄幼霞：《2015 年泰国发展回顾》，《东南亚纵横》2016 年第 3 期。

[②] 《东盟与国际组织领导人峰会，巴育提 3 立场》，2018 年 10 月 13 日，泰国舆情周报，http://cari.gxu.edu.cn/info/1374/15840.htm。

月23—25日，泰国副总理颂奇率团访问老挝，双方为共同推动五年经济发展规划进行会晤。

2015年为泰国与柬埔寨两国建交65周年。12月18日，柬埔寨首相洪森率团访问泰国，参加泰柬内阁第2次非正式联合会议及建交庆祝活动，并出席泰柬5份合作备忘录协议的签字仪式。2016年10月，巴育和柬埔寨首相洪森共同参加亚洲合作对话第二次领导人会议，在会议之外两人就贸易、边界等问题进行友好会谈，在拓展双边关系，减少边境贸易摩擦上达成一致意见。2018年4月5日，巴育抵达柬埔寨，与洪森召开双边会议。双方认为泰柬两国应该更加坚定不移地解决湄南河问题，加强经贸合作，开放更多的政策吸引投资。

2014年10月9日，巴育访问缅甸，这是巴育上任后的第一次出国访问，由此可见发展泰缅关系的重要性。2016年6月24日，缅甸国家顾问兼外交部部长昂山素季对泰国进行访问，双方重点探讨土瓦经济特区的建设，一致认为对土瓦经济特区的建设有利于促进区域互联互通和泰缅两国的共同发展。2017年2月3—4日，泰国副总理颂奇领队与缅方进行会谈，商讨深化边境合作。8月30日，巴育会晤缅甸三军总司令敏昂莱上将，就展开军事交流及边境问题展开磋商。2018年泰缅建交70周年，6月11日，应泰国总理巴育的邀请，缅甸总统吴温敏对泰国进行友好访问，这也是吴温敏上任以来首次出访外国。8月27日，巴育致函昂山素季就泰缅建交70周年表示庆贺，强调泰国将持续保持与缅甸的友好外交关系，继续推进泰缅两国在多方面的合作与共同发展。

（二）经贸关系

泰国与东盟各国经贸关系最为密切，泰国与东盟国家的贸易额占总贸易额的20%左右，且长期保持贸易顺差。根据泰国商务部统计，2014年至2016年，泰国和东盟国家的贸易持续减少，2017年开始反超2014年的贸易额。2014年，泰国与东盟国家贸易总额为1004.34亿美元，同比减少0.67%，泰国向东盟国家出口594.05亿美元，进口

410.29 亿美元，183.76 亿美元贸易顺差。2017 年，泰国与东盟国家贸易额升至 1007.82 亿美元，较上一年增长 10.38%，泰国向东盟国家出口 596.43 亿美元，进口 411.39 亿美元，贸易顺差额为 185.04 亿美元。2018 年，泰国与东盟国家的贸易额持续增加到 1139.33 亿美元，同期增长 13.05%，泰国向东盟国家出口 684.37 亿美元，进口 454.96 亿美元，贸易顺差达到 229.41 亿美元（见表 1-8）。

表 1-8　　　　　　　　近五年泰国与东盟贸易情况　　　　　　（单位：百万美元）

项目 ＼ 年份	2014	2015	2016	2017	2018
总贸易额	100434	93583	91308	100782	113933
出口额	59405	55143	54778	59643	68437
进口额	41029	38440	36530	41139	45496
贸易差额	18376	16703	18248	18504	22941
同比增长（%）	-0.67	-6.82	-2.43	10.38	13.05

资料来源：泰国商务部，http：//tradereport. moc. go. th/Report/ReportEng. aspx？ Report = TradeEn-CountryTrade。

在对外投资上，东盟国家一直是泰国对外投资最多的区域。2014 年到 2018 年，泰国对东盟国家的直接投资快速增加。2014 年泰国对东盟国家的总投资达 193.55 亿美元，2015 年增至 214.38 亿美元，2016 年进一步增长到 285.22 亿美元，2017 年和 2018 年投资总额仍然保持高速增长，分别为 345.95 亿美元和 402.22 亿美元。在东盟国家中，新加坡一直是泰国对外投资最多的国家。2014 年到 2018 年，泰国对新加坡的投资额分别为 66.74 亿美元、65.54 亿美元、87.84 亿美元、121.84 亿美元和 150.15 亿美元。①

对泰国投资的东盟国家主要有新加坡、马来西亚和印度尼西亚，

---

① 泰国央行，https：//www. bot. or. th。

其中新加坡是对泰投资最多的东盟国家。2014 年，新加坡对泰投资总额为 439.80 亿泰铢，是泰国第四大外资来源国；马来西亚对泰国投资总额为 331.16 亿泰铢，排名第 7 位；印度尼西亚投资总额为 217.42 亿泰铢，排名第 12 位。2015—2017 年，受军人政府上台的影响，很多国家对泰实行制裁，使得对泰投资额锐减，新加坡、马来西亚和印度尼西亚的对泰投资规模均有不同程度的下滑。2018 年，新加坡对泰投资额为 216.52 亿泰铢，排名第 4 位；马来西亚对泰投资 165.59 亿泰铢，排名第 6 位；印度尼西亚对泰投资 71.04 亿泰铢，排名第 9 位。[①]

四 泰国与欧盟的关系

（一）政治关系

2014 年泰国军政府上台，西方国家对此反应强烈，欧盟随后通过对泰制裁方案，停止泰国官员的访问，暂停与泰国签订《伙伴关系与合作关系协定》，欧盟与泰国之间的其他协定也受到影响。欧盟呼吁泰国军方立即通过具有可信性和包容性的选举，重建合法民主进程和宪法，希望泰国政治各方保持克制。[②] 欧盟宣布重新审视其与泰国的关系，并视未来泰国局势的发展采取进一步的措施，在民选政府上台前，将重新评估与泰国的军事合作。

泰国与欧盟经过 9 年的磋商，2013 年才完成《伙伴关系与合作关系协定》谈判。这份协议旨在促进双方旅游、就业、教育、移民、交通和环境方面的合作以及更紧密的政治对话，还没有得到欧盟及其全部成员国的签署和批准。欧盟宣布暂停这一协定的签订程序，意味着欧盟全面中止与泰国发展更深层次的关系，显然对于仍然在争取国际支持的泰国军政府来说，是一个直接的打击。

2017 年 12 月 11 日，基于泰国军政府确认将在 2018 年底举行民主

---

① 泰国投资促进委员会，https：//www.boi.go.th。

② 《欧盟宣布暂停与泰国签订〈伙伴关系与合作关系协定〉》，2014 年 6 月 24 日，网易新闻（http：//news.163.com/14/0624/10/9VGFFOQM00014JB5.html）。

大选，欧盟理事会终于做出与泰国恢复各级别官方政治往来的决定，并敦促探讨恢复欧盟—泰国自由贸易协定谈判的可能性。欧盟驻泰代表透露，欧盟仍重视与泰国的关系，明白泰国在欧盟—东盟国家对话中扮演的重要角色，欧盟希望并呼吁泰国尽快回到民主轨道中来举行大选。2018 年 2 月 23 日，泰国副总理巴金会晤欧盟驻泰国大使，承诺按步骤改革。2018 年 6 月 20 日，泰国总理巴育率部分内阁成员对英国与法国展开为期 7 天的正式访问。这是欧盟决定修复与泰国政治经济等多领域往来后，对泰国总理巴育发出的访问邀请。巴育与英、法首脑就增加泰国与英国、法国及欧盟之间的商贸往来等多项议题进行磋商。

（二）经贸关系

欧盟一直是泰国重要的贸易伙伴，泰国常年保持与欧盟的贸易顺差。2014 年，泰国和欧盟贸易总额为 395.47 亿美元，较去年减少 4.25%，2015 年，泰国与欧盟贸易继续下滑。2016 年，泰国对欧盟的贸易总额为 371.98 亿美元，同比略增 0.25%。2017 年，泰国对欧盟的贸易大幅提升，达到 412.09 亿美元，较上一年增长 10.78%。2018 年，泰国进一步扩大与欧盟国家的贸易，贸易额达到 436.75 亿美元，同比增长 5.98%，泰国向欧盟出口 227.08 亿美元，进口 209.67 亿美元，贸易顺差 17.41 亿美元（详见表 1 - 9）。

表 1 - 9　　　　　　　　近五年泰国与欧盟贸易情况　　　　　（单位：百万美元）

年份 项目	2014	2015	2016	2017	2018
总贸易额	39547	37104	37198	41209	43675
出口额	21025	19826	20020	21636	22708
进口额	18522	17278	17178	19573	20967
贸易差额	2503	2548	2842	2063	1741
同比增长（%）	-4.25	-6.18	0.25	10.78	5.98

资料来源：泰国商务部，http：//tradereport. moc. go. th/Report/ReportEng. aspx？Report = TradeEn-CountryTrade。

　　欧盟对泰国进行投资的主要国家有卢森堡、荷兰、英国、瑞士、德国、丹麦、奥地利以及法国。据泰国投资促进委员会 BOI 统计，2014 年，欧盟共有 19 个国家对泰国进行投资，总投资额为 1712.41 亿泰铢，其中卢森堡以 605.32 亿泰铢的投资额排名第一。2015 年，14 个欧盟国家对泰国投资，投资总额不足前一年的十分之一，仅有 41.35 亿泰铢。2016 年，16 个欧盟国家对泰国的投资总额回升到 516.17 亿泰铢，荷兰以 299.24 亿泰铢的投资额排名第一。2017 年，欧盟 13 个国家对泰国投资总额达 268.60 亿泰铢；2018 年，欧盟 16 个国家对泰国投资总额达 263.01 亿泰铢，荷兰仍然是欧盟中对泰国投资最多的国家。①

第四节　中泰关系发展态势

　　中泰交往源远流长。"中泰一家亲"是中泰传统友好关系的真实写照。自中泰建交以来，两国政治、经济及区域合作等方面皆取得长足发展。当前，中泰两国都处在经济结构转型升级的关键时期，中泰合作呈现出全方位、高水平、宽领域、深层次的发展格局。

一　中泰政经关系的发展

（一）政治互信不断增强

　　自 1975 年中泰正式建交以来，两国本着公平公正、互相尊重、互不干涉内政的原则，在维护国家和地区和平稳定、人民团结的基础上发展形成了友好的合作关系。面对错综复杂的国际关系及世界格局的飞速变化，两国一直致力于加强彼此间的信任与合作。2012 年 4 月 19 日，中泰两国正式建立全面战略合作伙伴关系，从此中泰双边贸易、

---

　　①　泰国投资促进委员会，https：//www.boi.go.th。

投资等合作迈向新台阶。2015 年是中泰建交 40 周年。经历 40 年风雨考验，中泰关系更加密切，体现出全面深化、稳健发展的新特点。中国驻泰国大使宁赋魁曾这样描述中泰建交 40 周年的政治特点：两国政治互信得到加强，传统友好关系进一步加强。[①]

巴育军政府掌权后，两国领导人互访频繁，在多边场合保持密切的会晤和磋商，为中泰关系长期健康稳定发展起到了重要保障。泰国方面，2014 年 12 月 22—23 日巴育总理对华进行正式访问；2016 年 3 月 22—24 日巴育总理赴海南参加澜沧江—湄公河合作首次领导人会议并出席博鳌亚洲论坛；2016 年 9 月 4—5 日巴育以 77 国集团轮值主席身份参加杭州 G20 峰会。中国方面，继习近平主席、李克强总理对泰国进行正式访问后，2014 年 12 月 19—20 日李克强总理赴泰出席湄公河次区域经济合作第五次领导人会议；全国政协主席俞正声、李源潮副主席等中国领导人先后访泰或赴泰出席会议。

中方对泰方王室成员的重视以及王室成员对中国的访问，为促进中泰两国的密切关系以及两国人民的友好情谊也起到了重要作用。2016 年 10 月 22 日，习近平主席特使、国家副主席李源潮专程前往泰国吊唁普密蓬国王逝世；26 日，中国国家主席习近平特使、国务院副总理张高丽在泰国曼谷出席泰国国王普密蓬葬礼仪式，表明中方高度重视中泰关系，珍视同泰国王室的友谊。应中国政府邀请，2018 年 4 月 3—10 日泰国公主玛哈扎克里·诗琳通访华，双方就中泰关系和共同关心的问题交换意见。

泰方对中方治国理政理念的学习与借鉴，开创了中泰政治交流的新局面。2017 年 4 月，《习近平谈治国理政》泰文版首发式在国会大厦举行，立即引起轰动，大批泰国政要、专家学者及媒体人士纷至沓来。泰国总理巴育在内阁会议上向大家推荐这本书，希望每位内阁成员人手一本，认真阅读。泰国副总理威沙努认为，泰国也许要花数倍于中

---

① 《专访：中国驻泰国大使宁赋魁谈中泰建交 40 年》，2015 年 6 月 17 日，新华网（http://www.xinhuanet.com/world/2015 - 06/17/c_127927188.htm）。

国的时间进行改革，如果结合泰国现状阅读和思考这部著作会很有意义。[①] 2018 年 1 月 7—8 日，中共中央直属机关工作委员会常务副书记、中央办公厅副主任孟祥锋率中共代表团访问泰国，并出席中共十九大精神专题介绍会。泰国前总理、民主党党首阿披实，前国会主席、泰中经济文化协会会长颇钦出席会议。泰方盛赞中共十九大具有里程碑意义，习近平总书记提出构建人类命运共同体理念，将对泰国及全世界产生深远影响。[②]

在国际和地区事务中，双方达成许多共识，始终相互支持、密切配合，致力于维护本地区的和平、稳定。2019 年 2 月 16 日，国务委员兼外交部长王毅在清迈与泰国外长敦举行战略磋商，双方就南海问题深入探讨。中泰双方都认为，当前南海局势趋于稳定，各方加强对话、管控分歧、深化合作的势头正在不断加强，应主张以和平方式解决争议。[③] 中泰双方都应遵守《联合国海洋法公约》，依法共同维护南海航行及飞越自由，维护南海地区的和平稳定。

（二）经贸互惠合作扎实推进

经济合作一直是中泰关系发展的核心。近年来，两国经贸合作发展迅速，各领域的友好和互利合作也不断深入。1979 年，泰国正大公司在中国第一个经济特区深圳成立，是第一家进入中国的外资企业，也是在中国投资项目最多、投资额最大的外国公司之一。从此，泰国商人在中国的投资不断增多，特别是在 2010 年 1 月，中国—东盟自由贸易区协议正式生效，以及连接泰中两国公路线路，如 R3A 线路、R8 线路和 R12 线路通车以后，两国经贸关系越来越紧密。与此同时，随

---

① 《〈习近平谈治国理政〉泰文版在泰首发》，2017 年 4 月 8 日，中国新闻网（http://www.chinanews.com/gn/2017/04 - 08/8194277. shtml）。

② 《吕健大使出席中共十九大专题介绍会》，2018 年 1 月 11 日，中华人民共和国驻泰王国大使馆（https://www.fmprc.gov.cn/ce/ceth/chn/sgxw/t1524931. htm）。

③ 《王毅与泰国外长敦战略磋商：共同维护南海航行飞越自由》，2019 年 2 月 16 日，中华人民共和国驻泰王国大使馆，http://www.chinaembassy.or.th/chn/ztgx/t1638463. htm。

着中国改革开放取得重大成效，中国有兴趣到泰国投资的企业也不断增多，中泰双方经济合作不断加强。近五年来，中泰经贸合作呈现三个特点。

第一，双边贸易稳中有进。2013 年，中国首次超越日本成为泰国第一大贸易伙伴、第一大出口市场和第二大进口来源地，泰国也跃居中国的第十三大贸易伙伴国。截至 2018 年 12 月，中国已是泰国第一大出口市场和第一大进口来源地。近五年来，中泰两国双边货物出口额逐年递增，尤其是 2017 年，增长达 12.6%（见表 1-10）。

表 1-10　　　　　　　　　近五年中泰双边贸易发展　　　　　　　（单位：亿美元）

项目＼年份	2014	2015	2016	2017	2018
贸易总额	633.7	642.2	658.4	741.4	799.3
增长率（%）	-1.7	1.3	2.5	12.6	7.8
泰国对中国出口	248.3	233.1	235.8	294.1	297.0
增长率（%）	-7.4	-6.1	1.2	24.7	1.0
泰国自中国进口	385.4	409.1	422.6	447.3	502.3
增长率（%）	2.4	6.2	3.3	5.8	12.3

资料来源：中华人民共和国商务部亚洲司，https://countryreport.mofcom.gov.cn/indexType.asp? p_coun = % CC% A9% B9% FA。

中泰两国进出口商品结构互补性增强。据中国商务部统计，自 2014 年以来，塑料橡胶和机电产品是泰国对中国出口的两大重要商品，植物产品、化工产品和矿产品紧接其后，为泰国对中国出口的第三、第四和第五大类商品。泰国自中国进口的第一大类产品为机电产品，其次为贱金属及制品、化工产品、塑料橡胶及纺织品及原料。

第二，双向投资合作水平不断提升。在中泰双方政府不断推动"一带一路"对接"东部经济走廊"的倡议下，越来越多的想在海外投资的中国企业将目光瞄准泰国，中国对泰投资不断攀升。2017 年，中国对泰国的直接投资总额约为 10.6 亿美元，仅次于日本为泰国第二大投资来源地。2018 年，来自境外的直接投资申请总额中，美国超越日本成为泰国第一大外资来源国，中国居日本之后排第三位。该年中国对泰国投资总额约 17.4 亿美元，较 2017 年增长 64.2%（见表 1-11）。相对于中国对泰投资，泰国对华投资规模较小。2018 年泰国对华投资为 1.3 亿美元，较上年大幅增加。截至 2018 年底，中国对泰国直接投资存量为 71 亿美元，泰国来华直接投资存量为 42.7 亿美元。

表 1-11　　　　　　近五年来中泰相互直接投资情况　　　　　（单位：亿美元）

项目＼年份	2014	2015	2016	2017	2018
对泰直接投资流量	8.4	4.1	11.2	10.6	17.4
增长率（%）	11.6	-51.2	173.2	-5.4	64.2
来华直接投资流量	0.6	0.4	0.5	0.5	1.3
增长率（%）	-87.5	-26.7	13.6	0.0	160.3

资料来源：中华人民共和国商务部亚洲司，http：//yzs. mofcom. gov. cn/article/t/；CEIC 官方网站，https：//www. ceicdata. com/en。

2014 年以来，中国对泰国的直接投资主要集中在四大行业，如制造业和基础设施建设（包括高铁、水利设施、石油开采等）、金融保险业、房地产业、批发零售业等，其中，制造业是中国在泰国投资最多的领域。而 2014 年之前，中资企业主要集中投资泰国的轻工业、化学工业、造纸工业、塑料加工工业等大型制造业。[①] 泰国对华直接投资领域则恰恰与中对泰投资互补。泰资企业在中国主要投资饲料加工产业、种植业、畜牧业、摩托车产业、酒店、餐饮以及水疗会所行业等。泰国商业信息中心（BIC）曾对中国市场做过分析，认为旅游业、医疗与

———————————

① 泰王国驻华大使馆，http：//www. thaiembbeij. org/thaiembbeij/cn/republic-of-china/thai-relations-china/。

美容行业、水疗按摩行业、语言学校等教育业以及餐饮业等五大行业在中国市场的发展前景光明。[①] 泰国正着手在这五大行业加大对华投资。总之，中泰经贸关系不断深化，双边投资领域日益扩大，投资结构逐渐优化。

第三，其他方面合作取得较好发展。中泰两国在工程承包、金融业和旅游业方面的合作也取得实质性的进步。泰国是中国在东南亚的重要工程承包市场之一。目前，在泰国开展经贸合作规模较大的中资企业有中行、工行、中建、中国水电、中港、中铁建、华为、中兴、中国有色、海尔、三一重工等。[②] 自2014年以来，中国公司在泰签订对外承包工程合同金额和实际完成营业额每年都保持着较高的增长率（详见表1-12）。2018年，中国公司在泰承包工程合同额为281.0亿美元，完成营业额218.1亿美元，项目主要涉及电力、轨道交通、太阳能电站、能源管道等领域。

表1-12　　　　　　　　近五年中方在泰承包工程情况　　　　　（单位：亿美元）

年份 项目	2014	2015	2016	2017	2018
承包工程合同总额	137.0	176.7	192.0	228.6	281.0
增长率（%）	13.0	29.0	8.7	19.1	22.9
完成营业额	93.0	121.1	134.6	168.0	218.1
增长率（%）	19.5	30.2	11.1	24.8	29.8

说明：2016年数据统计截至2016年6月底，2017年数据统计截至2017年7月底。

资料来源：中华人民共和国商务部亚洲司，http：//yzs. mofcom. gov. cn/article/t/。

中泰双方很早就开始互设金融机构并开展业务。1994年，中国银行率先在曼谷开设分行，中国工商银行也于2010年进入泰国市场。同

---

① 泰国商业信息中心，http：//www. thaibiz. net/th/articles/detail. php？ cate = tips-and-tricks&id = 19826。

② 顾岩：《浅析泰国承包工程市场》，《国际工程与劳务》2013年第10期。

时，泰国银行也在中国设立了支行，例如盘谷银行和开泰银行。2014年12月22日，中国人民银行与泰国银行签署在泰国建立人民币清算安排的合作备忘录，确定曼谷人民币业务清算行。同日，中国人民银行还与泰国银行续签了有效期为3年的双边本币互换协议。[①] 上述安排标志着中泰两国金融合作进入新阶段，为双边贸易与投资提供便利，扩大了中泰两国企业和金融机构人民币跨境交易规模。2016年，以银联技术标准建设的泰国本地转接系统 TPN（Thai Payment Network）上线，与泰国盘谷银行合作发行银联，TPN 卡已超过120万张。银联还中标成为亚洲支付联盟（Asian Payment Network，APN）跨境芯片卡标准的唯一提供商。[②] 此举推动了中国金融技术标准"走出去"，促进了中泰经贸往来与国际合作。

此外，中泰两国在旅游业的合作不断深化。2015年以后，中国游客赴泰人数大幅攀升，是泰国第一大客源国，占赴泰游客总数的比重已超过三成（见表1-13）。2018年赴泰中国游客人数创历史新高。泰国政府非常重视吸引中国游客，不仅落实免费落地签政策、在机场为中国游客增设专用通道，还在旅游行业增加中文专家等。

表1-13　　　　　　　近五年中国游客赴泰旅游人数　　　　（单位：万人次）

项目＼年份	2014	2015	2016	2017	2018
赴泰旅游人数	555.06	921.06	1003.11	1120.04	1223.75
增长率（％）	-30.96	65.94	8.90	11.66	9.26
占比（％）	30.78	30.78	30.84	31.47	32.05

说明：此数据包括港澳台地区。

资料来源：泰国旅游和体育部，https：//www.mots.go.th/more_news.php? cid=411。

---

① 《中泰签署泰国建立人民币清算安排合作备忘录》，2014年12月22日，新浪财经网（http://finance.sina.com.cn/money/forex/20141222/183921136208.shtml）。

② 《2016年银联网络转接交易金额72.9万亿元》，2017年1月17日，中国银联官网（http://corporate.unionpay.com/infonewsCenter/infoCompanyNews/file_13317 2556.html）。

二 中泰共建"一带一路"进展

泰国积极对接中国"一带一路"政策，积极创造双方利益最大公约数。截至 2019 年 4 月，中国已与 126 个国家和 29 个国际组织签署了 174 份共建"一带一路"合作文件。[①] 泰国作为"一带一路"倡议沿线重要国家，始终积极支持并参与"一带一路"建设。2017 年 9 月 7 日，中泰签署"一带一路"建设和铁路合作等重要文件，包括《共同推进"一带一路"建设谅解备忘录》和《战略性合作共同行动计划》等。[②] 泰方表示，支持并愿意积极参与中国提出的"一带一路"倡议等促进区域共同发展的重要主张，中方也期待泰国发挥独特影响力，推动"一带一路"在泰国及东南亚地区的发展。近年来，中泰共建"一带一路"取得的成效主要有以下几个方面。

第一，以政策对接强化政策沟通。中国的"一带一路"倡议旨在促进亚洲、非洲、中东和欧洲之间的贸易联系，构建更为紧密的贸易网络。泰国政府也在积极推进泰国东部经济走廊发展计划[③]（简称 EEC）的实施。2017 年以来，泰国政府不断探讨将 EEC 与"一带一路"倡议对接的计划。泰国工业部长乌塔玛（Uttama Savanayana）认为，EEC 与"一带一路"或是与其他区域倡议（如 RCEP、TPP）对接，要是能取得进展，互惠互利的双赢成效是显而易见的。[④] 中国可以将泰国作为东南亚地区共建"一带一路"的切入点，泰国可以利用"一带一路"来推动对 EEC 的投资。无独有偶，"泰国 4.0"战略同

---

① 《已同中国签订共建"一带一路"合作文件的国家一览》，2019 年 4 月 12 日，中国一带一路网（https：//www. yidaiyilu. gov. cn/xwzx/roll/77298. htm）。

② 《中泰合作共建"一带一路"——访中国驻泰大使馆》，人民网（http：//world. people. com. cn/n/2015/0618/c1002 – 27175715. html）。

③ 泰国东部经济走廊发展计划，是泰国政府大力发展基础设施及实行一系列投资优惠政策吸引新产业的发展计划。

④ "Thailand to Integrate the Eastern Economic Corridor with China's One Belt One Road Initiative", *ASEAN Today*, February 10, 2018.

"中国制造2025"也高度契合，通过发展高端制造业和创新商品，助力中泰成为战略性伙伴，是推动中泰关系再上新台阶的重要切入点。

第二，以中泰铁路推动设施联通。作为两国共建"一带一路"的旗舰项目，中泰铁路在开展过程中历经环境评估不达标、轨道标准不统一和因泰国预算以及原材料等问题而导致工期严重拖延的困境。从英拉时期的高铁换大米政策到巴育发动政变致使高铁计划搁置，再到军政府时期改高铁方案为铁路方案，并且重拟铁路北部路线，让中泰民众看到了希望。2016年，中泰两国签署了新的铁路合作谅解备忘录。根据协议，中泰双方将合作建设曼谷—廊开路线，计划三年内完成。2017年6月，巴育动用临时宪法免除了10项相关法律对中泰铁路合作项目的约束。2017年12月，一波三折的中泰铁路终于正式开工建设。①

中泰铁路修建完成后，将有助于扩大泰国交通网覆盖区域，提升陆运的竞争力，促进中泰互联互通，为贯穿中老泰马新的高铁建设奠定了重要基础。中泰铁路项目除了促进硬件上的互联互通，还推动了两国人员、技术和教育的交流。随着中泰铁路合作项目的推进，培养建设高铁列车司机人才队伍的工作也提上日程，泰国希望中国能帮助培养本土化高铁司机。② 由中国武汉铁路职业技术学院和泰国班派县工业社区教育学院共建的高铁鲁班学院在泰国孔敬府正式成立，这是全球首家高铁鲁班学院，未来将为泰国铁路发展输送人才，并为中泰铁路开通运营储备人才。③

第三，以电子商务促进贸易畅通。近年来，中泰在电子商务领域的合作势头好，发展速度快。目前，中国国内电商行业呈现饱和状态，

---

① 《中泰铁路一期首段3.5公里仅完成40%工程预计明年2月才能完工》，2018年11月6日，搜狐网（https://www.sohu.com/a/273526367_164366）。

② 《泰国希望中国能帮助培养本土化高铁司机》，2019年3月13日，驻泰国经商参处，http://th.mofcom.gov.cn/article/zxhz/201903/20190302842609.shtml。

③ 《中泰合建高铁鲁班学院揭牌》，2019年4月12日，驻泰国经商参处，http://th.mofcom.gov.cn/article/zxhz/201904/20190402852069.shtml。

增长已现瓶颈，很多企业早已将目光投向海外特别是东南亚市场。阿里巴巴、京东等中国知名企业加大对泰国投资，积极参与泰国东部经济走廊和数字化建设，支付宝、微信支付方式遍及泰国各大商场和便利店，拉动了中国游客赴泰消费，带动了泰国线上支付方式的兴起与普及，促进了贸易畅通。

中泰两国移动支付行业的相互合作，将共同推动泰国本土的移动支付行业往更先进便捷的方向发展。2016 年，阿里巴巴旗下蚂蚁金服收购泰国正大集团移动支付公司 Ascend Money 20% 的股份。同年，阿里巴巴还收购了在东南亚领先的电商 Lazada。此外，阿里巴巴还将在泰国投资建设智慧数字中心，以打造泰国产品面向全球出口的基础设施，提升泰国企业在数字经济方面的能力。泰国商业部与阿里巴巴集团制定了关于通过天猫购物网站平台不断扩展农产品贸易的计划，帮助泰国地方果农扩展销售渠道。[1] 泰国观光旅游业也将通过阿里巴巴的平台发展，共同推动泰国旅游业的整体数字化转型，包括行前签证及落地签的申请和支付等方面。[2]

此外，京东集团与泰国零售巨头尚泰集团（Central Group）共同投资 5 亿美元成立了电商合资公司。2018 年 9 月，京东和泰国零售企业尚泰集团正式推出泰国电商平台 JD Central，标志着京东正式进军泰国市场，开发电商海外新平台，推动泰国电子商务行业的迅速成长。泰国商业部已与京东泰国公司签署战略合作协议，通过打通中国消费市场的线上通道，帮助泰国中小企业（SMEs）解决产品销路问题。据统计，目前透过泰国著名网上贸易平台 Thaitrade. com 完成的交易金额大约是 17 亿铢。[3] 开创了中泰在电商领域互利共赢合作的新局面。

---

① 《泰国商业部联手阿里巴巴减贫》，2018 年 11 月 28 日，驻泰国经商参处，http://th. mofcom. gov. cn/article/zxhz/201811/20181102811269. shtml。

② 《泰媒：阿里巴巴来了泰国是时候向数字时代转型了》，2018 年 4 月 20 日，参考消息网（http://www. cankaoxiaoxi. com/china/20180420/2387398. shtml）。

③ 《京东泰国与商业部签署合作协议，助力 SMEs 进军中国市场》，2018 年 12 月 17 日，泰国中华网（http://thaizhonghua. com/2018/12/17/71447. html）。

第四，以境外经贸合作区建设助力资金融通。距离泰国首都曼谷100多公里的罗勇府地处泰国政府着力打造的EEC核心区域，是泰国重要的工业基地，也是众多中国企业投资兴业的乐园。自2005年成立至2018年底，泰中罗勇工业园已成功吸引入园企业118家，累计工业总值超120亿美元，园区泰籍员工32000余人，中国员工3000余人。近5年来，为响应"一带一路"倡议，有近60家中资企业入园，园区实现工业总产值90亿美元，约占最近10年园区累计实现工业总产值的75%，发展势头强劲。罗勇工业园为泰国经济做出了卓越贡献，它的建立与发展让旅游、房地产投资等产业得到了快速发展，促进了当地基础设施的建设与完善，吸引愈来愈多技术实力一流的中国创新型企业到泰投资，以先进经验和知识水平为中泰经贸合作注入新动力，助力"一带一路"在泰国的稳步推进。

第五，以教育合作促进民心相通。"一带一路"建设以来，两国间的文化交流日益活跃。在教育合作方面，截至2018年7月，有逾3.7万名中国学生在泰学习，其中超过2.7万人在泰留学，还有近1700名汉语教育志愿者为促进两国人民交流前往泰国工作。[1] 截至2018年底，泰国各地共建立14所孔子学院和11个孔子课堂。[2] 中泰双方还在涉及高铁、航空航天、人工智能、物流管理等多个领域开展职业教育合作。

三　中泰关系发展面临的挑战

中国作为泰国的重要贸易伙伴，在经贸上积极扩大辐射面积互利互惠，在文化上多渠道共建"中泰文化交流之桥"，"中泰一家亲"得到广泛认可。但近年来美国和日本对东南亚地区的更大关注，加之泰国国内外政治与经济形势的变化，都极大可能影响中泰

---

[1]　《弘扬中泰传统友好关系　打造新型国际关系典范》，2018年7月4日，中华人民共和国驻泰王国大使馆，http：//www.chinaembassy.or.th/chn/ztgx/t1573845.htm。

[2]　国家汉办驻泰国代表处，http：//www.hanbanthai.org/kongzixueyuan/。

关系的发展。

（一）泰国政治局势不够明朗

2019 年 6 月 5 日，泰国现任总理巴育获得连任，成为泰国新一任民选总理。[①] 2019 年 7 月 10 日，泰国拉玛十世国王哇集拉隆功颁布圣谕，御准巴育总理提交的内阁名单。7 月 16 日，由 36 名成员组成的巴育新内阁宣誓就职。此前巴育已通过电视讲话宣布辞去政变后成立的军政府权力机构"全国维持和平秩序委员会"主席职务。至此，在大选结束三个半月后，巴育新内阁终于正式组建。[②] 姗姗来迟的新内阁山头林立，巴育派系仍然掌握着核心权力区，副总理颂奇掌握着财政部、能源部和今年新成立的高教、科学、研究与创新部等部门的话语权。除此以外，民主党、泰自豪党、泰国发展党、泰国联盟党等即使权力划分稍弱于巴育和颂奇，但仍具有一定的话语权。一党独大的局面在新内阁中已然不见踪影，但各政党最关切的利益分配一旦出现问题，就会增加重蹈"政治怪圈"的风险。

近期美国对泰国伸出"橄榄枝"的行为也让中泰关系变得更为复杂。亚洲基金会（The Asia Foundation）正在制定和实施一系列项目，以促进泰国和美国之间的关系更加密切。[③] 泰国是美国在亚洲的传统盟友。2014 年泰国发生军事政变，巴育军政府上台。许多评论人士认为，泰国政府突然疏远了美国，并向中国靠拢。泰国在 2019 年重返民选政府并担任东盟轮值主席国，美国恢复这一长期战略关系十分重要，这也符合美国"重返亚太"的政策目的。未来几十年，泰国最大的贸易伙伴——中国和美国对泰国的影响力可能会增强，但 20 世纪六七十年

---

① 《巴育再次当选泰国总理》，新华网（http：//www.xinhuanet.com/2019 - 06/06/c_1124588511.htm）。

② 余海秋：《山头林立：泰国新内阁的特征》，《世界知识》2019 年第 15 期。

③ 亚洲基金会官网（https：//asiafoundation.org/2018/08/01/strengthening-relations-between-thailand-and-the-united-states/）。

代的美泰关系将永远不会恢复。① 2018 年 7 月，亚洲基金会召集著名的泰国和美国领导人在华盛顿举行双边对话，以此缓解中美紧张关系。这一举动是否会将泰国置于中美竞争关系中，而影响中泰关系的友好发展，值得关注。

（二）中美贸易战的间接影响

自美国与中国在经贸方面"开战"以来，中美贸易战就被认为是中美在东南亚博弈的新手段。业内人士就中美贸易战对泰国产生的影响看法不一。一部分人认为，尽管中美两个大国间的贸易战对全球经济产生不小的负面影响，但一些国家反而能从中获得不错的收益。据联合国贸发会议发布的有关中美贸易战对全球贸易影响的报告认为，泰国能从中美贸易战中获得价值 50 多亿美元的意外好处。② 在中美贸易战的初期阶段（2019—2021 年），将有至少 3 亿美元的外国直接投资流入泰国。③ 泰国在美国的市场份额将增加 3 亿—10 亿美元，在中国的市场份额也将增加，泰国部分商品将有机会直接销往美国，包括计算机零配件及硬盘等。④ 另一部分人则认为，"当大象战斗时，泰国就是受苦的草"。⑤ 泰国出口额下滑已显露出中美贸易战对其的负面影响。环球时报称，受中美贸易战影响，东南亚国家外贸压力增大，出口额增长速度下滑严重，2018 年泰国出口损失约

---

① Benjamin Zawacki, *Thailand*：*Shifting Ground between the US and a Rising China*, London：Zed Books，2017，p. 3.

② 《中美贸易战为泰国带来价值 50 亿美元意外收入》，2019 年 2 月 7 日，泰国中华网（http：//thaizhonghua. com/2019/02/07/72887. html）。

③ 《新增外商投资无法弥补泰国因贸易战所受影响》，2018 年 12 月 16 日，泰国世界日报，http：//www. ccpit. org/Contents/Channel_4114/2018/1216/1101787/content_1101787. html。

④ 《中美贸易之战，泰国经济至少增长 4%》2018 年 4 月 10 日，泰国头条新闻，https：//www. thaiheadlines. com/。

⑤ 《中美贸易战的打响对泰国未来有什么影响？》，2018 年 9 月 28 日，北纬客新闻网（https：//www. northernke. com/portal/index/news_detail/id/217）。

3.8 亿美元。[①] 2019 年 1 月，泰国出口负增长 5.65%，商品出口连续三个月萎缩，主要源于中美贸易战和中国经济增长放慢。[②] 开泰研究中心（Kasikorn Research Center）认为，即便增加外商投资额也无法弥补中美贸易战对泰国产生净负面影响，泰国铁、铝和橡胶等传统出口行业受到的冲击最大。中美贸易战意味着高关税供应链必将调整，例如生产商可能将生产基地从中国转移到东南亚国家以避开惩罚性关税。这可能会给一些东南亚国家带来好处。然而，泰国欠佳的贸易成绩单却说明贸易战使泰国出口面对更多的冲击而不是获利。一些东南亚经济分析师认为，特朗普政府的贸易组合拳有可能会使高度依赖出口的泰国、菲律宾、越南和高度依赖服务和转口贸易的新加坡深受冲击，进而给东盟一体化发展远景蒙上阴影。[③] 从长远角度出发，全球化和多边化的潮流趋势不可逆转，贸易战只会造成世界经济的动荡，也注定了"贸易战没有赢家"，未来中泰经贸关系走向如何，持续发酵的中美贸易战也是值得考虑的重要因素。

（三）中日在泰的全方位博弈

在泰国修建高铁项目一事上，日本对中泰铁路的"干扰"一直存在。泰国方面曾表示，"泰国高铁首选日本"。[④] 日本新干线口碑好，并且重视在泰的整体布局，日本还为泰国等东南亚国家提供利率低于 2% 的软贷款，十分具有吸引力。而中国高铁胜在性价比高。据开泰研究中心中文部主任黄斌表示，中国铁路无论是在建设里程、运营里程

---

① 《想要坐收"渔翁之利"不料"殃及池鱼"中美贸易战影响亚洲多国出口》，2019 年 1 月 23 日，环球网（http://finance.huanqiu.com/gjcx/2019-01/14139312.html）。

② 《全球经济放缓、贸易战因素以及高比较基数拖累 2019 年 1 月泰国出口负增长 5.65%》，2019 年 2 月 22 日，开泰研究中心，https://www.kasikornresearch.com/ch/analysis/k-econ/busine4ss/Pages/y3789.aspx。

③ 《新闻分析：美国贸易大棒缘何让东南亚担忧》，2018 年 8 月 1 日，新华网（http://www.xinhuanet.com/world/2018-08/01/c_1123208377.htm）。

④ 《曾被日本搅局的中泰铁路 10 月终于要开工了》，2015 年 8 月 27 日，腾讯网（https://finance.qq.com/cross/20150827/605v01tj.htm）。

还是运营速度方面都属于世界领先水平，且与中老高铁对接，能极大促进沿线地区的投资建设与经济发展。[①] 中日在泰国高铁项目的竞争中相持不下。2015 年 5 月，泰日签署高铁合作备忘录，标志着中日在泰国高铁方面的博弈进入了白热化阶段。[②] 同时，日本加快对亚洲基础设施的投资步伐，称在未来五年为亚洲基础设施投资 1100 亿美元，这个数字刚刚超过了亚投行的 1000 亿美元资本金。[③] 此外，中泰铁路项目也在紧锣密鼓地进行。第二届"一带一路"国际合作高峰论坛期间，中国、泰国与老挝三方签署三国铁路网络的合作备忘录，中泰铁路建设取得新进展。以此看来，泰方似乎更乐意在"鹬蚌相争"中最大限度地获利。与泰日一贯稳定的友好关系不同，中日关系近年来才开始渐趋平稳，在日本深受美国影响的情况下，中日两国在泰国的高铁竞争将如何影响中泰关系，仍难有定论。

（四）部分泰国人产生的"厌华情绪"

回顾历史不难发现，泰国华人在政治、经济领域具有举足轻重的影响力，在中泰友好关系中发挥着重要作用。泰国比大多数东南亚国家更好地融合了华人，甚至在冷战期间也没有切断与北京的所有联系，这一进程自 2014 年以来一直在加速发展。[④] 但是，当前泰国社会开始出现一些厌华情绪。[⑤] 主要原因在于某些中国游客在泰旅游时出现的不文明行为招致了部分泰国民众的厌恶。泰国清迈大学社会学研究所进行的一项调查显示，清迈市民将中国游客视作讨厌鬼，希望生活中没

①《东南亚高铁狙击战：日本赔本搅局　抢夺泰国高铁》，2015 年 6 月 6 日，和讯网（http：//news. hexun. com/2015 – 06 – 06/176509677. html）。

②《泰日签高铁合作备忘录　中日博弈泰国高铁白热化》，2015 年 6 月 5 日，新华网（http：//www. xinhuanet. com/world/2015 – 06/05/c_127879693. htm）。

③《日本加紧出击亚洲基础设施投资　金额或超亚投行》，2015 年 6 月 22 日，新浪网（http：//finance. sina. com. cn/world/20150622/133322488158. shtml）。

④ Benjamin Zawacki, *Thailand：Shifting Ground between the US and a Rising China*, London：Zed Books，2017，p. 3.

⑤ 张锡镇：《中泰关系近况与泰国社会厌华情绪》，《东南亚研究》2016 年第 3 期。

有他们的打扰，多数充斥中国游客的城市民众都表达过类似的批评观点。[①] 泰国主流媒体对中国的负面报道增多，特别是对某些中国游客在泰不文明行为的大肆报道，在泰网络上不断发酵并持续引发关注。有媒体称，泰国人专拍某些中国游客"不文明"行为。[②] 此外，近几年来，中国对泰国的投资总量不断增加，范围不断扩大，使得一部分泰国民众对中国人大量在泰投资、定居和学习产生了一定的排斥心理。

[①] 《泰媒：调查显示泰国清迈市民"讨厌中国游客"》，2014 年 3 月 1 日，环球网（http：//oversea. huanqiu. com/economy/2014 – 03/4869446. html？agt = 15425）。

[②] 《泰国人专拍中国游客"不文明"行为》，2016 年 3 月 25 日，参考消息网（http：//ihl. cankaoxiaoxi. com/2016/0325/1110010. shtml）。

第 二 章

泰国中资企业调查技术报告

作为"一带一路"沿线的重要合作伙伴，泰国积极参与"一带一路"建设，是首批加入中国发起成立的亚洲基础设施投资银行的国家之一。近年来，越来越多的中资企业赴泰国投资建厂，企业经营风险与机遇并存。在"一带一路"建设的新形势下，中国国内却尚未建立有关投资泰国的完备数据信息采集和分析系统。为深化中资企业赴泰投资、提升投资水平和质量，促进中泰互利共赢合作，全面了解和掌握泰国营商环境和劳动力素质，建立中资企业数据信息采集分析系统显得非常重要和必要。本章主要介绍泰国中资企业调查课题组赴泰调查方案，分析泰国中资企业和泰籍员工的基本特征，为后续章节的企业数据分析和员工数据分析提供基础资料。

第一节　调查方案

本次"泰国中资企业营商环境和泰国员工调查"以中国商务部境外（泰国）投资企业名录作为抽样框，选取在泰国运营时长超过一年的中资企业进行访问。主要调查对象分为两类：一类是熟悉本企业情况的高层管理人员；另一类是在该中资企业连续工作至少3个月，且年满17岁的泰国员工。调查地域范围包括泰国罗勇府、春武里府、曼谷市及其周边省府，最终完成的中资企业问卷数为70份，员工问卷数为

1013 份。

一　调查内容

本次调查使用两套问卷，即企业问卷和员工问卷，两套问卷相互匹配。企业问卷主要由四方面内容构成：（1）基本信息，包括企业管理人员基本情况和企业基本信息等；（2）企业经营状况，包括企业生产销售、融资结构、固定资产、企业绩效、员工培训等；（3）企业运营环境，包括企业在泰国履行企业社会责任、参与公共服务以及治理、选择在泰国投资的原因、在泰国的投资风险与形象评价等；（4）企业具体指标，包括企业人员结构和企业经营指标等。

员工问卷主要由六方面内容构成：（1）员工信息，包括婚姻、民族、教育和宗教信仰等；（2）职业发展与工作条件，包括职业经历、工作环境、职业培训和晋升、工会组织、社会保障等；（3）收支水平，包括个人和家庭收入、家庭经济状况、家庭地位、耐用品消费等；（4）社会交往与态度，包括社会交往、社会距离、公共议题等；（5）员工对企业的评价，包括对企业的认知和企业在社区的影响评价；（6）员工对大国软实力的评价，包括对大国影视文化产品和家庭耐用消费品牌的偏好、对中国制造产品的认知和评价、对大国影响力的评价等。另外，泰国调研组根据泰国的热点问题设计了特色国别模块问卷，主要涉及中资企业的泰籍员工对于"一带一路"建设、澜湄合作、中泰关系等相关问题的认知与看法。

二　调查进程

在正式赴泰调查之前，课题组与泰国法政大学比里·帕侬荣国际学院建立合作关系，后者根据课题组的要求，在该校中文专业班中精挑细选了20 多位专业能力较强的泰国大学生，以社会实践活动的方式参与本次调研。同时，在中国驻泰国大使馆、泰国中国企业总商会及其罗勇分会、云南省商务厅驻泰国商务代表处等机构的接洽与协调下，课题组提前与相关企业取得联系，确定受访计划并得到相关企业的积极支持与配合。

课题组以"1＋1＋1＋X"模式，即1位小组长、1位会泰语的中方督导、1位后勤人员和多位泰方访员，组成若干调查小组，由小组长带领前往事先预约好的中资企业进行问卷调查。小组长主要负责完成企业问卷的访问，督导主要负责质量监控，访员则在督导的监督下与受访者进行面对面访问。

课题组前后分两次赴泰国开展问卷调查。第一次调查区域为泰国罗勇府和春武里府，其中罗勇府重点聚焦泰中罗勇工业园区的中资企业，受访中资企业多为橡胶、模具、印刷等制造型企业。第二次调查区域为曼谷及其周边省府，如暖武里府、巴吞他尼府等，受访的中资企业主要是宾馆、餐馆、航空、金融等服务业，建筑、家电等制造业，及大型国企、央企的驻泰代表处等。其中，制造型中资企业的选址一般都位于泰国各类工业园区内。

三　质量控制

本次调查使用CAPI（计算机辅助个人访谈）数据收集方法来提高质量控制水平，并通过减少数据录入、编辑和传输问卷到总部的时间来加快数据收集。本次调查主要通过事前质量控制、实地质量控制和后期质量控制来保证调查数据的真实性、有效性和完整性。

（一）事前质量控制

1. 问卷翻译

为了确保访问过程不出现语言偏差，正确地理解问卷问题，课题组先委托云南大学泰语专业博士生、硕士生将中文版的员工问卷各个模块翻译成泰文。交叉互校后，再将泰文版问卷委托给泰国法政大学中文专业的访员进行审核，将意思表达不准确、有出入的翻译进行核对、修正，尽量避免访问时的语言表达错误。

2. 访员培训

参与本次调查的访员由中方访员和泰方访员两部分组成，中方访员是云南大学国际关系研究院的博士生和硕士生；泰方访员则为在泰国法政大学招募的中文专业大四学生。其中，中方访员主要负责企业问卷的访问、督导与质量控制；泰方访员则负责员工问卷的访问工作。为保证调查的质量和效率，课题组在出访前对中方访员进行了为期5天的系统培训，培训主要内容包括：（1）详细解释调查项目的目的与意义；（2）访员的基本行为规范；（3）解释和说明问卷结构和内容；（4）调查所用的 CAPI 系统的使用方法；（5）访员的职责与要求；（6）调查过程中的访问技巧；（7）模拟访问练习，包括督导与访员之间的信息传递练习、访员与受访者之间互访练习；（8）项目督导对访员和受访者的访问质量控制；（9）数据检查与回传；（10）对可能出现的问题，包括泰方访员和受访者可能会提出的疑问进行讨论；（11）调查的分工协作与后期保障等。此外，经过访前培训后，课题组还带领中方访员前往云南瑞丽对中国企业和缅籍员工进行实地演练，明晰整个访问过程，体验可能碰到的各种问题，为正式赴泰访问做足准备。

同时，课题组到达泰国后，对泰方访员进行全面的访前培训。培训为期2天，主要培训内容除调查主题、内容、提问技巧外，还包括薪酬安排及奖惩制度等，以确保整个调查过程顺畅有序，有质有量。

（二）现场质量控制

督导是调查过程中的质量负责人，主要通过考察拒访率、问卷完成时间、随机陪访监督等对访问质量进行现场控制。本次调查中，有两位精通泰语的访员督导，能无障碍地进行全程监督与应急处理，从源头开始避免数据出现错漏，把控数据采集的质量。

调查期间，课题组组长每日召集组员对当天工作进度、遇到的困难与问题进行总结和反馈，商讨应对措施；访员督导则每天撰写调查日志和报告，记录好当天的问题与解决途径。总之，在调查过程中，尽量做到及时发现问题，及时解决问题，更好地兼顾调查的数量与质量。

（三）后期质量控制

第一，调查期间数据回传后的质量控制。在云南大学访问终端后台，针对泰国中资企业调查课题组，设置了由专业技术人员、泰语专业中国学生和泰国留学生组成的核查、质控小组。每天对回传的录音文件及问卷数据按照15%的比例进行重听及核查，及时纠正因误听误填等导致的错误，并及时将发现的问题反馈给相应访员，提醒访员在访问过程中出现的失误，以便访员及时改正。

第二，调查结束后的问卷数据审核。在调查项目结束后，课题组同核查、质控小组对调查问卷进行二次核查，以确保调查数据的准确无误。

第二节　企业数据描述

近些年来，中资企业作为"贸易畅通"的重要载体，在"一带一路"倡议下与沿线国家开展卓有成效的经贸合作。中国一直是泰国重要的经贸合作伙伴。在中泰共建"一带一路"的背景下，中国在泰投资企业数量越来越多，企业类型也日渐多样化。本次调查根据国家商务部备案的驻泰中资企业名录作为抽样框，以配额抽样的方法进行抽样，初步确定抽样企业386家后，泰国调研组再通过电话、邮件等方式联系拟调查企业的相关负责人，获得调查企业和负责人的许可之后，再前往企业调研。本节将从企业类型、受访者职务、企业所属园区、企业规模、控股比例、注册和运营时间分布及企业管理人员性别比例构成对企业样本数据进行描述，以求全面清晰地了解受访企业的基本情况，为进一步分析奠定基础。从本次调查结果来看，受访中资企业主要呈现以下特点。

第一，泰国受访中资企业类型主要以工业为主。2004—2016年，中国对泰国直接投资行业的排名依次为金属与机械设备、农业、化工、矿产、服务业、电器与电子、纺织等。[①] 从受访企业的行业分布看，接近七成为工业企业，三成为服务业企业，工业企业占据多数（详见表 2 - 1）。

表 2 - 1   **不同行业类型企业占比**   （单位：%）

行业类型	百分比
工业	68.75
服务业	31.25

$N = 64$。

第二，泰国受访中资企业规模呈梯度分布，大中小企业均有涉及。如表 2 - 2 所示，小型企业占比为 25.00%，中型企业的比重为 31.25%，大型企业的占比为 43.75%。总体上看，受访企业规模呈梯度分布，大中小企业均有涉及，其中大型企业占比较大。

表 2 - 2   **不同规模企业占比**   （单位：%）

企业规模	比重
小型企业	25.00
中型企业	31.25
大型企业	43.75

$N = 64$。

第三，超过半数的受访企业位于工业园区，泰国国内外投资的园区均有涉及。据泰国投资促进委员会资料显示，截至 2011 年，泰国各类工业园区共有 100 多个，由泰国工业园区管理局（IEAT）开发管理的工业园区共有 34 个，其中 9 个由泰国工业园区管理局开发管理，25

---

① 泰中罗勇工业园：《中国对泰国投资的现状和未来展望》，http：//www. sinothai-zone. com/newsinfo. php？ id = 2298。

个由泰国工业园区管理局与私营企业合作开发管理。① 日本、新加坡、中国等国均与泰国合资设立工业园。值得一提的是,在"一带一路"倡议下,中国境外经贸合作区的设立朝着更高质量方向不断迈进。中泰合资建立的园区,例如泰中罗勇工业园已成为中国境外经贸合作区的成功典范。本次调查超过五成的企业样本来自工业园区,其中超过两成的受访企业来自罗勇工业园,来自泰国国内园区和其他国家园区的企业也有涉及。另外,还有近半数的受访中资企业为非园区企业(见表2-3)。

第四,大多数受访企业为非国有控股企业和全中资企业。中国在泰企业国家信息中心数据显示,2017年民营企业与"一带一路"相关国家的进出口总额达到6000多亿美元,占与"一带一路"相关国家贸易总额的43%。② 民营企业已经成为参与"一带一路"建设的重要力量。从表2-4可知,本次调查企业为非国有控股的比例高达71.88%,国有控股的企业仅占28.13%,私企明显偏多。另外,图2-1显示,中国独资的企业比例超过七成,近三成为非中国独资企业。可见,大部分受访中资企业都是以独资的方式在泰开展生产经营活动。

表2-3	不同工业园区的企业占比	(单位:%)
是否在工业园区	比重	
不在工业园区	46.77	
中国工业园区(罗勇工业园区)	20.97	
泰国工业园区	11.29	
其他国家园区	20.97	

$N = 62$。

---

① 中国驻泰国经济商务参赞处:《泰国投资(2011年版)》,http://th. mof-com. gov. cn/article/ddfg/waimao/201111/20111107835281. shtml。

② 《民营企业成为"一带一路"建设重要力量》,经济日报,https://www. yidaiyi-lu. gov. cn/xwzx/gnxw/66333. htm。

表2-4 国有控股的企业占比 （单位：%）

是否为国有控股	比重
国有控股	28.13
非国有控股	71.88

$N=64$。

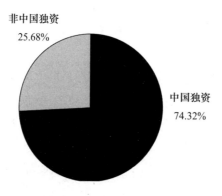

非中国独资
25.68%

中国独资
74.32%

图2-1 中方独资企业占比

第五，绝大部分受访企业加入了泰国中国企业总商会。从表2-5可以看出，在受访企业中，高达81.97%的企业加入泰国中国企业总商会，仅仅只有18.03%的企业没有加入。2001年7月，泰国中国企业总商会成立，主动服务、协调和促进会员企业在各领域与泰国企业的互利合作、共同发展，积极服务民生、服务社会，现今商会已吸纳200多家不同规模的中资企业，为有效引导中国企业走进泰国市场，规范在泰中资企业经营秩序和规避中资企业经营风险贡献了重要力量。

表2-5 加入泰国中国企业总商会的企业占比 （单位：%）

是否加入泰国中国企业总商会	比重
是	81.97
否	18.03

$N=61$。

第六，仅有少数受访企业设立工会组织。企业工会是职工合法权益的代表者和维护者，但驻泰中资企业因为受到国外管理制度的限制、雇员国籍构成不同及文化风俗差异，维护工人权益的组织并未大范围在驻泰中资企业推广。表 2-6 反映出仅有 15.63% 的企业设立了工会组织，大多数的中资企业没有自身的工会组织。可见，工会组织并未在泰国全面推广。

表 2-6　　　　　　　　　　**设有工会的企业占比**　　　　　（单位：%）

是否有自身工会	比重
是	15.63
否	84.38

$N=64$。

第七，多数受访中资企业在中国有母公司，并且母公司为国有企业和私营企业的占比较高。表 2-7 反映的是企业是否有中国母公司的情况，可以看出超过八成的受访企业都有中国母公司，仅有 18.75% 的企业没有中国母公司。表 2-8 显示企业中国母公司的类型，母公司是国有企业和私营企业的占比最高，都为 28.85%，其中集体、国有与集体联营、有限责任公司、股份有限公司以及私营有限责任公司、股份公司占比较低。

表 2-7　　　　　　　　　　**有中国母公司的企业占比**　　　　　（单位：%）

是否有中国母公司	比重
是	81.25
否	18.75

$N=64$。

表 2 - 8　　　　　　　　企业中国母公司的类型分布　　　　　（单位：%）

中国母公司类型	比重
国有	28.85
集体	1.92
国有与集体联营	3.85
有限责任公司	11.54
股份有限公司	13.46
私营企业	28.85
私营有限责任公司	3.85
私营股份有限公司	7.69

N = 52。

第八，超过半数的受访中资企业是在 2011—2015 年注册成立。从表 2 - 9 中可看出，2006 年成为中国企业注册的分水岭。2006 年以前，在泰国注册并运营的中资企业数量较少，均不超过一成。2006 年之后，在泰注册并运营的中资企业数量逐渐增加，在 2011—2015 年注册并运营的受访企业数量达到一个小高潮，2016 年以后依旧保持着良好的势头，这也是"中泰一家亲"友好合作发展最好的见证。

表 2 - 9　　　　　　　　企业注册时间与运营时间分布　　　　　（单位：%）

年份	注册时间	运营时间
1995 年以前	3.39	3.78
1996—2000	3.39	1.89
2001—2005	0.00	3.78
2006—2010	18.64	13.21
2011—2015	49.16	50.92
2016 年以来	25.42	26.42

N = 64。

第九，绝大部分企业受访者为了解公司运营情况的高级管理者。本次调查访问的中资企业受访者的职务涵盖企业所有者、总经理或

CEO、副总经理或其他管理岗位。表2-10反映出受访者的职务占比，其中11.11%是企业所有者，36.51%为总经理或CEO，11.11%为副总经理，还有41.27%的其他层次的企业管理人员。可见，接受访问的企业代表近六成为企业高级管理人员。

表2-10　　　　　　　　　　企业受访者职务分布　　　　　　　（单位：%）

受访者职务	比重
企业所有者	11.11
总经理或CEO	36.51
副总经理	11.11
其他	41.27

$N=63$。

第十，女性管理者已然成为大多数驻泰中资企业的常驻者。表2-11反映出受访中资企业高层有无女性高管的情况，超过六成的中资企业有女性高层管理人员，而只有不到四成的中资企业没有女性高层管理人员。越来越多的中国女性与中国企业一起迈出"走出去"的步伐，泰国政治环境和社会治安较好，旅游资源丰富又极具文化魅力为中国女性实现职业和人生规划提供了新的平台。

表2-11　　　　　　　　　　企业高层有无女性的占比　　　　　　（单位：%）

有无女性高管	比重
有	64.06
无	35.94

$N=64$。

综合分析泰国中资企业样本数据发现，接受调研的泰国中资企业以工业企业为主，大部分企业为全中资企业且在中国拥有母公司。中小型规模企业比大型企业在数量上略多，分布在工业区内和非工业区的企业占比平均。2006 年以后掀起中国企业投资泰国的浪潮，民营企业成为中国企业投资泰国的主力军，女性管理者也跟随浪潮走出国门。在这些中资企业中，虽然工会组织并没得到普及，但绝大多数企业都加入了泰国中国企业总商会。从受访企业代表来看，绝大部分受访者为公司高级管理者，保证了企业数据来源的全面性和权威性。

第三节　员工数据描述

本次调查的员工对象为中资企业里年满 17 岁、工作满 3 个月的泰国当地正式员工。调查板块为个人经历和家庭情况、职业经历、就业与收入、对中资企业的看法和期待、对中国国家形象的认知、对中国软实力的认可等。本次调查共采集到 1013 份泰籍员工样本，覆盖了不同性别、年龄、族群、宗教信仰、受教育程度以及在企业中担任不同职位的受访员工，以保证员工样本的多样性和真实性。本节将从性别、年龄、宗教信仰、婚姻状况及受教育程度等方面对员工样本进行综合描述，以此掌握泰国中资企业当地员工的整体情况。

第一，员工性别比例较为平均。表 2－12 显示在泰中资企业受访泰国员工的性别分布，男性员工样本为 477 份，占比 47.13%；女性员工样本多于男性，共 535 份，占比 52.87%。可见，受访的泰国员工男女性别比例几乎各占一半。

表 2－12　　　　　　　　　　员工样本性别分布　　　　　　　（单位：个、%）

性别	频数	百分比
男	477	47.13
女	535	52.87

　　第二，中青年男性和女性员工的就业比例最高。在男性员工样本中，占比最多的是处于26—35岁年龄段的青壮年员工，其次是36岁及以上中老年员工，但两者差距不大，均在40%左右。相比而言，在女性受访员工中，26—35岁的女性受访员工的占比最大，约为一半；其次是处于17—25岁年龄段的青年女性，占比为27.10%，36岁及以上女性占比最少，为24.49%。总体而言，26—35岁年龄段均为泰国男女两性就业高峰，17—25岁和36岁及以上的年龄分布呈现两端递减，且36岁及以上的男性就业比例明显高于女性（见图2-2）。

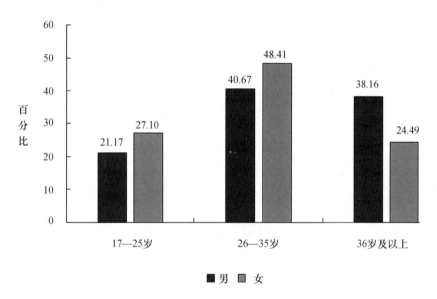

图2-2　按性别划分的员工年龄分布（$N=1012$）

　　第三，女性员工受教育程度要高于男性。从表2-13可以看出，受访员工大部分都受过中学及以上程度的教育，小学程度的受访者较少，未受过教育的受访者更是微乎其微。在男性受访员工中，超过一半的样本为中学学历，占比最大；其次是本科及以上学历，占比为35.71%。而在女性受访员工中，本科及以上学历的样本占比最大，达到58.16%；受过中学教育的占比为36.02%，且受访员工中高学历女性人数比男性高出两成。总的来看，无论是男性员工还是女性员工，受教育程度普遍为中学及以上学历。

表 2 - 13 　　　　　　　　　按性别划分的员工受教育程度分布 　　　　　　　（单位：%）

受教育程度	男	女
未受过教育	0.84	0.75
小学学历	7.14	5.07
中学学历	56.30	36.02
本科及以上	35.71	58.16

$N = 1009$。

第四，当地员工以泰族员工为主。泰国主要民族为泰族，其人口约占泰国总人口的 40%，其余为老族、华族、高棉族以及苗族等。除泰族、华族外，其余民族都为山地民族，居住地较为偏远，在城市生活的泰族和华族占大多数。表 2 - 14 显示受访员工的族群分布状况，绝大多数受访的男性员工和女性员工都是泰族，仅有极少数的受访员工是老族、华族、高棉族等。

表 2 - 14 　　　　　　　　　　按性别划分的员工族群分布 　　　　　　　　（单位：%）

族群	男	女
泰族	97.06	96.64
老族	0.42	0.37
华族	0.84	1.31
高棉族	0.42	0.37
其他族	1.26	1.31

$N = 1012$。

第五，当地员工以信仰佛教为主。除南部马来人信仰伊斯兰教、少部分民众信仰基督教、天主教、印度教和锡克教外，泰国 90% 以上的民众都信仰佛教。如表 2 - 15 所示，受访员工无论是男性还是女性，绝大多数都信仰上座部佛教，极少数是信仰伊斯兰教、基督教的受访员工，不信仰任何宗教的员工也极少。

表 2 - 15　　　　　　　　按性别划分的员工宗教信仰分布　　　（单位：%）

宗教信仰	男	女
上座部佛教	94.75	96.82
伊斯兰教	1.89	0.94
基督教	2.31	1.50
不信仰任何宗教	1.05	0.75

$N = 1010$。

　　第六，单身或未婚员工多于已婚员工。图 2 - 3 显示男性受访者中，有 40.88% 的人已婚，45.49% 的男性单身或未婚。而女性受访者的婚姻状况刚好相反，有 45.49% 的人未婚，36.64% 已婚。可见，受访的中资企业员工，无论是男性还是女性，未婚员工均多于已婚员工。此外，还有少数受访员工处于同居、离异等状态。

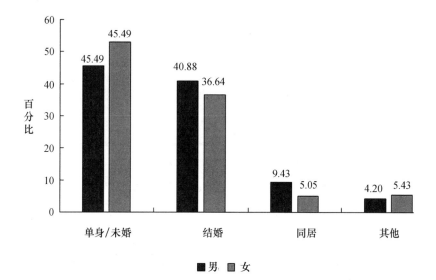

图 2 - 3　按性别划分的员工婚姻状况分布（$N = 1012$）

第七，大部分男性和女性员工都为农村人口。本次调查除了服务业对地理位置要求严格，大部分制造业的企业考虑到用地面积、环境污染、原材料运输等方面因素，选址均为非城市，以求运营生产的便利。中资企业的投资建厂往往容易吸引周围居民就业，因而来自泰国农村的受访员工居多。图2-4显示受访员工的出生地分布情况，超过六成的受访者来自农村地区，其中来自农村的男性略多于女性，只有三成的泰国员工来自城镇。

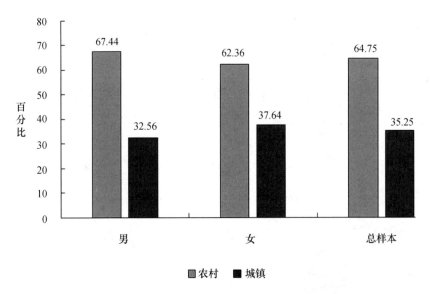

图2-4　按性别划分的员工出生地分布（*N* = 1010）

第八，中青年的泰国员工普遍受教育程度较高。如表2-16所示，17—25岁年龄段的受访者中，有56.33%的员工接受了中学教育，39.59%的员工接受了本科及以上教育。在26—35岁年龄段，受过本科及以上教育的人数超过半数。在36岁及以上受访者中，有41.53%的员工受过中学教育，46.01%的员工受过本科及以上教育。泰国26—35岁的受访员工较其他年龄段来说，本科及以上学历占比最高。总体而言，泰国员工的受教育程度偏高。

表 2 - 16 按年龄段划分的员工受教育程度分布 （单位：%）

最高学历	17—25 岁	26—35 岁	36 岁及以上
未受过教育	0.00	0.66	1.60
小学学历	4.08	3.76	10.86
中学学历	56.33	42.70	41.53
本科及以上	39.59	52.88	46.01

$N = 1010$。

第九，不同年龄段的泰国员工来自农村的居多。由图 2 - 5 可看出，无论是 17—25 岁的受访者、26—35 岁的受访者还是 36 岁及以上的受访者，来自农村的比例均远远大于来自城镇的比例，而且不同年龄段的城镇与农村的比例接近 1：2，即每 3 位员工中就有 2 位来自农村。

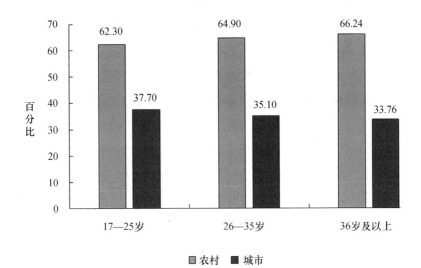

图 2 - 5　按年龄段划分的员工出生地分布（$N = 1011$）

第十，中年以上员工中管理人员的占比大，而绝大多数青年员工皆为非管理人员。图 2 - 6 显示，在 17—25 岁的受访员工中，绝大多数是非管理人员（94.72%）；在 26—35 岁的受访者中，有 13.50% 的员工属于企业的管理人员；在 36 岁及以上群体中，有 23.57% 的受访员工属于管理层。可见，大部分受访泰国员工为非管理人员，少部分为管理人员。而年龄越大，是管理人员的比例就越高。反之，年龄越小，身份是管理人员的比例就越低。

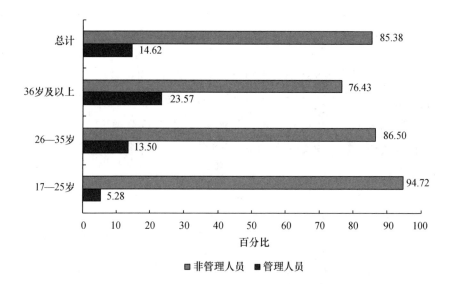

图 2 - 6　管理人员与非管理人员的年龄分布（N = 1012）

　　第十一，中年及以上员工在当前企业的工作年限最长。从表 2 - 17 可以看出，17—25 岁受访者中，有超过一半的员工在受访企业工作了一年，超过两成的员工工作时间为两年，随着年限的增加比例也在递减。在 26—35 岁的受访者中，占比最高的是工作年限达一年的员工，超过了三成，另有 17.66% 的员工工作年限为两年，尤其是六年以上员工增到 13.69%。在 36 岁以上受访者中，工作年限超过六年的员工占比最多，达到了 36.74%；工作时间不超过一年的员工比例极少。可见，年龄越大，员工的稳定性越高，工作年限就越长；但年龄越小员工的稳定性越低，工作年限则相对较短。

表 2-17　　　　　　　　　　按年龄段划分的员工工作年限分布　　　　　　（单位：%）

	少于一年	一年	两年	三年	四年	五年	六年	六年以上
17—25 岁	9.80	51.84	23.67	10.20	2.04	1.22	0.41	0.82
26—35 岁	3.53	31.57	17.66	12.80	8.83	6.62	5.30	13.69
36 岁以上	2.56	24.60	8.63	10.22	7.35	7.03	2.88	36.74
总计	4.75	34.32	16.32	11.37	6.73	5.44	3.36	17.71

$N = 1011$。

第十二，男性员工的工作年限较女性员工长。从男性员工来看，工作年限占比最多的依次是一年、六年以上、两年和四年。在女性中，工作年限占比最多的依次是一年、两年、六年以上和三年。另外，工作四年、五年及六年以上的比例，男性员工均大于女性员工（见表 2-18）。总体而言，男性员工在四年以上工作时限的比例大于女性员工的比例，男性员工的工作年限稍长于女性员工。

表 2-18　　　　　　　　　　按性别划分的员工工作年限分布　　　　　　（单位：%）

	少于一年	一年	两年	三年	四年	五年	六年	六年以上
男	4.41	35.08	15.13	9.24	7.35	5.67	3.36	19.75
女	5.06	33.71	17.23	13.3	6.18	5.24	3.37	15.92
总计	4.75	34.36	16.24	11.39	6.73	5.45	3.37	17.72

$N = 1010$。

综合分析中资企业的泰国员工样本数据发现，受访中资企业的泰国员工以信仰佛教的泰族为主，因受企业建厂位置影响，在中资企业就业的泰国员工来自农村的人数明显多于城市。从性别上看，泰国员工性别比例比较均衡，中青年男性和女性员工的就业比例较高，泰国女性受教育程度虽然高于男性，但男性员工的工作年限较长于女性员工。从年龄上看，中年及以上的泰国员工学历较高，且工作年限也较其他年龄段的员工长。

第 三 章

泰国中资企业生产经营状况分析

本章通过对受访的泰国中资企业基本情况、运营状况以及融资情况等三方面的分析,初步了解和掌握中资企业在泰国总体的生产经营现状。其中,中资企业基本情况涉及企业的备案、股权分布和是否在工业园区投资等;企业运营状况包括企业的生产与竞争状况、企业自主经营程度和企业承接项目情况等;企业融资状况包括企业融资渠道及其原因。

第一节 基本情况分析

中资企业在泰国投资的"履历表"是了解中国企业在泰投资情况的探路石。通过了解中资企业在泰投资的备案情况、股权变化趋势和企业有无在工业园区经营等情况,可以从宏观上掌握中国企业对泰投资的发展变化及特征,为进一步分析中资企业在泰国的生产经营状况提供依据。

一 中资企业的备案情况

1975 年中泰正式建交,两国为双边贸易发展签订了一系列协定,很大程度上促进和规范了中泰经贸往来。在一系列政策措施的激励下,中国企业开始尝试投资泰国市场。2006 年后在商务部进行对泰投资备案的受访企业占绝大多数，约有15%的受访企业并未在商务部进行投资备案。从图3-1可以看出，在1995—2005年，进入泰国投资的受访中资企业较少，这期间在商务部备案的受访企业数量不足3%。随着2001年中国加入世界贸易组织和中国—东盟自由贸易区建设的推进，中泰双边政治互信持续加深，更多的中资企业开始走出国门来到泰国。2006年后，备案企业数量明显增加。自2011年以来，尤其是2013年中国"一带一路"倡议的提出，走出去与"一带一路"沿线国家开展经济合作的中资企业数量大幅增加，有近一半的受访中资企业是在2011—2015年备案的。2016年后，在商务部进行对泰投资备案的受访企业数量有所回调，占比约为三成。可以看出，绝大多数受访中资企业在泰国开展生产经营活动的时间不太长。

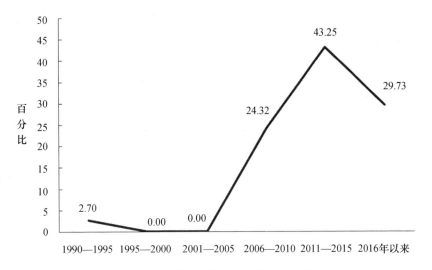

图3-1　企业在中国商务部备案年份分布（单位：%）

二　中资企业的股权分布

民营企业是在泰投资的中坚力量。图3-2显示，在受访企业中，有超过九成的企业由中方控股，泰方控股的企业占比不到7%。对比中国国有控股和中国私人控股的企业数量，民营企业是对泰投资的中坚力量，占比超过六成，国有企业为第二大资本力量，占比三成左右。其中，中资企业没有与泰国国有资本产生联系，仅有少数中资企业与泰国私人资本合作开展生产经营。

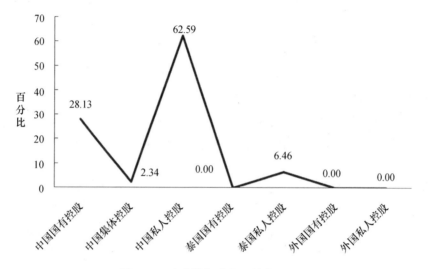

图3-2　企业股权分布（单位：%）

中资企业股权变化与企业注册时间长短有关系。表3-1显示，从中方股权的变化来看，注册超过五年的企业由中方一直控股的比例要小于注册时间不足五年的企业；从泰方股权的变化情况来看则完全相反，注册时间超过五年的企业一直由泰方控股的比例远远高于注册时间不足五年的企业，而注册时间超过五年的企业一直不控股的比例也比注册时间不足五年的企业多。从其他国家股东股权变化来看，注册超过五年的企业一直控股的占比明显少于注册低于五年的企业。可以说，在泰经营时间越长的中资企业，其股权越容易发生变化，且近五年来注册进入泰国的中资企业更倾向于独资，泰国当地资本或其他国家资本参与得越少。

表3－1　　　　　　　　　　　公司的股权变化状况　　　　　　　　　　（单位：%）

	中国股东股权变化				泰国股东股权变化				其他国家股东股权变化			
	一直控股	以前控股	以前不控	一直不控	一直控股	以前控股	以前不控	一直不控	一直控股	以前控股	以前不控	一直不控
注册超过五年	88.57	0.00	0.00	11.43	11.43	0.00	48.57	40.00	40.00	0.00	0.00	60.00
注册低于五年	96.43	0.00	0.00	3.57	3.57	0.00	78.57	17.86	66.67	0.00	0.00	33.33

中资企业股权变化与有无母公司也存在关联性。表3－2显示，从中方股权的变化来看，有中国母公司的受访企业一直由中方控股的比例约占96%；泰方股权变动的情况则刚好相反，仅有不到4%的企业由泰国股东控股，绝大多数企业都不是由泰方控股。关于其他国家的股东，参与和不参与控股的股东则各占一半。另外，在无中国母公司的企业中，有75%是由中国股东控股，仅有25%的泰国股东参与控股。其他国家的股东则有近六成参与控股。在有无中国母公司这一维度上，通过对比发现，有中国母公司的中资企业在中国股东一直参与控股上较强势；而在无母公司的企业中，泰国股东和其他国家控股比例较高。

表3－2　　　　　　　　　　　公司的股权变化状况　　　　　　　　　　（单位：%）

	中国股东股权变化				泰国股东股权变化				其他国家股东股权变化			
	一直控股	以前控股	以前不控	一直不控	一直控股	以前控股	以前不控	一直不控	一直控股	以前控股	以前不控	一直不控
有中国母公司	96.08	0.00	0.00	3.92	3.92	0.00	58.82	37.25	50.00	0.00	0.00	50.00
无中国母公司	75.00	0.00	0.00	25.00	25.00	0.00	75.00	0.00	58.33	0.00	0.00	41.67

中资企业的母公司多为国有企业和私营企业。图3－3所呈现的是泰国受访中资企业的母公司类型的分布情况。总体来看，完全私营的企业

及公司占四成左右，是中资企业母公司最主要的类型。私营企业和国有企业各占近三成，私营有限责任公司和私营股份有限公司占一成左右，另各有一成左右的企业母公司为股份有限公司或有限责任公司。可见，在泰国的中资企业当中，其母公司为国有企业和私营企业的占大多数。

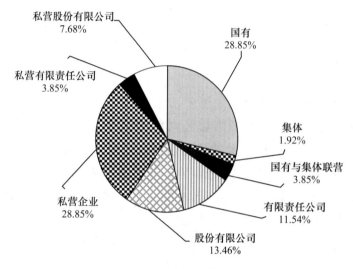

图3-3　企业母公司类型分布

三　中资企业是否位于工业园区

位于中国工业园区和泰国工业园区的企业类型主要以私营企业为主，大部分国有企业不位于工业园区内。首先，母公司为国有企业的且不位于工业园区的企业占五成，母公司为股份有限公司且不位于工业园区的占两成，母公司为私营企业和有限责任公司且不位于工业园区的各占一成左右。其次，母公司为国有、集体以及国有联营的企业均仅有不到一成处在中国工业园区，有一半的母公司为私营的企业位于中国工业园区内。最后，位于泰国工业园企业数量较多的母公司类型分别为私营企业和国有企业，分别占50%以及33.3%。中国投资泰国的国有企业主要以建筑承包、金融服务和能源开发为主，往往这种类型的企业拥有资源优势，更注重地理位置的便利性，通常会选择在泰国大城市投资运营。而中国私营企业以制造业为主，更注重的是工业园区的优惠政策扶持和劳动力资源的获取等，中泰工业区正好符合私营企业对这方面的需求。

表3-3　　　　　按是否在工业园区划分的企业母公司类型分布　　（单位：%）

	国有	集体	国有联营	私营企业	股份有限	有限责任	私营有限	私营股份
不在工业园区	50.00	0.00	5.00	10.00	20.00	15.00	0.00	0.00
中国工业园区	8.33	8.33	8.33	50.00	16.67	8.33	0.00	0.00
泰国工业园区	33.33	0.00	0.00	50.00	16.67	0.00	0.00	0.00
其他地区	7.69	0.00	0.00	30.77	0.00	15.38	15.38	30.77

第二节　运营状况分析

中资企业在泰国的生产经营状况是泰国营商环境的真实写照。本节通过分析在泰中资企业的生产状况、销售情况、竞争状况、自主经营情况及承包项目的情况等，深入了解中国企业在泰国市场的生产经营现状和面临的问题。

一　中资企业的生产状况

为更全面地呈现泰国中资企业的生产状况，本节结合企业营业时间、企业产品销售、市场份额、定价方式等几个方面的情况进行系统分析，以期了解泰国中资企业的相关现状。

第一，中资企业营业时间分布。从图3-4可以看出，有五成左右的企业每周平均营业时间为40至50小时，另外三成左右的受访企业每周平均营业时间为70小时以上，每周平均营业时间少于40小时的企业最少，仅占受访企业的1.6%，营业时间在51—60小时，61—70小时的企业也较少，占比也不到一成。大部分企业每天8个小时左右的运营时间能够满足日常的生产需要，但部分制造业和建筑业往往受到生产任务和工期的要求，会实行倒班制来安排员工上班时间，生产经营时间会相应增加。相反，部分服务业的企业会因为客流量的变化，而增加或减少营业时间。

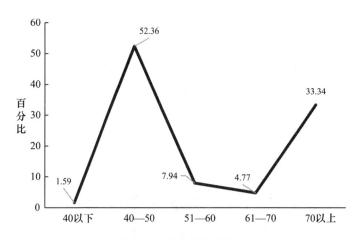

图3-4　企业每周平均营业时间分布（单位：小时）

第二，企业产品销售的市场分布。表3-4显示，注册超过五年的企业，其近五成产品销往国际市场，近一成产品销往中国，四成产品在泰国国内销售，另外有极少数产品在企业所在地销售。注册低于五年的企业，则有近七成产品销往泰国国内其他地方。对比发现，企业注册时间越长，在泰国国内和国际市场的销售分配较为平均；企业注册时间越短，产品的销售则更侧重于泰国国内市场。

表3-4　　　　　　　　　企业产品的主要销售市场分布　　　　　　　（单位：%）

	本地	泰国国内	中国	国际
注册超过五年	5.71	40.00	8.57	45.71
注册低于五年	12.00	64.00	8.00	16.00

	本地	泰国国内	中国	国际
不在工业园区	7.69	53.85	11.54	26.92
中国工业园区	7.69	46.15	15.38	30.77
泰国工业园区	14.29	28.57	0.00	57.14
其他地区	8.33	58.33	0.00	33.33
在商务部境外投资备案	4.26	53.19	2.13	40.43
未在商务部境外投资备案	22.22	44.44	22.22	11.11
加入泰国中国商会	22.22	28.89	4.44	44.44
未加入泰国中国商会	55.56	33.33	0.00	11.11

从企业地址是否位于工业园区进行交互分析发现，中国工业园区的企业，即泰中罗勇工业园区内的企业，是以制造业为主，其产品主要销往泰国市场；泰国工业园区吸纳的中资企业，产品更青睐于国际市场；不在任何工业园区的中资企业往往以建筑业、金融和能源业为主，这些企业多与泰国政府合作，销售对象相应面向泰国消费者居多。

从企业有无在商务部备案进行交互分析发现，在商务部进行投资备案的企业，其产品近一半销往泰国国内市场，另外四成则进入国际市场。未在商务部备案的企业，在中国并无母公司，销售渠道集中在泰国国内。相比之下，在商务部有投资备案的企业，其在泰国国内市场以及国际市场的产品销售占比远高于没有备案的企业。

从企业是否加入泰国中国商会来看，加入泰国中国商会的企业，有不到三成的产品分别销往本地和泰国国内市场，有近五成的产品销往国际市场。而未加入泰国中国商会的企业，多为泰国本地注册的商户，其产品销售范围主要集中在本地和泰国国内，极少量的产品进入国际市场。

第三，企业主营产品的市场份额。针对本地市场的企业，有三成受访企业认为其主营产品在本地市场的占有量小于1%，另有三成认为占市场份额的21%—30%，最后三成企业认为其主营产品在本地市的份额为71%—100%。针对泰国市场中的企业，大部分受访企业认为其市场份额集中在1%—10%，其余超过一成的比例依次集中在11%—20%、21%—30%、71%—100%和小于1%。至于面向中国市场的企业，主要的市场份额集中于1%以下、1%—10%和51%—70%之中。对于国际市场，接近六成的中资企业认为其在国际上有1%—10%的市场份额，紧接着超过两成的企业认为自己的市场份额在21%—30%，超过一成的企业认为自己的市场份额在11%—20%，如表3-5所示。综上可以看出，大部分在泰中资企业的主营产品在各个等级的市场上均占有一席之地，尤其是在本地市场，超三成的受访企业表示其主营产品拥有70%以上的市场份额。

表3-5　　　　　　　企业主营产品的市场份额分布　　　　　（单位：%）

	小于1%	1%—10%	11%—20%	21%—30%	31%—50%	51%—70%	71%—100%
本地	33.33	0.00	0.00	33.33	0.00	0.00	33.33
泰国国内	11.54	34.62	15.38	11.54	7.69	7.69	11.54
中国	33.33	33.33	0.00	0.00	0.00	33.33	0.00
国际	7.14	57.14	14.29	21.43	0.00	0.00	0.00

第四，企业产品在泰国的定价方式。从注册时间的维度看，绝大部分企业均是由市场定价，注册超过五年的企业采用市场定价的数量略高于注册低于五年的企业，注册低于五年的企业还较侧重于成本加成以及买方议价这两种方式（详见表3-6）。

表3-6　　　　　　　企业产品在泰国的定价方式分布　　　　（单位：%）

	市场定价	成本加成	根据进口	买方议价	商业联盟定价	其他方式
注册超过五年	60.61	12.12	6.06	6.06	3.03	12.12
注册低于五年	50.00	25.00	0.00	10.71	0.00	14.29
不在工业园区	55.17	24.14	6.90	0.00	3.45	10.34

续表

	市场定价	成本加成	根据进口	买方议价	商业联盟定价	其他方式
中国工业园区	50.00	25.00	0.00	8.33	0.00	16.67
泰国工业园区	33.33	16.67	0.00	33.33	0.00	16.67
其他地区	66.67	0.00	0.00	16.67	0.00	16.67
在商务部境外投资备案	62.50	16.67	0.00	6.25	0.00	14.58
未在商务部境外投资备案	22.22	33.33	11.11	11.11	11.11	11.11
加入泰国中国商会	63.83	14.89	4.26	6.38	2.13	8.51
未加入泰国中国商会	27.27	27.27	0.00	9.09	0.00	36.36

从是否在工业园区这一维度上看，不在工业园区以及在中国工业园区的企业，大部分采用的是市场定价方式，两成左右采用成本加成，很少有通过买方议价来定价的。而在泰国工业园区的企业，采用市场定价和买方议价的企业一样多，占受访企业的33.33%。可以发现，在泰国工业园区的企业，相较于没在工业园区以及中国工业园区的企业而言，定价方式兼顾市场定价与买方议价两种。

值得注意的是，未在商务部备案的企业，有近一成采用的是商业联盟定价的方式（11.11%）；另有近四成的未加入泰国中国商会的企业采用了其他方式定价。总体上看，绝大部分中国企业定价方式主要以市场定价为主。

第五，出口企业类型分布。从表3-7可以发现，出口企业类型以原始品牌制造商为主。从企业的注册时间来看，注册超过五年的受访企业，有一半是原始品牌制造商，有三成是原始设备制造商，有一成为原始设计制造商。注册低于五年的企业中，有五成为原始品牌制造商，有四成为原始设计制造商，一成为其他方面。

表 3 - 7 出口企业类型分布 （单位：%）

	原始设备制造商	原始设计制造商	原始品牌制造商	其他
注册超过五年	33.33	11.11	55.56	0.00
注册低于五年	0.00	40.00	50.00	10.00
不在工业园区	11.11	11.11	66.67	11.11
泰国工业园区	12.50	25.00	62.50	0.00
中国工业园区	75.00	25.00	0.00	0.00
其他地区	20.00	20.00	60.00	0.00
在商务部境外投资备案	16.67	20.83	58.33	4.17
未在商务部境外投资备案	33.33	33.33	33.33	0.00
加入泰国中国商会	24.00	16.00	60.00	0.00
未加入泰国中国商会	0.00	100.00	0.00	0.00

不在工业园区的受访企业，绝大多数都是原始品牌制造商，而在泰国工业园区的受访企业也有六成为原始品牌制造商，剩下近三成为原始设计制造商，一成为原始设备制造商。在中国工业园区的企业，有75%的是原始设备制造商，25%的是原始设计制造商。

在商务部有境外投资备案的企业近六成是原始品牌制造商，仅有各两成受访企业为原始设备制造商和原始设计制造商。而未在商务部境外投资备案的企业在三种产品类型分布上显得较为均衡，分别各占三成。另外，加入泰国中国商会的企业有六成是原始品牌制造商，另外有24%的原始设备制造商和16%的原始设计制造商。未加入泰国中国商会的受访企业则全部为原始设计制造商。

二 中资企业的市场竞争状况

第一，不同行业竞争压力的主要来源不同。从表 3 - 8 可以看出，在工业方面的竞争力，受访企业认为主要来自于外资同行，来自泰国同行的竞争压力仅占 37.50%。在服务业方面，竞争压力来自于外资同行的高达 81.25%，而来自泰国同行的竞争压力仅有 18.75%。泰国仍处于发展中国家行列，相关产业仍处于发展阶段，而其他外资企业大多来自西方发达国家，相比之下，外资企业具有更完善的管理模式和更发达的技术，所以泰国的中资企业面临的竞争仍然主要来自于其他国家的同行，泰国同行对泰国中资企业造成的竞争压力相对较小。

表3-8　　　　　　　　不同行业企业竞争压力的主要来源　　　　　　（单位：%）

	泰国同行	外资同行
工业	37.50	62.50
服务业	18.75	81.25

第二，近五年来企业的竞争状况出现变化。首先，从行业类别的维度来看，有接近六成的工业类企业认为竞争更激烈，接近两成的工业类企业认为变得更好经营；接近七成的服务类企业认为竞争更激烈，不足一成的服务类企业认为变得更好经营（详见表3-9）。可见，泰国市场在工业方面的竞争激烈程度稍低于服务业。其次，有高达八成的未备案中资企业认为企业面临的竞争更为激烈，这一数据远高于在商务部有备案的中资企业。相反，在商务部备案的中资企业由于在中国有母公司支持，认为更好经营的比例要高于未在商务部备案的企业。最后，有超过六成加入泰国中国商会的企业认为市场竞争更为激烈，两成认为企业近五年来变得更好经营。反观未加入泰国中国商会的企业，超过两成认为竞争变得更加激烈，接近八成的企业认为市场竞争状况近五年来没有变化。由此可见，近五年来中资企业竞争日益激烈，特别是服务业、未在商务部备案和加入泰国中国商会的企业感受尤为明显。

表3-9　　　　　　　　近五年来企业竞争状况的变化　　　　　　　（单位：%）

	更好经营	没有变化	竞争更激烈
工业	19.44	25.00	55.56
服务业	6.25	25.00	68.75

续表

	更好经营	没有变化	竞争更激烈
商务部境外投资备案	15.91	27.27	56.82
未在商务部境外投资备案	0.00	16.67	83.33
加入泰国中国商会	19.51	17.07	63.41
未加入泰国中国商会	0.00	75.00	25.00

第三，近五年来企业的竞争方式出现变化。从行业类别来看，工业类中资企业认为近五年来最主要的是价格和质量方面的竞争，另有超过两成的受访企业认为其竞争方式五年来未发生变化。从事服务行业的中资企业则认为其所面临的质量竞争和广告竞争更为激烈，另有接近三成的受访企业认为其竞争方式无改变（详见表3-10）。

表3-10　　　　　　　近五年来企业竞争方式的变化　　　　　　（单位：%）

	没有变	价格竞争更激烈	质量竞争更激烈	广告战更激烈	其他
工业	26.19	30.95	42.86	0.00	0.00
服务业	27.78	11.11	33.33	16.67	11.11
商务部境外投资备案	27.66	21.28	42.55	4.26	4.26
未在商务部境外投资备案	22.22	44.44	22.22	11.11	0.00
加入泰国中国商会	23.40	25.53	42.55	6.38	2.13
未加入泰国中国商会	50.00	20.00	20.00	0.00	10.00

从商务部备案与否这一维度来看，有备案的受访企业有四成左右认为近五年来质量竞争变得更为激烈，而未备案企业中则有四成左右认为其所面临的价格竞争更为激烈。这一点也说明，在商务部有备案的企业拥有母公司的支持，在资金和资源优势下已形成成熟的产品市场，因此更注重产品质量为其带来的续航能力。而未在商务部备案的企业在资金和资源优势薄弱的情况下，更注重在以实惠的价格来赢得先机。

从有无加入泰国中国商会来看，已加入的企业有超过四成认为质量竞争是主要竞争方式，另有不到三成的企业认为价格竞争也是其所需的竞争方式之一，只有极少数的企业选择了广告战竞争的方式。而在未加入泰国中国商会这一维度上，有近一半的受访企业认为其竞争方式近五年来无变化，仅两成受访企业选择价格竞争，两成受访企业选择质量竞争方式。在没有加入商会的情况下，对于各方面信息的捕捉效率便略显低下，所以对市场竞争状况的敏锐程度明显低于加入商会的中资企业，并且对于企业竞争方式也较不敏感。

三　中资企业自主经营程度

企业自主程度指的是企业产品生产或服务供给、产品或服务销售、技术开发、新增投资及员工雇佣的自主决策程度，是掌握境外企业发展程度的重要依据。全面地调查泰国中资企业的自主程度，可以更好地了解企业生产经营状况，从而得出更为完整的分析结论。

第一，中资企业在员工雇佣、产品生产及销售上拥有更大决策权。表3-11显示，在员工雇佣方面，大部分受访的工业和服务业企业都认为其在员工雇佣方面有完全的自主性。在产品生产和产品销售方面，工业和服务业均有近五成企业认为其完全自主。工业企业认为其在技术开发和新增投资方面有很强自主性的均占不到三成，有四成左右的企业认为其在这两方面几乎均没有自主性。这是因为一些企业技术开发和投资决策依赖于母公司，这就大大降低了企业在这方面的自主程度。

表3-11　　　　　　　　不同行业企业自主经营程度　　　　　　　（单位：%）

	行业类型	0—19%	20%—39%	40%—49%	50%—59%	60%—69%	70%—79%	80%—89%	90%—99%	100%
产品生产	工业	26.19	4.76	2.38	2.38	4.76	2.38	4.76	4.76	47.63
	服务业	27.78	5.56	0.00	0.00	11.11	5.56	5.56	0.00	44.43

续表

	行业类型	0—19%	20%—39%	40%—49%	50%—59%	60%—69%	70%—79%	80%—89%	90%—99%	100%
产品销售	工业	27.91	9.30	2.33	2.33	4.65	4.65	4.65	2.33	41.86
	服务业	22.22	5.56	0.00	0.00	5.56	5.56	11.11	0.00	50.00
技术开发	工业	46.51	2.33	11.63	2.33	4.65	2.33	4.65	5.56	25.58
	服务业	44.51	0.00	5.56	5.56	5.56	0.00	0.00	1.64	33.33
新增投资	工业	40.00	15.00	5.00	5.00	2.50	2.50	2.50	0.00	27.50
	服务业	36.84	5.26	5.26	0.00	5.26	5.26	0.00	0.00	42.11
员工雇佣	工业	6.82	0.00	4.55	2.27	0.00	2.27	11.36	6.82	65.91
	服务业	5.00	5.00	0.00	10.00	5.00	0.00	5.00	5.00	65.00

第二，未在商务部备案的企业自主决策权更大。表3－12显示，企业对于员工雇佣这一方面的自主性仍然是最高的，均有超过六成的受访企业认为其有完全的自主性，其中有近八成的未备案企业认为本企业在员工雇佣上有完全的自主。从表中看到，在产品生产和产品销售方面，分别有55.6%和66.7%的未备案企业认为其在上述两方面有完全的自主性，而认为自身在生产和销售上有完全自主能力的备案企业分别占受访企业的43.8%和39.6%，未备案企业的自主程度较高于有备案的企业。

表3－12　　　　　　企业在商务部是否备案与其自主程度的关系　　　　（单位：%）

		0—19%	20%—39%	40%—49%	50%—59%	60%—69%	70%—79%	80%—89%	90%—99%	100%
产品生产	是	31.25	6.25	2.08	2.08	4.17	4.17	4.17	2.08	43.75
	否	11.11	0.00	0.00	0.00	22.22	0.00	0.00	11.11	55.56
产品销售	是	29.17	6.25	2.08	2.08	6.25	6.25	6.25	2.08	39.58
	否	22.22	0.00	0.00	0.00	0.00	0.00	11.11	0.00	66.67
技术开发	是	54.17	2.08	12.50	2.08	6.25	0.00	2.08	2.08	18.75
	否	22.22	0.00	0.00	11.11	0.00	0.00	0.00	0.00	66.67

续表

		0—19%	20%—39%	40%—49%	50%—59%	60%—69%	70%—79%	80%—89%	90%—99%	100%
新增投资	是	47.83	13.04	4.35	2.17	4.35	4.35	2.17	0.00	21.74
	否	11.11	11.11	11.11	0.00	0.00	0.00	0.00	0.00	66.67
员工雇佣	是	7.84	0.00	3.92	5.88	1.96	0.00	11.76	7.84	60.78
	否	0.00	11.11	0.00	0.00	0.00	11.11	0.00	0.00	77.78

　　对于技术开发和新增投资两方面来说，是否在商务部备案的影响是最大的。超过六成的未备案企业认为其在技术开发上有最高的自主性，只有两成左右的有备案企业认为其有完全自主能力，超过一半认为其在技术开发方面自主程度最低。另外，也有超过六成的未备案企业认为其在新增投资方面有完全自主能力，而在有备案企业中认为自己有完全自主能力的仅占两成，近一半的有备案企业认为其在新增投资方面的自主能力稍弱。相比之下，未在商务部备案的企业在产品生产和销售、技术开发、新增投资以及员工雇佣几个方面都有较高的自主性。

　　第三，除在员工雇佣上均有较大自主决策程度外，加入商会的企业自主决策程度较高。首先，与之前几个维度的调查结果类似，受访企业均在员工雇佣方面认为自身有较高的自主程度（详见表3-13）。在产品生产方面，有一半加入泰国中国商会的企业认为自身有完全的自主，另有两成认为其在这一方面自主程度最低；未加入商会的企业，有超过三成认为其在这一方面自主程度最低，也有超两成认为本企业在产品生产上自主程度最高。

　　在产品销售方面，有46.9%加入商会的企业认为自身有最高的自主程度，略高于未加入商会的33.3%的比例；另有33.3%未加入商会的企业认为其在销售方面的自主程度最低，略高于加入商会企业的22.5%的比例。总体看来，加入泰国中国商会与否对于企业产品销售的自主程度有一定的影响，加入商会的企业自主程度稍高于没加入的企业。

在技术开发和新增投资方面，加入商会和未加入商会企业的自主程度也呈现两极化。均有四成左右的受访企业认为自身在这两方面的自主程度最低，而另有三成左右认为本企业的自主程度较高。

表 3－13　　　　　　加入泰国中国商会与否与企业自主程度关系　　　（单位：%）

		0—19%	20%—39%	40%—49%	50%—59%	60%—69%	70%—79%	80%—89%	90%—99%	100%
产品生产	是	22.92	2.08	2.08	2.08	6.25	4.17	4.17	4.17	52.08
	否	33.33	22.22	0.00	0.00	11.11	0.00	11.11	0.00	22.22
产品销售	是	22.45	10.20	2.04	0.00	4.08	4.08	8.16	2.04	46.94
	否	33.33	0.00	0.00	11.11	11.11	11.11	0.00	0.00	33.33
技术开发	是	44.90	0.00	8.16	4.08	6.12	2.04	4.08	2.04	28.57
	否	44.44	0.00	22.22	0.00	0.00	0.00	0.00	0.00	33.33
新增投资	是	36.17	12.77	6.38	2.13	2.13	4.26	2.13	0.00	34.04
	否	44.44	0.00	11.11	11.11	0.00	0.00	0.00	0.00	33.33
员工雇佣	是	8.00	2.00	4.00	4.00	2.00	2.00	8.00	4.00	66.00
	否	0.00	0.00	0.00	9.09	0.00	0.00	9.09	18.18	63.64

四　中资企业承接项目情况

中资企业承接当地项目是拥有企业竞争力、品牌影响力的象征。中资企业在泰国承接项目中大显身手的同时，可以有力促进当地社会经济的发展，增加就业、改善民生。通过对泰国中资企业注册时长、企业运营时长以及泰方履约能力三方面进行分析，能够掌握承接泰国项目的中资企业和泰方的基本情况。

第一，企业注册时间越长，承接的泰国项目占比越大。表 3－14 显示，在注册低于五年的受访企业中，承接了建筑与电力相关项目的企业不到4%，其他诸如公路、铁路、水火电及航运等项目均没有此类受访企业的参与。而在注册超过五年的企业中，有8.3%的企业参与了建筑、电力相关项目，其余项目除铁路项目外，均有三成左右受访企业参与承接。

表 3 - 14　　　　　　企业注册时长与承接泰国各类项目情况　　　（单位：%）

	注册超过五年		注册低于五年	
	是	否	是	否
建筑、电力	8.33	91.67	3.57	96.43
公路项目	66.67	33.33	0.00	100.00
铁路项目	0.00	100.00	0.00	100.00
水电项目	66.67	33.33	0.00	100.00
火电项目	33.33	66.67	0.00	100.00
航运项目	33.33	66.67	0.00	100.00
其他项目	66.67	33.33	0.00	100.00

总体来看，泰国中资企业能够参与的泰国项目相对有限。注册超过五年的企业承接泰国项目的情况略好于注册低于五年的企业——除铁路、建筑和电力项目之外，大部分项目都有超三成注册超五年的企业参与承接，但注册时间低于五年的企业则完全没有承接相关项目。值得注意的是，无论注册时间长短，受访企业均没有参与到铁路项目中。

第二，企业运营时间越长，承接泰国项目的比重越大。表 3 - 15 显示，运营低于五年的企业能够参与的项目类别较少，只集中在建筑、电力项目和其他项目上，仅有 3.85% 运营低于五年的企业参与过建筑、电力项目，100% 的运营低于五年的企业参与了其他项目。在运营超过五年的企业中，参与公路项目、水电项目以及其他项目的企业均占66.7%，参与火电项目、航运项目且运营超过五年的企业较少，各占 33.3% 。

可见，企业注册越早，运营时间越长，在争取相关项目上更有优势，可以推测，泰国方面在选择企业进行合作时，注册和运营时间长短是其评估企业能力的重要指标，同时也是泰国中资企业在市场竞争中不可或缺的资质之一。

表3-15　　　　　　　企业运营时长与承接泰国各类项目情况　　　　（单位：%）

	运营超过五年		运营低于五年	
	是	否	是	否
建筑、电力	7.89	92.11	3.85	96.15
公路项目	66.67	33.33	0.00	100.00
铁路项目	0.00	100.00	0.00	100.00
水电项目	66.67	33.33	0.00	100.00
火电项目	33.33	66.67	0.00	100.00
航运项目	33.33	66.67	0.00	100.00
其他项目	66.67	33.33	100.00	0.00

第三，泰国政府的履约能力处于较高水平。在泰国进行生产和运营的中资企业，一定程度上较为依赖泰国政府方面所提供的项目、合约以及政策，在其日常经营活动中不可避免地会与泰国政府产生交流与合作。调查研究泰国政府的履约能力，有助于更全面地了解在泰中资企业的生产经营状况。如图3-5所示，66.7%的受访企业认为泰国

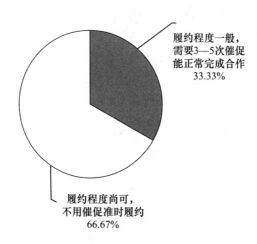

履约程度一般，需要3—5次催促能正常完成合作 33.33%

履约程度尚可，不用催促准时履约 66.67%

图3-5　企业对泰国政府履约情况的评价

政府方面的履约能力尚可，不需要催促准时履约；33.3%的企业认为泰国政府履约能力一般，需要3—5次的催促才能完成合作。据此，绝大部分企业对于泰国政府的履约情况持认可态度。但亦有三成左右的受访企业对泰国政府的履约能力评价不高。综上可以推测，泰国政府履约能力的评价尚可，但仍有提高的余地。

五　企业的销售与宣传渠道

企业的销售渠道和宣传手段对企业推广产品、宣传企业品牌、积累潜在用户具有重要意义。通过调研在泰中资企业的销售和宣传渠道，有利于掌握泰国中资企业对外销售和宣传的方式和特点。

传统渠道销售量更高。表3－16所呈现的是不同维度上受访企业所采用的销售渠道获取营业额的比较。从行业类别这一维度来看，所有的工业企业均认为传统销售渠道带来更高的营业额，有25%的服务业企业认为互联网更能帮助其进行销售活动，但仍有75%表示传统销售渠道的营业额更高。从是否在商务部备案这一维度上看，不论是否在商务部备案，八成以上的受访企业表示传统销售渠道的营业额更高。

表3－16　　　　互联网销售渠道和传统销售渠道的营业额比较　　　（单位：%）

	互联网更高	传统渠道更高	差不多	不清楚
工业	0.00	100.00	0.00	0.00
服务业	25.00	75.00	0.00	0.00
在商务部备案	15.38	84.62	0.00	0.00
未在商务部备案	16.67	83.33	0.00	0.00

绝大部分企业并未选择投放电视广告来作为其宣传手段。表3－17从不同维度上调查了受访企业的电视广告的投放情况。从表中可以看到，没有工业企业选择投放电视广告，仅有不到三成的服务业企业投放了电视广告。另外，在商务部备案的企业仅有一成左右投放了电视广告，未在商务部备案的企业有四成投放了电视广告，是所有类型企

业中最多的。

表 3 - 17 企业投放电视广告情况 （单位：%）

	是	否
工业	0.00	100.00
服务业	26.92	73.08
在商务部备案	13.33	86.67
未在商务部备案	40.00	60.00

　　关于绝大多数受访企业都未投放电视广告的原因如图 3 - 6 所示。近八成的受访企业认为其产品不需要投放电视广告，另有 7% 认为投放电视广告的支出费用较高所以未选择投放。结合表中数据推测，工业企业选择不投放电视广告是其产品性质及企业经营方式决定的。电视广告的受众大部分是普通民众，普通民众几乎没有对工业产品的需求，并且工业企业一般承接的都是较大的例如机械制造、建筑、公路、电力相关工程，这些工程往往是通过泰国政府招投标而决定的，电视广告对于其相关业绩影响不大，所以工业企业没有投放电视广告的必要。在服务业企业中，有一些企业是无须采用电视广告宣传的手段，另一

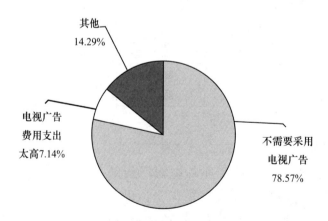

图 3 - 6 未投放电视广告的原因

些则可能是考虑到投放电视广告的支出费用较高，为节省成本而选择不投放电视广告。从是否在商务部备案这一维度来看，有大量未在商务部备案的企业选择了投放电视广告作为企业宣传手段之一。这可能是由于企业本身未在商务部备案，要得到泰国方面对其资质的认可有一定难度，因而难以拓展市场，于是只能选择投放电视广告来提升企业的知名度，从而达到拓展业务和市场的目的。

第三节　融资状况分析

融资是为企业发展注入新鲜血液的过程。本节调查了受访中资企业的融资渠道，分析了企业未申请贷款的各方原因，以期得出针对泰国中资企业融资状况较为完整的分析结论，更好地帮助泰国中资企业经营和发展，并为后续赴泰中资企业提供一定的数据参考。

一　中资企业的融资渠道

中资企业融资渠道主要来自于母公司拨款。如图3－7所示，有一半企业融资方式为中国国内母公司向其拨款，其中近三成企业就近选择泰国国内银行进行贷款，另外超一成企业选择从中国国内银行进行贷款，只有极少数企业融资来源包括赊购、商业信用及向他人进行借贷等方式。来自中国国内母公司拨款的企业融资是相对稳定的，并且能够保证在泰中资企业的日常生产经营正常、独立地进行。

二　中资企业未申请贷款原因

企业不选择银行贷款主要是因为没有贷款需求和申请程序复杂。作为企业融资的另一重要组成部分的银行贷款，相比母公司拨款而言更具不确定性，当无法申请到贷款时，甚至会对企业生产经营状况产生不同程度的影响。如图3－8所示，企业选择不申请贷款的首要原因

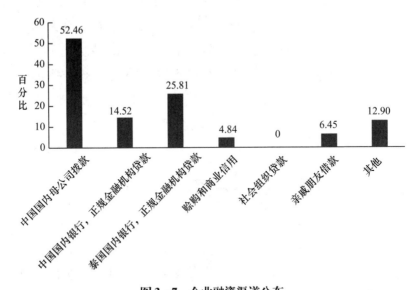

图3-7 企业融资渠道分布

是其没有贷款需求，这一点很可能与图3-7显示的受访企业主要融资渠道为中国母公司拨款有关。其次，申请贷款的程序复杂也是各企业

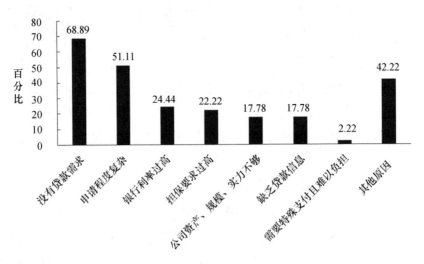

图3-8 企业未申请贷款的原因分布

不愿选择通过贷款进行融资的第二大原因。其他方面的因素，例如银行利率过高、担保要求过高、公司规模实力不够、缺乏贷款信息等都是受访企业不愿申请贷款的原因。排除企业在中国国内的母公司向其拨款这一融资渠道及一些企业主观上没有贷款需求之外，可以推测，在泰中资企业不愿申请贷款的最主要的原因便是贷款申请程序复杂，例如申请贷款的审批时间过长，需要提交的相关资质证明和文件较为烦琐等，会打乱企业既定的生产经营计划，从而大大降低了企业生产经营和发展的效率。

本章小结

从企业的基本情况看，20 世纪 90 年代，中国企业对泰国投资开始起步。21 世纪初，中国企业对泰投资日益增长，尤其是 2006—2015 年是中国企业投资泰国的高峰期。拥有母公司的中资企业一般由地位稳定且强势的中国股东绝对控股。在泰国中资企业的队伍里，国有企业是在泰中资企业的重要组成部分，私营企业为对泰投资的中坚力量。工业园区以政策优惠及资源整合优势吸引着私营企业投资建厂，而以建筑承包、金融和能源为主要业务的国有企业往往以地理位置优先，投资经营并不局限于工业园区。

从企业生产经营状况看，中资企业营业时间、产品定价方式和出口企业类型偏向稳定，销售渠道却多元化。近些年，大部分企业明显感到竞争压力，同行竞争激烈，竞争方式以价格和质量为主；企业在员工雇佣、产品生产及销售方面自主决策程度较高；企业注册时间和运营时间越长，承接泰国项目的比重越大。另外，在泰中资企业以传统渠道销售为主，绝大部分企业很少选择电视广告作为宣传方式。

从企业融资情况来看，中资企业的融资渠道较为单一，主要依赖于母公司拨款，大部分中资企业并不青睐向银行贷款的融资方式，主要是自身企业发展规划和经营业务没有贷款的需求，泰国银行贷款程序复杂也是中资企业通过银行融资的拦路虎。

第 四 章

泰国营商环境和中资企业
投资风险分析

本章主要从泰国中资企业视角来分析泰国的营商环境，通过对泰国基础设施的供给、公共服务的供给以及中资企业对泰国公共服务供给的评价、中资企业对未来一年投资风险的预见等四方面的分析，及对不同工业园区、不同行业的中资企业进行对比分析，以客观地反映泰国的营商环境，把握其对中资企业带来的投资风险。

第一节　泰国基础设施的供给分析

泰国基础设施供给指的是泰国对中资企业日常运营用水、用电及用网的许可和支持。泰国基础设施供给是中资企业赖以生存的土壤，也是评估泰国市场环境的有力依据。中资企业对基础设施的申请情况是反映企业在该地区生产运营环境的重要指标之一。本节按照中资企业是否位于工业园区及行业类别两个维度来分析泰国基础设施的供给情况。

一　中资企业对水、电、网络、建筑物等基础设施的申请

表4-1显示不同工业园区的中资企业对泰国基础设施供给的申请情况。不在工业园区的58.6%的企业需要申请网络的使用，申请比例

高于对水、电、建筑等基础设施的申请，但低于在工业园区的网络申请比例（中国工业园区 69.2%，泰国工业园区 71.4%），即不在工业园区的企业绝大部分不需要申请水、电、建筑。处在中国工业园区的企业对水、建筑的申请比例均在 50%，电的申请比例为 61.5%。在泰国工业园区的企业对水的申请比例较少（28.6%），对电的申请比例在 57.1%，在建筑申请比例上与中国工业园区的企业均为 50%。综合来看，泰国当地对于中资企业的网络准入管理较其他基础设施严格，大部分中资企业均需申请使用网络相关基础设施。关于水、电和建筑基础设施的申请，则是处在中国工业园区的企业的占比较高。对比可知，不位于工业园区的企业对于泰国当地各类基础设施的使用较为方便，处在泰国工业园区的企业次之，需要申请使用的企业大部分处在中国工业园区。

表 4 - 1 不同工业园区的企业提交水、电、网、
建筑申请比例 （单位：%）

	水		电		网		建筑	
	是	否	是	否	是	否	是	否
不在工业园区	14.29	85.71	14.81	85.19	58.62	41.38	17.24	82.76
中国工业园区	50.00	50.00	61.54	38.46	69.23	30.77	50.00	50.00
泰国工业园区	28.57	71.43	57.14	42.86	71.43	28.57	50.00	50.00
其他地区	27.27	72.73	38.46	61.54	46.15	53.85	69.23	30.77

表 4 - 2 显示不同行业的中资企业对泰国基础设施供给的申请情况。受访的工业企业对于各类基础设施的使用均需做出不同程度的申请，表示需要申请用水的工业企业占比 36.6%，另有高达 45.5% 的受访工业企业需要申请用电，较高于水的申请比例。受访工业企业表示需要申请用网的比例是 61.4%，对建筑的申请比例是 54.8%。服务业方面，其对建筑的使用不需要申请，需要申请用水的服务业企业比例较少，仅占 5.3%，需要申请用电的服务业企业占比 11.1%，需要申请用网的企业占比最高，为 55%。可见，工业企业对基础设施的申请比例远超

过服务业企业。

表4-2　　　　　　不同行业企业提交水、电、网、建筑申请比例　　（单位：%）

	水		电		网		建筑	
	是	否	是	否	是	否	是	否
工业	36.59	63.41	45.45	54.55	61.36	38.64	54.76	45.24
服务业	5.26	94.74	11.11	88.89	55.00	45.00	0.00	100.00

二　泰国对水、电、网络和建筑物等基础设施的供给

表4-3显示不同工业园区的中资企业对泰国基础设施供应的看法。与企业生产相关的各类基础设施的持续供给是保证企业高效生产和运营的重要一环。例如，不在工业园区的企业断水情况较少，仅一成左右受访企业表示发生过断水的情况，断电情况的发生率略高，占32.1%，断网的情况比断水、断电普遍，超过一半的企业表示发生过断网的情况。处在中国工业园区的企业断电、断网的发生率较高，分别达到61.5%、76.9%，断水情况较少占23.1%。泰国工业园区断水情况也较少，占28.6%，而泰国工业园区企业断电的情况发生率高达100%，断网的发生率为85.7%。可以看出，不在工业园区的企业发生中断水、电、网供应的概率较小，在中国工业园区的企业次之，发生断水、断电、断网概率最高的是处在泰国工业园区的企业。

表4-3　　　　　　不同工业园区的企业发生断水、断电、断网比例　　（单位：%）

	断水		断电		断网	
	是	否	是	否	是	否
不在工业园区	10.34	89.66	32.14	67.86	51.72	48.28
中国工业园区	23.08	76.92	61.54	38.46	76.92	23.08
泰国工业园区	28.57	71.43	100.00	0.00	85.71	14.29
其他地区	30.77	69.23	69.23	30.77	76.92	23.08

表4-4显示不同行业的中资企业对泰国基础设施供应的看法。工业企业的断水、断电、断网的比例分别为25%、65.9%、81.8%；服务业企业断水、断电、断网的比例分别为10%、31.6%、35%。可见，工业企业遭遇基础设施供给中断的频率远远大于服务业企业，特别是断网的情况，绝大部分工业企业都经历过。

表4-4 不同行业企业发生断水、断电、断网比例 （单位：%）

	断水		断电		断网	
	是	否	是	否	是	否
工业	25.00	75.00	65.91	34.09	81.82	18.18
服务业	10.00	90.00	31.58	68.42	35.00	65.00

表4-5显示不同工业园区的中资企业在申请基础设施供给时的非正规支出情况。显然，均有一定数量的企业在申请使用相关基础设施的过程中进行过非正规支付，尤其是在水、电、建筑等基础设施的使用过程中，进行过非正规支付的企业占比较高。不在工业园区的受访企业表示，在其提交水、电、建筑使用申请的过程中，进行过非正规支付的企业占比分别为66.7%、66.7%、75%。超过一半的在中国工业园区的企业在提交水、电、建筑使用申请时使用非正规支付。另外，处在泰国工业园区的企业在申请用水的过程中，仅有一半受访企业表示在申请用水的时候进行过非正规支付，少数企业在申请使用建筑和网络时进行过非正常支付，并且没有企业在申请用电时进行过非正规支付。由表中数据可以看出，不论是否处在工业园区，所有受访企业在申请网络使用的审批过程中，非正规支付出现得较少。在泰国工业园区的企业较少使用非正规支付来通过相关基础设施申请的审批，不在工业园区和在中国工业园区的企业需要用到非正规支付的情况则较多一些。

表 4 - 5　　　不同工业园区的企业提交水、电、网、建筑
申请的非正规支付比例　　　（单位：%）

	水		电		网		建筑	
	是	否	是	否	是	否	是	否
不在工业园区	66.67	33.33	66.67	33.33	11.76	88.24	75.00	25.00
中国工业园区	60.00	40.00	50.00	50.00	33.33	66.67	60.00	40.00
泰国工业园区	50.00	50.00	0.00	100.00	25.00	75.00	33.33	66.67
其他地区	33.33	66.67	25.00	75.00	0.00	100.00	12.50	87.50

　　表 4 - 6 显示不同行业类型的中资企业在申请基础设施供给时的非正规支付情况。工业企业方面，有超过一半的受访工业企业在申请用水使用时进行过非正规支付，也有近一半的企业在申请用电和建筑时有过非正规支付，申请互联网使用的非正规支付比例为 23.1%，是相对较低的。可见，大部分工业企业在申请用水、电时出现过非正规支付的情况，而所有的服务业企业均未在水、电、网、建筑使用上有过非正规支付。

表 4 - 6　　　不同行业企业提交水、电、网、建筑申请的
非正规支付比例　　　（单位：%）

	水		电		网		建筑	
	是	否	是	否	是	否	是	否
工业	53.85	46.15	46.67	53.33	23.08	76.92	40.00	60.00
服务业	0.00	100.00	0.00	100.00	0.00	100.00	0.00	100.00

第二节　泰国公共服务的供给分析

　　泰国公共服务是联系中资企业和泰国政府的桥梁，优异的公共服

务能直接减少企业运营成本，促进企业与政府之间的沟通。除基础设施外，泰国为中资企业提供的相关公共服务也是评估中资企业在泰国经营状况的一个重要因素。本节从税务、进出口许可、相关政策及企业工会对企业经营的影响等方面分析泰国对中资企业公共服务的供给情况。

一 税务服务

表4-7反映的是不同行业的中资企业被泰国相关机构检查时非正规支出的情况。有四成的工业企业表示接受过泰国税务机构的走访或检查，其中有四成表示在走访和检查的过程中向税务机构有过非正规支付。有三成左右的服务业企业表示曾有税务机构到企业进行走访或检查，其中有一半的受访服务业企业表示向税务机构进行过非正规支付。比较调查结果发现，服务业企业较少被泰国税务机构走访和检查，但是对税务机构进行非正规支付的情况，服务业企业却比工业企业要多。

表4-7　　　　　　不同行业企业税务机构检查与非正规支付比例　　　（单位：%）

	税务机构走访或检查		税务机构非正规支付	
	是	否	是	否
工业	40.91	59.09	41.18	58.82
服务业	30.00	70.00	50.00	50.00

表4-8显示不同工业园区的中资企业被泰国税务机构检查时支付的非正规支出的情况。不在工业园区和处在中国工业园区的企业只有三成左右表示接受过泰国税务机构的走访和检查，而在泰国工业园区的中资企业近六成接受过相关检查。值得注意的是，在向税务机构进行非正规支付方面，不在工业园区和处在泰国工业园区的企业均只有三成左右表示曾向相关机构进行过非正规支付，而处在中国工业园区的企业全部表示曾向税务机构进行过非正规支付。可见，大部分在泰

国工业园区的中资企业被税务机构走访或检查的频率最高，但非正规支付的情况最少。相反，在中国工业园区的企业被税务机构走访或检查的频率最低，但都有非正规支付的情况。

表 4-8　　　　　　　　　　不同工业园区的企业税务机构检查与
非正规支付比例　　　　　　　　（单位：%）

	税务机构走访或检查		税务机构非正规支付	
	是	否	是	否
不在工业园区	34.48	65.52	33.33	66.67
中国工业园区	30.77	69.23	100.00	0.00
泰国工业园区	57.14	42.86	25.00	75.00
其他地区	30.77	69.23	25.00	75.00

表 4-9 显示不同工业园区的中资企业在申请进出口许可时非正规支出的情况。可以看出，不在工业园区的受访企业仅有四成进行过进出口许可申请，而在中国工业园区和在泰国工业园区的企业中有近七成进行过相关申请。在非正规支付方面，受访企业在进行进出口申请的过程中此情况均较少。可见，在工业园区的企业进出口许可申请的比例要高于不在工业园区的企业。在进出口许可申请过程中，中资企业需要向泰国相关机构进行非正规支付的现象较少，但综合来看，在中国工业园区的企业较其他企业，支付非正规费用的比例更高。

表 4-9　　　　　　　不同工业园区的企业进出口许可申请与非正规
支付比例　　　　　　　（单位：%）

	进出口许可申请		进出口许可申请中非正规支付	
	是	否	是	否
不在工业园区	42.86	57.14	18.18	81.82
中国工业园区	69.23	30.77	33.33	66.67

续表

	进出口许可申请		进出口许可申请中非正规支付	
	是	否	是	否
泰国工业园区	71.43	28.57	20.00	80.00
其他地区	69.23	30.77	0.00	100.00

表4-10 显示不同行业类型的中资企业在进出口许可申请时非正规支出的情况。有近八成的工业企业表示其需要进行进出口许可申请，其中，有两成左右的企业表示他们曾有过非正规支付。而服务业企业则相反，仅有两成多的受访企业进行过进出口许可申请，且没有进行过非正规支付。由于工业企业相比服务业企业更需要进口大量原材料和各种机械设备，其产品也比服务业更需要出口，所以在相关环节进行的申请较多，从而导致非正规支付也偏多。总体来看，工业和服务业企业在申请进出口许可时支付非正规费用的情况并不普遍，仅有两成的工业企业在申请时支付过非正规费用。

表4-10　　　　　　不同行业企业进出口许可申请与

非正规支付比例 （单位：%）

	进出口许可申请		进出口许可申请中非正规支付	
	是	否	是	否
工业	75.00	25.00	19.35	80.65
服务业	21.05	78.95	0.00	100.00

二　影响中资企业生产经营的因素

图4-1 显示劳动力市场相关规制和政策对于不同行业企业的影响程度。从企业的角度来看，工业企业对于受影响程度的判断不一，超过两成的企业认为劳动力市场规制和政策对企业没有影响，接近四成的企业认为有一点妨碍，一成的企业认为中等妨碍，两成企业认为较大妨碍，觉得非常严重的企业不到一成；从服务业来看，企业对于影

响程度的判断起伏较平稳，超过两成的企业分别认为劳动力市场规制和政策对企业没有影响、有一点妨碍和中等妨碍，两成的企业认为有较大妨碍，觉得非常严重的企业同样不到一成。可见，劳动力市场规制和政策对不同企业影响程度不太大，主要集中于中等程度以下，但从较大妨碍到非常严重的曲线来看，劳动力市场规制和政策对工业影响要大于服务业。

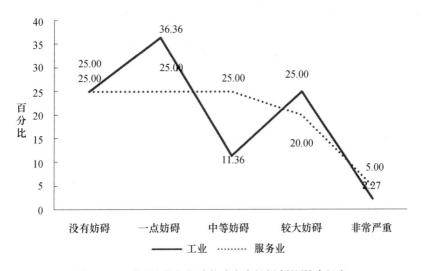

图 4 - 1　不同行业企业受劳动力市场规制的影响程度

图 4 - 2 显示员工素质对不同行业企业的影响。从工业来看，有接近五成的企业认为员工素质对企业的生产经营的妨碍程度为中等，两成的企业认为没有妨碍和有较大妨碍。从服务业来看，有三成的企业认为员工素质对企业的妨碍程度较大，25% 的企业认为员工素质仅为中等妨碍影响，超过三成的企业认为其妨碍程度不高甚至没有妨碍，严重妨碍占比仅为 10% 。大部分工业企业认为员工素质存在中等妨碍的影响，对大部分服务业企业的影响在较大妨碍和中等妨碍。另外，工业企业在认为员工素质这一因素没有妨碍的比例要大于服务业企业，而严重妨碍的比例上服务业企业却大于工业企业。总体来看，员工素

质对服务业企业的影响要大于工业企业。

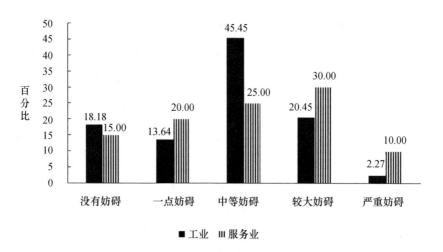

图4-2 不同行业企业的员工素质对生产经营的妨碍程度（单位：%）

图4-3显示专业技术人员的招聘难度对不同行业企业的妨碍程度。有接近四成的工业企业认为专业技术人员的招聘难度对企业的生产经营有较大影响，有接近两成的企业认为其影响程度达到中等妨碍和严

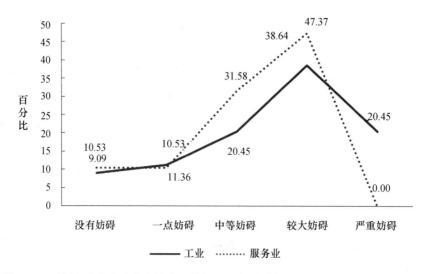

图4-3 不同行业企业的专业技术人员招聘难度对生产经营的妨碍程度（单位：%）

重妨碍，其余影响程度均不超过一成或在一成左右；有接近五成的服务业企业认为专业技术人员的招聘难度对企业的生产经营有较大影响，超过三成的服务业企业认为有中等程度的影响，没有服务业企业认为有严重影响，其余影响不足一成。可见，专业技术人员的招聘难度对不同行业来说造成的妨碍程度为中等和较大，虽说招聘难度对少部分工业企业造成严重影响，但总体来看，专业技术人员的招聘难度对服务业企业的妨碍要大于工业企业。

图4-4显示管理人员的招聘难度对不同行业企业的妨碍程度。对于工业企业来说，接近四成的企业认为管理人员的招聘难度对企业的生产经营有较大妨碍，各有接近两成的企业认为没有妨碍和一点妨碍，严重妨碍和中等妨碍皆为一成的比例。对于服务业企业来说，接近五成的服务业企业认为管理人员的招聘难度对企业的生产经营有较大妨碍，三成的企业认为没有妨碍，各有一成左右企业认为有中等妨碍和一点妨碍，没有企业认为是严重妨碍。总体来看，管理人员的招聘难度对大部分企业造成了中等妨碍，对工业企业的影响要大于服务业企业。

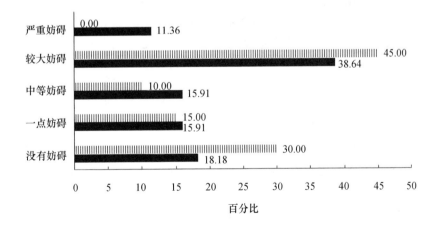

图4-4 不同行业企业的管理人员招聘难度对生产经营的
妨碍程度（单位：%）

图4-5显示技能人员的招聘难度对不同行业企业的妨碍程度。从总体上看，均有超过四成的工业企业和服务业企业认为技能人员的招聘难度对企业有较大妨碍，均有超过两成的企业认为中等妨碍，均有超过一成的企业认为没有妨碍，一点妨碍、严重妨碍的比例均为一成左右。可见，不论是工业企业还是服务业企业，难以招聘技能人员均对其产生了较大的妨碍。

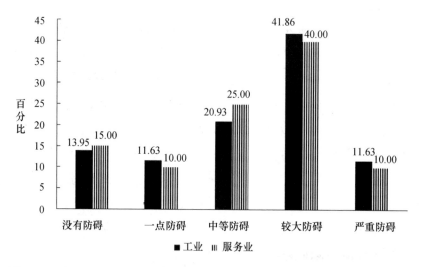

图4-5 不同行业企业的技能人员招聘难度对生产经营的妨碍程度（单位：%）

图4-6显示劳动力市场相关规制和政策对于不同工业园区企业的妨碍程度。从在泰国工业园区的企业来看，超过一成的企业认为劳动力市场规制政策对企业没有影响，七成左右的企业认为有一点妨碍，几乎没有企业认为这一因素对其有较大影响；对于在中国工业园区的企业，有近四成企业表示劳动力市场规制相关因素对其有较大妨碍，也有三成左右表示没有影响；对不位于任何工业园区的企业来说，有超过三成的企业认为仅有一点妨碍，各有两成左右的企业认为没有妨碍、中等妨碍和较大妨碍；而对于其他地区的企业来说，两成左右的企业认为劳动力市场规制和政策对其生产经营没有妨碍，超过三成的

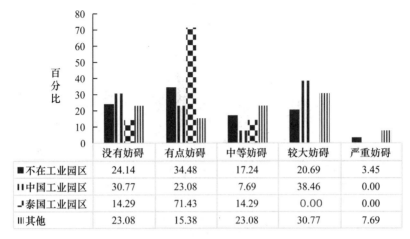

	没有妨碍	有点妨碍	中等妨碍	较大妨碍	严重妨碍
■ 不在工业园区	24.14	34.48	17.24	20.69	3.45
‖ 中国工业园区	30.77	23.08	7.69	38.46	0.00
⌐ 泰国工业园区	14.29	71.43	14.29	0.00	0.00
‖‖ 其他	23.08	15.38	23.08	30.77	7.69

■ 不在工业园区　‖ 中国工业园区　⌐ 泰国工业园区　‖‖ 其他

图4-6　劳动力市场规制对不同工业园区企业生产经营的妨碍程度（单位:%）

企业认为有较大妨碍，接近一成的企业认为有严重妨碍。相较而言，劳动力市场规制和政策的限制对在泰国工业园区的企业有较少妨碍，其它均有半数左右的企业认为劳动力市场规制和政策的限制对企业有中等偏上的妨碍。

图4-7显示员工素质对于不同工业园区企业的妨碍程度。有接近六成的泰国工业园区企业认为员工素质对企业生产经营有中等程度的影响。接近五成的其他地区企业认为员工素质对企业有中等妨碍，接近四成的企业认为有较大妨碍。在中国工业园区的企业，有接近四成认为是中等妨碍，三成的企业认为有较大影响。而不在工业园区的企业，超过三成认为有中等妨碍，两成认为是较大妨碍，甚至有一成的企业认为有非常严重的妨碍。可见，员工素质的高低对不同工业园区的企业影响较大，大部分企业认为妨碍程度在中等偏上。

图4-8显示专业技术人员的招聘难度对于不同工业园区企业的妨碍程度。对于处在泰国工业园区的企业来说，接近六成企业表示产生较大妨碍，接近三成认为有非常严重的妨碍。对于其他地区的企业来说，有接近七成的企业认为专业技术人员的招聘难度对于企业有较大

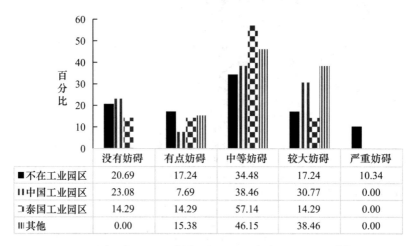

	没有妨碍	有点妨碍	中等妨碍	较大妨碍	严重妨碍
■不在工业园区	20.69	17.24	34.48	17.24	10.34
▍▍中国工业园区	23.08	7.69	38.46	30.77	0.00
⊐泰国工业园区	14.29	14.29	57.14	14.29	0.00
⫴其他	0.00	15.38	46.15	38.46	0.00

■不在工业园区 ▍▍中国工业园区 ▙泰国工业园区 ⫴其他

图4-7 员工素质对不同工业园区企业生产经营的妨碍程度（单位：%）

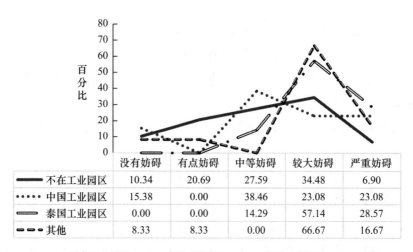

	没有妨碍	有点妨碍	中等妨碍	较大妨碍	严重妨碍
——不在工业园区	10.34	20.69	27.59	34.48	6.90
·····中国工业园区	15.38	0.00	38.46	23.08	23.08
══泰国工业园区	0.00	0.00	14.29	57.14	28.57
━ ━ ━其他	8.33	8.33	0.00	66.67	16.67

——不在工业园区 ·····中国工业园区 ══泰国工业园区 ━ ━ ━其他

图4-8 专业技术人员招聘难度对不同工业园区企业生产经营的妨碍程度（单位：%）

妨碍，中等以下的妨碍程度占比较少。在中国工业园区，有接近四成的企业认为有中等妨碍，各有两成左右认为有较大妨碍和非常严重影响的企业均占两成。对于不在任何工业园区的企业来说，超过三成的企业认为有较大妨碍。可见，专业技术人员的招聘难度对不同区域的企业都有中等偏上的妨碍程度，特别是对泰国工业园区和其他地区的企业有较大程度的影响。

图4-9显示管理人员的招聘难度对于不同工业园区企业的妨碍程度。从总体来看，管理人员的招聘难度对不同工业园区企业的影响中，有较大妨碍的占比最大，特别是其他地区的企业占到五成，不在工业园区和泰国工业园区的企业占到四成左右。而在影响非常严重的比例上，中国工业园区占到两成多，泰国工业园区超过一成。可见，管理人员的招聘难度对不同工业园区的大部分企业的妨碍较大。

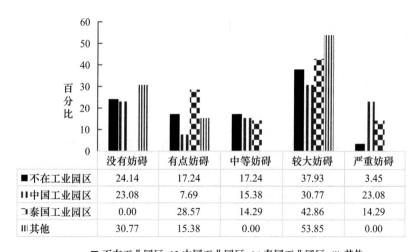

	没有妨碍	有点妨碍	中等妨碍	较大妨碍	严重妨碍
■不在工业园区	24.14	17.24	17.24	37.93	3.45
‖中国工业园区	23.08	7.69	15.38	30.77	23.08
⊐泰国工业园区	0.00	28.57	14.29	42.86	14.29
⫫其他	30.77	15.38	0.00	53.85	0.00

■不在工业园区　‖中国工业园区　▨泰国工业园区　⫫其他

图4-9　管理人员招聘难度对不同工业园区企业生产经营的妨碍程度（单位：%）

图4-10显示技能人员的招聘难度对于不同工业园区企业的妨碍程度。技能人员的招聘难度对一半以上的泰国工业园区和其他地区企业的影响皆集中在较大妨碍程度，接近四成的不在任何工业园区的企业集中在较大妨碍程度上。对于中国工业园区来说，接近四成的企业认为技能人员招聘难度对于企业的妨碍程度为中等，两成的企业认为这一因素有较大妨碍，超过一成的企业认为其妨碍程度非常严重。可见，

技术人员的招聘难度对于泰国工业园区、其他地区和不在工业园区大部分企业妨碍程度较大，对于中国工业园区的大部分企业的妨碍程度为中等。

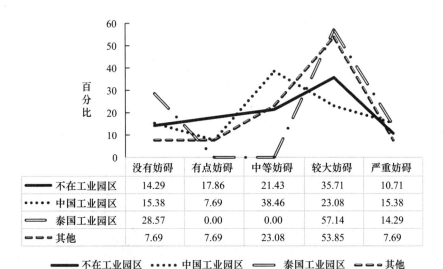

	没有妨碍	有点妨碍	中等妨碍	较大妨碍	严重妨碍
不在工业园区	14.29	17.86	21.43	35.71	10.71
中国工业园区	15.38	7.69	38.46	23.08	15.38
泰国工业园区	28.57	0.00	0.00	57.14	14.29
其他	7.69	7.69	23.08	53.85	7.69

——不在工业园区 ····· 中国工业园区 ═══ 泰国工业园区 ━━━ 其他

图4-10　技能人员招聘难度对不同工业园区企业生产经营的妨碍程度（单位:%）

三　有无工会中资企业的影响因素

图4-11显示劳动力市场规制和政策对有无工会企业的妨碍。对于有自身工会的企业来说，50%的企业认为劳动力市场规制和政策对企业会产生一定的妨碍。对于没有自身工会的企业来说，各有三成左右的企业认为这一因素有一点妨碍和较大妨碍。劳动力市场规制政策对有自身工会企业的影响为有一点妨碍，但对没有自身工会的企业来说，有一点妨碍和较大妨碍的均占了两成多，有非常严重的妨碍占了3.7%。可见，劳动力市场规制政策对无工会的企业的影响程度大于有工会的企业。

图4-12显示员工素质对有无工会企业的妨碍程度。在受访企业中，50%有工会的企业表示这一因素对其生产经营没有影响，另外三成有工会的企业表示有中等程度的影响，仅有一成有工会的企业认为

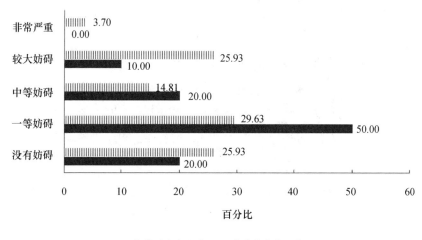

图 4-11　劳动力市场规制对有无自身工会企业生产经营的妨碍程度（单位：%）

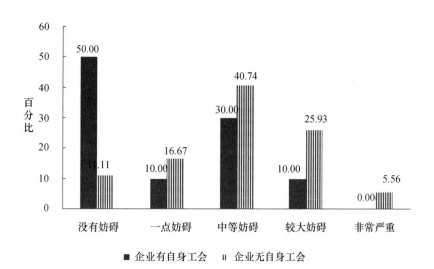

图 4-12　员工素质对有无自身工会企业生产经营的妨碍程度（单位：%）

这一因素对其生产经营有较大妨碍。没有自身工会的受访企业中，有七成左右的企业认为这一因素影响其生产经营的程度在中等及以上，其中有 5.56% 的企业认为这一因素对其生产经营的影响是非常严重的。

可见，员工素质对于无工会的企业的妨碍程度大于有工会的企业。

图4-13显示专业技术人员的招聘难度对有无工会企业的妨碍程度。在认为专业技术人员招聘难度对企业生产经营产生中等及以上的妨碍里，无工会的企业占比均超过了有自身工会的企业。但中等妨碍程度以下的情况，无工会的企业所占比例均低于有自身工会的企业。可见，专业技术人员的招聘难度对于无自身工会的企业来说影响较大。

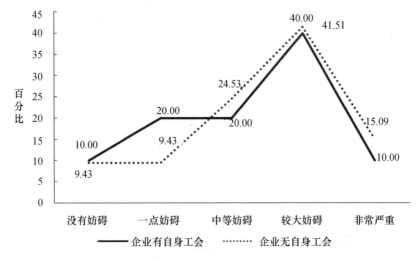

图4-13 专业技术人员招聘难度对有无自身工会企业生产经营的妨碍程度（单位：%）

图4-14显示管理人员的招聘难度对有无工会企业的妨碍程度。均有约一成的企业表示这一因素比较严重地妨碍企业生产经营，此外均有四成左右的企业认为此因素有较大妨碍。值得注意的是，认为这一因素在中等程度上妨碍了企业生产经营的占比，有自身工会的企业比没有自身工会的企业要多近20个百分点。可见，难以招聘到管理人员是影响企业生产经营的重要因素，特别是对有自身工会的企业影响较大。

图4-15显示技能人员的招聘难度对有无工会企业的妨碍程度。从

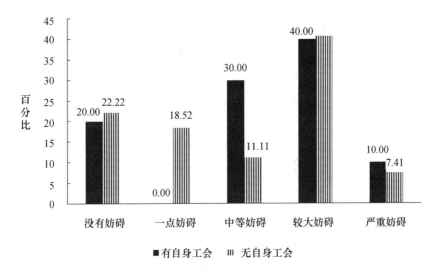

图 4 - 14 管理人员招聘难度对有无工会企业生产经营的妨碍程度

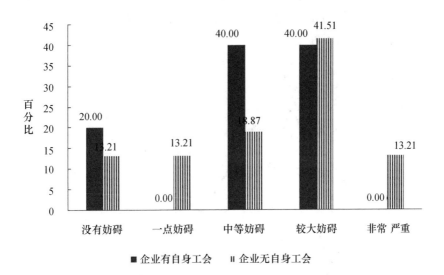

图 4 - 15 技能人员招聘难度对有无自身工会企业生产经营的妨碍程度（单位：%）

有自身工会的企业来看，各有四成的企业认为技能人员的招聘难度对企业有中等和较大妨碍，两成的企业认为没有妨碍。从无自身工会的企业来看，四成的企业认为有较大妨碍，两成认为是中等妨碍，超过一成认为有严重影响。技能人员的招聘难度对于有工会的企业来说主要集中在中等妨碍和较大妨碍，但对无工会的企业来说主要集中在较大妨碍，但一点妨碍和非常严重的占比均大幅度超过有工会的企业。

四 有无女性高管中资企业的影响因素

图4-16显示劳动力市场规制政策对有无女性高管企业的妨碍程度。在有女性高管的受访企业中，两成的企业认为劳动力市场规制与政策对企业没有影响，四成的企业认为有一点影响，两成的企业认为有较大妨碍。在无女性高管的受访企业中，有超三成企业认为劳动力市场规制政策对企业没有妨碍，仅有两成企业认为这一因素对企业的生产经营有较大影响，中等和较大妨碍的比例均超过了有女性高管的企业。可见，劳动力市场规制政策对无女性高管的企业的影响要大于有女性企业高管的企业。

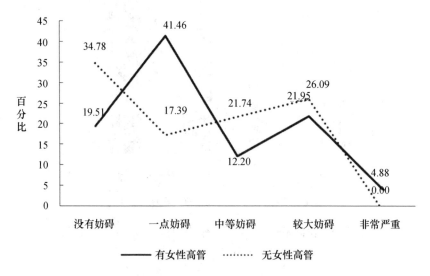

图4-16 劳动力市场规制对有无女性高管企业生产经营的妨碍程度（单位：%）

图4-17显示员工素质对有无女性高管企业的妨碍程度。在有女性

高管的企业中，两成左右认为该因素对企业生产经营有着较大妨碍，另有超过三成认为中等妨碍，剩下两成则认为妨碍不大。在没有女性高管的企业中，有47.83%的企业表示员工素质对于企业的生产经营有着中等程度的妨碍，认为该因素不造成影响的企业仅占不到两成。综上，有女性高管的企业中，员工素质对企业生产经营的妨碍程度要大于没有女性高管的企业。

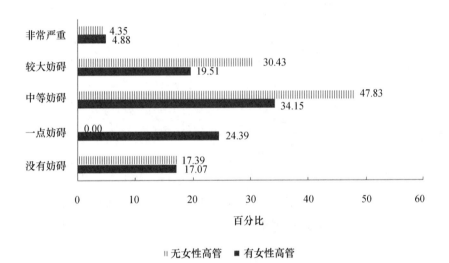

图4-17　员工素质对有无女性高管企业生产经营的妨碍程度（单位：%）

图4-18显示专业技术人员的招聘难度对有无女性高管企业的妨碍程度。从总体数据来看，大部分企业均认为招聘专业技术人员的难度对企业的生产经营有中等以上的妨碍，不到一成受访企业认为该因素对企业生产经营没有影响。比较来看，有女性高管的企业认为较大妨碍和非常严重的程度均超过了无女性高管的企业，但在一点妨碍和中等妨碍上无女性高管所占的比例均超过了有女性高管的企业。同样，专业技术人员的招聘难度对于大部分有女性高管企业的妨碍程度要高于无女性高管的企业。

图4-19显示管理人员的招聘难度对有无女性高管企业的妨碍程

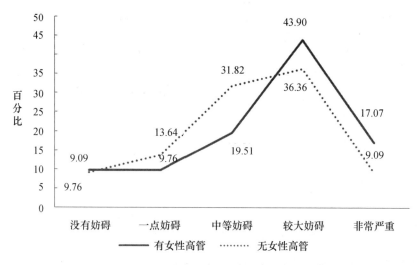

图 4 - 18 专业技术人员招聘难度对有无女性高管企业生产经营的妨碍程度（单位：%）

度。有无女性高管的企业均有四成的比例认为管理人员的招聘难度对企业有较大妨碍。在有较大妨碍和中等妨碍上，有女性高管的企业占比都超过了无女性高管的企业。但在没有妨碍和一点妨碍的程度上，

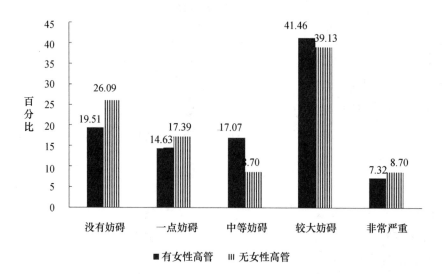

图 4 - 19 管理人员招聘难度对有无女性高管企业生产经营的妨碍程度（单位：%）

有女性高管企业所占比例都少于无女性高管企业。可见，管理人员的招聘难度对有女性高管企业的妨碍程度要大于无女性高管的企业。

图4-20显示技能人员的招聘难度对有无女性高管企业的妨碍程度。受访企业均认为招聘技能人员的难度从不同程度上妨碍着企业的生产经营，其中有大部分企业认为该因素对企业有较大妨碍。从有女性高管的企业来看，有八成的企业认为有中等及以上程度的妨碍。仅有六成的无女性高管的企业认为有中等及以上程度的妨碍，而在中等妨碍以下的程度上也是无女性高管企业占比较多。因此，技能人员的招聘难度对有女性高管企业的妨碍要大于无女性高管的企业。

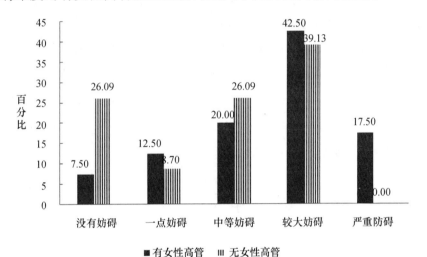

图4-20　技能人员招聘难度对有无女性高管企业生产
经营的妨碍程度（单位：%）

第三节　中资企业对泰国公共
服务供给的评价

从中资企业的视角来评价泰国对公共服务的供给具有一定的说服

力。本节从中资企业自身角度，以是否在工业园区及企业所属行业类别两个维度出发，着重调查分析税率税收、工商及土地许可、政治稳定、泰国当地腐败状况对于企业生产经营的影响，以期更为全面地呈现泰国中资企业的经营环境。

一 不同工业园区中资企业的分析

第一，税率对不同工业园区企业的妨碍较小。在图4-21中呈现的是处在不同园区的企业对泰国当地税率的评价。除超一成的泰国工业园区企业，几乎没有受访企业认为税率严重妨碍了企业的生产经营。不在工业园区的大部分中资企业均表示税率对生产经营有着不同程度的影响，认为税率没有妨碍企业生产经营的仅占17.86%。有五成中国工业园区企业认为当地税率对公司的生产经营有一点妨碍，另有两成左右认为没有妨碍。有近六成的泰国工业园区企业表示税率对其生产经营没有妨碍。根据总体数据趋势可以推测，税率对在泰中资企业的生产经营妨碍程度不大。

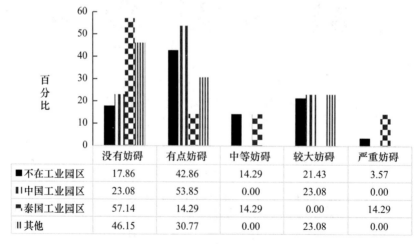

	没有妨碍	有点妨碍	中等妨碍	较大妨碍	严重妨碍
■不在工业园区	17.86	42.86	14.29	21.43	3.57
‖中国工业园区	23.08	53.85	0.00	23.08	0.00
▰泰国工业园区	57.14	14.29	14.29	0.00	14.29
‖其他	46.15	30.77	0.00	23.08	0.00

■不在工业园区　‖中国工业园区　▰泰国工业园区　‖‖其他

图4-21　税率对不同工业园区企业生产经营的妨碍程度（单位:%）

　　第二，税收对不同工业园区企业的妨碍较小。图4-22呈现的是处在不同园区中资企业对于泰国税收对其影响的评价。绝大部分的受访企业均表示税收对企业生产经营活动仅有一点妨碍。值得注意的是，在中国工业园区的企业中，有近四成表示泰国税收对其生产经营的妨碍在中度及以上，另有一成左右位于泰国工业园区的中资企业表示泰国税收严重妨碍了企业的生产经营活动。可见，税收对中国工业园区的妨碍程度比其他工业园区要高，但总体来说，税收对于不同工业园区企业的妨碍均较小。

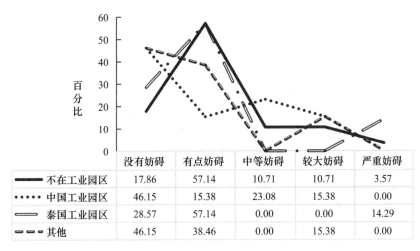

	没有妨碍	有点妨碍	中等妨碍	较大妨碍	严重妨碍
——— 不在工业园区	17.86	57.14	10.71	10.71	3.57
••••• 中国工业园区	46.15	15.38	23.08	15.38	0.00
▭▭ 泰国工业园区	28.57	57.14	0.00	0.00	14.29
▬ ▬ 其他	46.15	38.46	0.00	15.38	0.00

图4-22　税收对不同工业园区企业生产经营的妨碍程度（单位：%）

　　第三，工商许可对不同工业园区企业的妨碍较小。如图4-23所示，除在中国工业园区的企业外，大部分企业都认为工商许可没有妨碍其生产经营，尤其是在泰国工业园区的企业有七成左右持该态度。另外三成左右的泰国工业园区企业表示该因素有点妨碍企业生产经营。在中国工业园区的企业，仅有不到四成认为该因素不妨碍企业生产经营，还有两成左右的受访企业表示该因素较大地妨碍了企业生产经营。总体来说，工商许可对不同工业园区的中资企业妨碍程度较小。

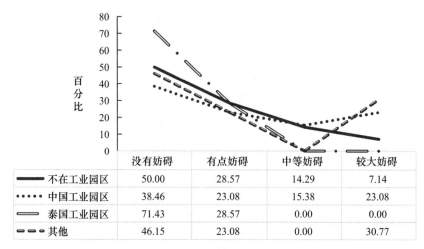

	没有妨碍	有点妨碍	中等妨碍	较大妨碍
不在工业园区	50.00	28.57	14.29	7.14
中国工业园区	38.46	23.08	15.38	23.08
泰国工业园区	71.43	28.57	0.00	0.00
其他	46.15	23.08	0.00	30.77

——不在工业园区 ·····中国工业园区 ════泰国工业园区 ━━━其他

图 4 - 23　工商许可对不同工业园区企业生产经营的妨碍程度（单位：%）

第四，政治不稳定对不同工业园区企业的妨碍较小。如图 4 - 24 所示，泰国工业园区和其他地区的企业对该议题所持态度趋同，有超过半数的企业表示政治不稳定对其生产经营没有妨碍，超两成的企业表

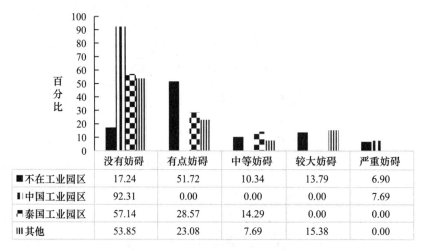

	没有妨碍	有点妨碍	中等妨碍	较大妨碍	严重妨碍
不在工业园区	17.24	51.72	10.34	13.79	6.90
中国工业园区	92.31	0.00	0.00	0.00	7.69
泰国工业园区	57.14	28.57	14.29	0.00	0.00
其他	53.85	23.08	7.69	15.38	0.00

■不在工业园区 ▮▮中国工业园区 ▰泰国工业园区 ▥其他

图 4 - 24　政治不稳定对不同工业园区企业生产经营的妨碍程度（单位：%）

示只有一点妨碍。而高达九成的在中国工业园区的企业，表示政治不稳定对其生产经营没有产生任何妨碍。总体来说，政治不稳定对不同工业园区企业没有太大的影响，特别是在中国工业园区的企业受到的妨碍最小。相反，不在任何工业园区的企业表示政治不稳定对其生产经营有影响的比例相对更多，约占八成。

第五，腐败对不同工业园区企业的妨碍较小。如图4－25所示，绝大部分受访企业表示腐败对于其生产经营仅有一点妨碍或者几乎没有影响。有3.57%的不在工业园区企业认为有严重影响，均有超过一成的其他地区企业和中国工业园区企业认为腐败对企业的生产经营有较大妨碍。另外超过两成的不在工业园区的企业认为有中等程度的妨碍。可见，腐败对于不同工业园区企业的妨碍不明显。

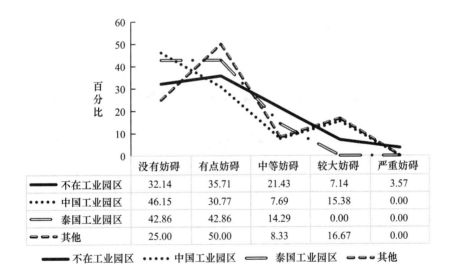

	没有妨碍	有点妨碍	中等妨碍	较大妨碍	严重妨碍
不在工业园区	32.14	35.71	21.43	7.14	3.57
中国工业园区	46.15	30.77	7.69	15.38	0.00
泰国工业园区	42.86	42.86	14.29	0.00	0.00
其他	25.00	50.00	8.33	16.67	0.00

图4－25　腐败对不同工业园区企业生产经营的妨碍程度（单位：%）

第六，土地许可对不同工业园区企业的妨碍较小。如图4－26所示，有超过半数的受访企业认为该因素对其生产经营没有妨碍，仅有少部分企业表示该因素一定程度上影响着企业的生产经营，但影响并不显著。对比来看，土地许可对于泰国工业园区的企业妨碍最小，对中国工业园区内企业的妨碍较大，仅有半数的企业认为没有妨碍。从总体来说，土地许可对于不同工业园区企业的影响不大，特别是对泰国工业园区的企业妨碍程度最弱。

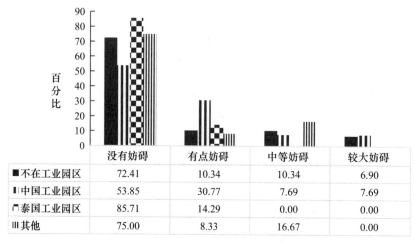

	没有妨碍	有点妨碍	中等妨碍	较大妨碍
■不在工业园区	72.41	10.34	10.34	6.90
▮中国工业园区	53.85	30.77	7.69	7.69
⊓泰国工业园区	85.71	14.29	0.00	0.00
Ⅲ其他	75.00	8.33	16.67	0.00

■不在工业园区　▮中国工业园区　▨泰国工业园区　Ⅲ其他

图4-26　土地许可对不同工业园区企业生产经营的妨碍程度（单位：%）

第七，泰国政府管制与审批对不同工业园区企业有一定的妨碍。图4-27显示，从泰国工业园区企业来看，四成的企业认为泰国政府管制与审批对企业妨碍程度为没有或者有一点，有一成多的企业认为有较大妨碍，没有企业认为有严重妨碍。从不在任何工业园区的企业来看，各有三成的企业认为政府管制与审批对企业没有妨碍或有一点妨碍，其余妨碍程度呈梯度递减。从中国工业园区来看，接近四成的企业认为没有妨碍，超过一成认为存在着一点妨碍，不到一成的企业认为是中等妨碍，各有超过一成的企业认为妨碍程度较大或有严重防碍。其他地区的企业，认为没有妨碍的超过三成，认为有一点妨碍超过一成，各有两成的企业认为有中等或较大妨碍。普遍来看，泰国政府管制与审批对企业有一定的妨碍，但对泰国工业园区的妨碍程度最小。

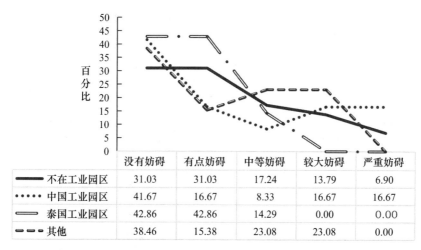

	没有妨碍	有点妨碍	中等妨碍	较大妨碍	严重妨碍
不在工业园区	31.03	31.03	17.24	13.79	6.90
中国工业园区	41.67	16.67	8.33	16.67	16.67
泰国工业园区	42.86	42.86	14.29	0.00	0.00
其他	38.46	15.38	23.08	23.08	0.00

图 4 - 27　政府管制与审批对不同工业园区企业生产经营的妨碍程度（单位: %）

二　不同行业类型企业的分析

第一，税率对服务业企业的妨碍比工业企业大。图 4 - 28 显示，有三成工业企业认为税率对企业没有妨碍，一成工业企业认为有中等妨碍，略高于服务业企业，认为有较大防碍和严重防碍的服务业企业均超过了工业企业。总体来看，税率对于企业妨碍程度不算大，但税率对服务业企业的妨碍程度要大于工业企业。

第二，税收对不同类型企业的妨碍较小。如图 4 - 29 所示，有三成受访的工业企业认为税收对企业没有影响，另有超过四成的工业企业表示该因素对企业的生产经营仅有些许妨碍；服务业企业与工业企业的差距不大，有接近三成的服务业企业认为没有妨碍，接近五成的服务业企业认为有一点妨碍。可见，税收对于不同类型企业的妨碍较小。

第三，工商许可对不同类型企业妨碍较小。图 4 - 30 显示，近六成的工业企业认为工商许可对于企业没有妨碍，且这一项比例远大于服务业企业。大部分工业企业由于其原材料和生产设备的关系需要更多

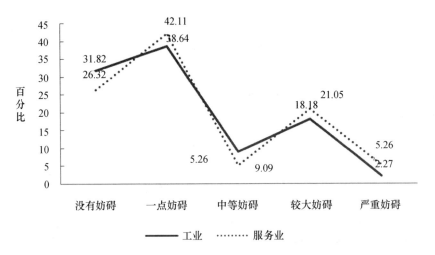

图 4 - 28　税率对不同行业企业生产经营的妨碍程度（单位：%）

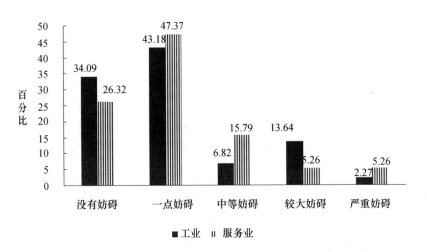

图 4 - 29　税收对不同行业企业生产经营的妨碍程度（单位：%）

地申请工商许可审批，因而在较大妨碍和中等妨碍上，工业企业的占比均超过服务业企业。总体来看，半数的工业或服务业的企业认为工商许可对其没有妨碍。

第四，泰国当地政治不稳定对服务业妨碍较大。如图 4 - 31 所示，从工业企业来看，有超过一半的工业企业表示当地政治不稳定不会对

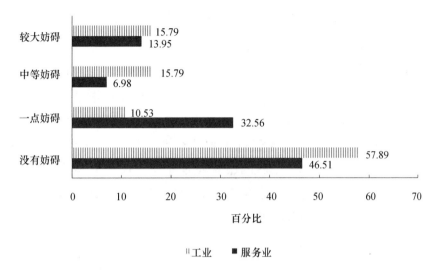

图4-30　工商许可对不同行业企业生产经营的妨碍程度（单位：%）

其生产经营造成妨碍，几乎没有企业认为该因素会较严重地影响企业生产经营。而在服务业企业中，仅有两成左右企业表示政治不稳定不会妨碍到企业生产经营，剩下企业均表示该因素会对企业生产经营产

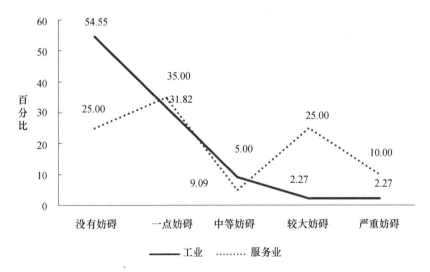

图4-31　政治不稳定对不同行业企业生产经营的妨碍程度（单位：%）

生不同程度的妨碍。可见，工业企业较服务业企业更不易受到泰国当地政治局势的影响，也表明服务业企业对政局更为敏感。

第五，泰国当地的腐败情况对服务业的妨碍较大。如图4-32所示，三成到四成的受访企业都表示腐败没有妨碍到其正常的生产经营。其中，有一半的受访工业企业表示该因素有一点妨碍其生产经营，持该态度的服务业企业的占比远低于工业企业。另外，认为腐败因素对企业生产经营有中等程度妨碍的服务业企业比工业企业高出约15个百分点。总之，腐败因素对在泰中资企业的生产经营产生的影响并不大，服务业企业受其妨碍的程度要略高于工业企业。

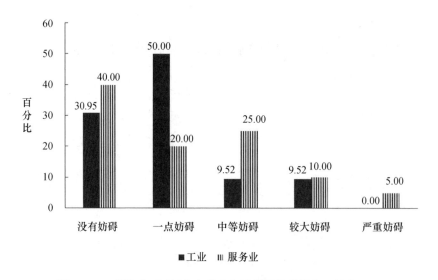

图4-32 腐败对不同行业企业生产经营的妨碍程度（单位：%）

第六，土地许可对不同类型企业的妨碍较小。图4-33呈现的是土地许可对不同行业企业产生影响的情况分布。绝大部分工业和服务业企业都认为土地许可对企业生产经营没有造成妨碍，除极少数服务业企业认为造成的妨碍较为严重外，土地许可对工业的妨碍稍大于服务业。总体看来，土地许可对企业生产经营的妨碍程度较弱。

第七，政府管制与审批对工业企业生产经营的妨碍程度较大。如

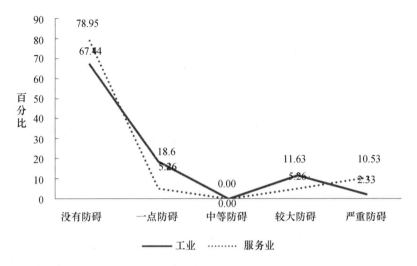

图4-33　土地许可对不同行业企业生产经营的妨碍程度（单位：%）

图4-34所示，在受访的服务业企业中，有一半的企业表示政府的管制与审批没有妨碍到其正常生产经营活动，极少受访企业表示政府管制与审批对其生产经营有较严重妨碍。另外，在受访的工业企业中，有

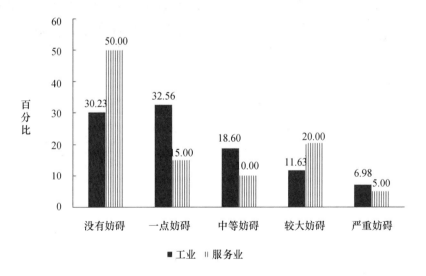

图4-34　政府管制与审批对不同行业企业生产经营的妨碍程度（单位：%）

三成企业表示该因素没有妨碍到其生产经营，另有三成表示仅有一点妨碍。可见该因素对工业企业的妨碍程度更高，但总体来说妨碍程度一般。

第四节　泰国中资企业投资风险分析

海外投资风险是中资企业"走出去"的关注重点。本节针对中资企业对泰国投资的可行性考察情况、企业安全生产额外支付和偷盗损失情况、企业对泰国政治环境的评价等方面的调查结果进行分析，从而进一步把握中资企业赴泰投资面临的风险和不确定性因素。

一　投资可行性考察情况

表4-11显示，在正式开展投资前，绝大部分的企业均进行了投资可行性考察。其中，处在中国工业园区和泰国工业园区的企业都做过可行性调查，工业和有女性高管的企业进行可行性考察的比例要大于服务业和无女性高管的企业。总体来看，绝大多数企业认为在进入泰国之前进行投资可行性考察是非常必要的。

表4-11　　　　　　　企业对泰国投资的可行性考察比较　　　　（单位：%）

	有可行性考察	无可行性考察
工业	95.45	4.55
服务业	76.47	23.53
不在工业园区	80.77	19.23
中国工业园区	100.00	0.00
泰国工业园区	100.00	0.00

	有可行性考察	无可行性考察
其他地区	92.31	7.69
有女性高管	92.31	7.69
无女性高管	86.36	13.64

表4－12显示企业进行投资前主要考察的内容。市场竞争调查、投资相关法律法规调查、宗教文化调查和劳动力素质调查是不同行业企业、不同工业园区企业和有无女性高管企业投资前考察的主要内容。特别地，由于中国工业园区资源的整合性高，处在中国工业园区的企业进行过市场竞争调查和宗教文化相关调查的比例较其他类别企业少。

表4－12　　　　　　　　　企业投资泰国前的考察内容　　　　　　（单位：%）

	市场竞争调查		泰国外国直接投资法律法规		泰国宗教、文化和生活习惯		泰国劳动力素质		其他方面考察	
	否	是	否	是	否	是	否	是	否	是
工业	14.29	85.71	9.52	90.48	26.19	73.81	16.67	83.33	88.10	11.90
服务业	15.38	84.62	7.69	92.31	23.08	76.92	15.38	84.62	92.31	7.69
不在工业园区	0.00	100.00	4.76	95.24	14.29	85.71	9.52	90.48	100.00	0.00
中国工业园区	30.77	69.23	7.69	92.31	53.85	46.15	15.38	84.62	76.92	23.08
泰国工业园区	14.29	85.71	14.29	85.71	14.29	85.71	28.57	71.43	71.43	28.57
其他地区	25.00	75.00	16.67	83.33	25.00	75.00	16.67	83.33	91.67	8.33
有女性高管	11.11	88.89	8.33	91.67	27.78	72.22	13.89	86.11	91.67	8.33
无女性高管	21.05	78.95	10.53	89.47	21.05	78.95	21.05	78.95	84.21	15.79

二　安全生产、偷盗损失、政治环境方面的风险

表4－13显示2017年企业为实现安全生产所支付额外费用的情况。在安全生产额外支付方面，超过半数的工业企业有相关支出，明显高

于服务业企业的比例，而有七成的泰国工业园区企业需要支付这笔费用，有女性高管的企业支付这笔费用的比例高于无女性高管的企业。可见，工业企业、泰国工业园区企业和有女性高管的企业对于安全生产有额外支付的比例较高。

表 4 – 13　　　企业在 2017 年为安全生产进行额外支付的情况　　　（单位：%）

	安全生产有额外支付	安全生产无额外支付
工业	53.49	46.51
服务业	30.00	70.00
不在工业园区	41.38	58.62
中国工业园区	46.15	53.85
泰国工业园区	71.43	28.57
其他地区	33.33	66.67
有女性高管	48.78	51.22
无女性高管	40.91	59.09

表 4 – 14 显示部分受访企业 2017 年内发生偷盗损失情况。工业企业的发生率要比服务业企业略高。在泰国工业园区的企业发生偷盗的概率比在中国工业园区的企业略高，但不在工业园区的企业发生偷盗的概率是最低的。另外，有女性高管的企业发生偷盗频率要低于无女性高管的企业。总体看来，绝大部分企业都没有发生过偷盗损失的情况。

表 4 – 14　　　　　　　　　2017 年企业偷盗损失状况　　　　　　　（单位：%）

	发生过偷盗损失	未发生偷盗损失
工业	13.95	86.05
服务业	5.00	95.00
不在工业园区	6.90	93.10
中国工业园区	23.08	76.92
泰国工业园区	28.57	71.43
其他地区	0.00	100.00

	发生过偷盗损失	未发生偷盗损失
有女性高管	9.76	90.24
无女性高管	13.64	86.36

图4-35显示受访企业对于2017年泰国政治环境情况的评价。有近三成的企业表示2017年泰国政治环境较为稳定，投资风险小；另外24.6%的企业认为比较稳定，认为泰国政局不确定性较大、存在不稳定风险的企业占比为23.0%，剩下的企业都表示泰国政局不算稳定，有少数企业甚至表示泰国党派斗争比较激烈，经常有冲突发生。总体看来，大部分受访企业都认为2017年的泰国政局比较稳定，有利于投资，但党派斗争无疑加大了中资企业投资的风险。

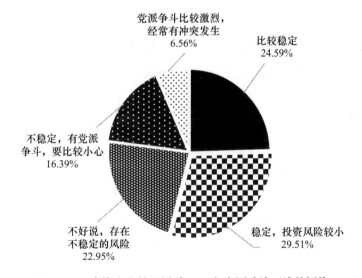

图4-35　中资企业管理层对2017年泰国政治环境的评价

表4-15显示在未来一年企业需面对的风险类别。工业企业和服务业企业均担心市场竞争上升、员工工资上涨和政策限制加强等将对未来生产经营带来风险。

表 4 - 15　　　　　　　　未来一年企业主要经营风险的分布　　　　　（单位：%）

	员工工资增长	市场竞争上升	资源获取难度增加	研发后劲不足	政策限制加强	优惠政策效用降低或到期	政治环境变化	中资企业增多	产品或服务无话语权	其他方面
工业	45.45	56.82	34.09	11.36	45.45	29.55	13.64	27.27	2.27	20.45
服务业	45.00	75.00	15.00	15.00	45.00	10.00	35.00	35.00	0.00	10.00
不在工业园区	44.83	89.66	17.24	10.34	44.83	10.34	27.59	44.83	3.45	6.90
中国工业园区	53.85	30.77	38.46	30.77	23.08	38.46	7.69	30.77	0.00	46.15
泰国工业园区	14.29	42.86	42.86	0.00	85.71	71.43	28.57	0.00	0.00	14.29
其他地区	61.54	53.85	30.77	7.69	46.15	15.38	7.69	15.38	0.00	15.38
有女性高管	43.90	65.85	31.71	17.07	46.34	17.07	19.51	26.83	2.44	14.63
无女性高管	47.83	56.52	21.74	4.35	43.48	34.78	21.74	34.78	0.00	21.74

　　不在工业园区的企业较为担心市场竞争上升、员工工资上涨、政策限制加强和中资企业的增多；在中国工业园区的企业则认为，员工工资增长、获取资源的难度以及优惠政策效用降低或到期是他们未来一年会面对的主要风险；在泰国工业园区的企业认为，政策限制加强、优惠政策效用降低或到期、市场竞争压力和资源获取难度增加是最大的潜在风险；在其他地区的企业则认为，市场竞争的上升、员工工资的增长以及政策限制加强是未来一年的主要潜在风险。

　　对于有无女性高管的企业来说，其主要风险均来自于市场竞争上升、员工工资增长及政策限制加强。综上，绝大部分企业都认为市场竞争上升、员工工资上涨和政策限制加强是未来一年内的主要经营风险。

本章小结

　　从泰国基础设施的供给来看，企业需要申请用电的情况较为普遍。

首先，处在中国工业园区的大部分企业需要经过申请才可使用相关基础设施。而对于不处在工业园区的企业来说，水、电、网络和建筑等各类基础设施的使用是较为方便的。服务业企业在基础设施的使用上都比工业企业方便得多，尤其是对于水和建筑设施方面的使用，需申请的比例最低。其次，在泰国工业园区的企业发生断水、断电、断网概率最高，工业企业遭遇基础设施供给中断的频率也远远高于服务业企业。较服务业企业而言，大部分工业企业在申请用水、用电时出现非正规支付的情况更多，但无论是服务业企业还是工业企业在申请网络使用的审批过程中，非正规支付均较少出现。

从泰国公共服务供给及评价来看，大部分企业都接受过泰国税务机构的走访和调查，但在该过程中向税务机构支付非正规费用情况虽有但较少。相比之下，服务业企业较少被泰国税务机构走访和检查，但非正规支付的情况却比工业企业要多。同样地，在申请进出口等许可经营时，中资企业需要向泰国相关组织机构进行非正规支付的现象也较少。另外，除劳动力市场规制和政策对不同企业影响程度较低外，员工素质、专业技术人员、管理人员及技能人员的招聘难度都给企业的生产经营造成一定的妨碍。税率、税收和泰国政府管制与审批对企业的生产经营造成一定妨碍，但并不是很严重。大部分企业都表示税率、税收、工商许可、土地许可、政治不稳定以及腐败现象等因素对中资企业的生产经营没有较大的妨碍。

从在泰中资企业面临的投资风险看，绝大部分的企业在进入泰国之前都进行了市场竞争调查、投资相关法律法规调查、宗教文化调查和劳动力素质调查等投资可行性调查。在偷盗风险方面，只有少数受访企业表示曾经历过偷盗事件。工业企业、泰国工业园区企业和有女性高管的企业对安全生产有额外支付的比例较高。另外，中资企业普遍认为2017年泰国政局比较稳定，有利于投资，但党派斗争无疑加大了中资企业投资的风险。在预估潜在风险的调查中，市场竞争上升、员工工资上涨和政策限制加强是大部分企业认为将会面临的主要风险。

第 五 章

泰国中资企业雇佣行为与
劳动风险分析

随着赴泰投资的中国企业不断增加，雇用当地员工进行生产经营实现企业本地化发展成为趋势，在庞大的当地员工基数下，隐藏的风险不容小觑。本章将从在泰中资企业员工构成、企业雇佣行为、劳资纠纷及处理情况等三方面的调查结果进行分析，进一步了解在泰中资企业的雇佣行为和面临的劳动风险。

第一节　人员结构分析

在泰中资企业除了外派中国员工外，一般都会雇用当地员工来发展企业业务。本节主要分析泰国中资企业的员工构成，包括不同性别、不同国籍、不同技术水平员工等的构成及其流动情况。

一　中资企业的员工构成

表 5-1 显示中资企业不同性别和不同国籍的员工构成。在受访企业中，泰国员工数量占比最多，均值接近七成，甚至有的企业的泰国员工占比高达 98.6%，中国员工占比较少，平均占三成左右，最大值为 66.7%，最小值仅为 1.5%；在女性员工占比方面，受访企业平均有 34.6% 的员工为女性，一些企业的女性员工占比最高达到了 85.7%。

受访企业雇用其他国家的员工较少，但仍有个别企业雇用其他国家员工较，比例高达85%。整体而言，女性员工没有男性员工多，甚至有企业没有女性员工。而从降低企业运营成本、方便企业管理等角度出发，大部分的受访企业仍然偏向于雇用泰国本地员工。

表5-1	企业员工构成			（单位：%）
各类员工占比	均值	标准差	最大值	最小值
女性员工占比	34.59	22.63	85.71	0.00
泰国员工占比	66.26	22.43	98.60	11.11
中国员工占比	25.78	18.46	66.67	1.50
其他国家员工占比	7.74	19.71	85.00	0.00

　　表5-2显示中资企业一线人员或生产员工的构成。可以看出，在受访企业中一线或生产员工均值为52.6%，甚至有的企业的员工均为一线或生产员工。从一线员工或生产员工中泰国员工和中国员工占比来看，一线泰国员工数量近八成，仅有一成左右的一线员工为中国员工，另有少量其他国家员工进行一线生产相关工作。由此可知，企业有平均一半左右的一线或生产员工，其中泰国员工的比例最高。

表5-2	企业一线员工或生产员工构成			（单位：%）
	均值	标准差	最大值	最小值
一线员工或生产员工占比	52.64	33.93	100.00	0.00
一线员工或生产员工中泰国员工占比	77.15	27.47	100.00	3.33
一线员工或生产员工中中国员工占比	11.07	16.25	64.52	0.00
一线员工或生产员工中其他国家员工占比	11.78	25.30	96.67	0.00

　　表5-3显示中资企业高层管理人员的构成。中高层管理人员在受

访企业中平均占比在 13.9% 左右，个别企业的中高层管理人员占比高达 50%。从员工国籍方面来看，泰国中高层管理人员平均占比为 21.8%，中国中高层管理人员占比则高约 78.0%，个别企业的中高层管理人员全部为中国员工。可见，中高层管理人员在员工人数中占比较少，且大部分为中国员工。

表5-3   **企业中高层管理员工构成**   （单位：%）

	均值	标准差	最大值	最小值
中高层管理员工占比	13.92	11.30	50.00	1.11
中高层管理人员中泰国员工占比	21.84	23.38	87.50	0.00
中高层管理人员中中国员工占比	77.95	23.69	100.00	12.50

表5-4 显示中资企业技术人员和设计人员的构成。受访企业的技术人员和设计人员占总员工的一成左右，个别企业有高达六成的雇员为技术和设计人员。其中，泰国员工平均占比 38.3%，而负责相同工作的中国员工占比则较高，为 61.7%。显然，从事技术和设计的员工占比较少，且中国员工要多于泰国员工。

表5-4   **企业技术人员和设计人员构成**   （单位：%）

	均值	标准差	最大值	最小值
技术人员和设计人员占比	9.01	13.51	60.00	0.00
技术人员和设计人员中泰国员工占比	38.30	38.20	100.00	0.00
技术人员和设计人员中中国员工占比	61.70	38.20	100.00	0.00

表5-5 显示中资企业非生产性员工的构成。在所有受访企业中，

非生产性员工平均占总员工的两成左右。其中，不参与相关生产活动的泰国员工占六成，中国员工仅占不到四成。有个别企业的非生产性员工全部为泰国员工，也有个别企业全部为中国员工。显然，在非生产性员工普遍较少的情况下，泰国员工的占比依然要高于中国员工。

表 5-5　　　　　　　　　企业非生产性员工构成　　　　　　　（单位：%）

	均值	标准差	最大值	最小值
非生产员工占比	21.68	26.52	100.00	0.00
非生产员工中泰国员工占比	61.22	30.98	100.00	0.00
非生产员工中中国员工占比	36.30	30.18	100.00	0.00

表 5-6 显示不同规模中资企业的人员结构，包括女性员工、中高管理层员工、技术设计人员和非生产性员工的构成。在女性员工方面，小型企业的女性员工占比均值为 41.6%，大型企业女性员工占比均值最小，仅为 28.0%。关于中高层管理人员的占比，小型企业占比均值最高，为 25.3%，大型企业均值最低，仅为 5.4%。不同规模企业的技术和设计人员均值差不多，均在一成左右。在非生产性员工方面，小型企业的非生产性员工占比均值最大，甚至有的小型企业全都为非生产性员工。

表 5-6　　　　　　　按企业规模划分的企业员工构成　　　　　　（单位：%）

	企业规模类型	均值	标准差	最大值	最小值
女性员工占比	小型企业	41.55	22.49	75.00	0.00
	中型企业	36.33	22.57	85.71	12.50
	大型企业	27.96	22.01	70.00	0.79
中高层管理人员占比	小型企业	25.31	12.65	50.00	6.67
	中型企业	15.08	6.99	35.00	5.00
	大型企业	5.35	3.84	14.29	1.11

续表

	企业规模类型	均值	标准差	最大值	最小值
技术人员和设计人员占比	小型企业	8.39	15.53	58.33	0.00
	中型企业	10.37	13.03	60.00	0.00
	大型企业	8.30	12.99	60.00	0.00
非生产员工占比	小型企业	40.11	36.49	100.00	0.00
	中型企业	16.26	16.70	77.78	0.00
	大型企业	14.67	20.83	97.23	0.00

通过比较分析发现，企业规模越大，女性员工和中高层管理人员占比越低。在技术和设计人员方面，不论企业规模大小，其占比都在一成左右。另外，企业规模越大，负责一线生产以及其他工作的基层员工的数量就会越庞大。

二 中资企业的人员流动

表5-7显示不同规模的中资企业员工流动情况。在新增雇佣人员方面，小型企业平均新增3人左右，中型企业新增12人左右，大型企业则高达135人左右，大型企业的标准差也最大。另外，小型企业近一年平均有2人辞职，中型企业平均有7人辞职，大型企业辞职人员较多，平均有255人左右。在调查的年限中，中小型企业平均新流入1人到5人，个别中型企业流失2人。相反，大型企业有一定的人员流失，平均流失116人，个别企业人员流失高达2700人。可见，企业规模越大，新增和辞退员工人数就越多，大型企业流失人员情况最严重，净流入人员为负增长。

表5-7　　　　　　　　　不同规模企业员工的流动情况

	企业规模类型	均值	标准差	最大值	最小值
新增雇佣人员	小型企业	3.14	4.73	18	0
	中型企业	12.19	8.75	35	3
	大型企业	134.62	262.85	900	7

	企业规模类型	均值	标准差	最大值	最小值
辞职人员	小型企业	2.23	4.46	16	0
	中型企业	7.19	6.40	20	0
	大型企业	255.10	688.98	3000	0
净流入人员	小型企业	1.15	1.46	4	0
	中型企业	5.00	6.34	20	-2
	大型企业	-116.05	608.97	100	-2700

表5-8显示不同规模中资企业泰国员工的流动情况。小型企业平均新增雇佣人员2人到3人，中型企业新增9人左右，大型企业则相对更多，新增85人左右，最高的大型企业新增雇员900人，也有企业无新增雇员。在辞职人员方面，小型企业平均有2人辞职，中型企业平均有7人辞职，大型企业则有高达217人左右辞职，最多的有2900人离职，同时也有一些企业没有人员离职。可以看出，小型企业和中型企业的泰国人员总体来说是净流入的，流入数量平均为1人到2人。而大型企业的泰国人员在调查年限内处于流失状态，平均流失130人，有个别企业净增泰国雇员100人，也有个别企业流失泰国人员数量高达2600人。

表5-8　　　　　　　　不同规模企业泰国员工的流动情况

	企业规模类型	均值	标准差	最大值	最小值
新增雇佣人员	小型企业	2.64	4.62	18	0
	中型企业	8.69	6.15	20	1
	大型企业	84.62	199.41	900	0
辞职人员	小型企业	1.92	4.33	16	0
	中型企业	6.50	6.86	20	0
	大型企业	216.90	657.29	2900	0
净流入人员	小型企业	0.92	1.26	4	0
	中型企业	2.00	2.73	7	-2
	大型企业	-130.00	583.07	100	-2600

表5-9显示不同规模的中资企业中国员工的流动情况。小型企业平均新增雇员不到1人，最多的新增3人，中型企业平均新增雇员1人，最多新增7人，大型企业平均新增8人，最多新增70人。在辞职人员流动情况上，小型企业和中型企业最多有3人离职，大型企业辞职的中方人员相对较多，平均9人离职，最多有100人离职。中小型企业的净流入均值都不到1人，大型企业无净流入人员，平均流失1人左右。因此，中资企业的中国员工流动性小，较为稳定。

表5-9 不同规模企业中国员工的流动情况

企业规模类型	均值	标准差	最大值	最小值
新增雇佣人员　小型企业	0.50	1.09	3	0
中型企业	1.00	2.00	7	0
大型企业	8.05	16.98	70	0
辞职人员　　　小型企业	0.31	0.85	3	0
中型企业	0.53	0.87	3	0
大型企业	9.29	25.76	100	0
净流入人员　　小型企业	0.23	0.60	2	0
中型企业	0.50	1.79	6	-2
大型企业	-1.19	24.44	38	-100

第二节　雇佣行为分析

在泰中资企业的高层管理人员一般都从国内派驻泰国，对其能力有特定要求，企业在当地雇用的员工也需提供相应的培训，以提升工作能力。本节综合企业高管的工作基本情况及其语言水平、企业组织员工培训以及企业招聘活动的相关情况，对泰国中资企业的雇佣行为进行分析。

一　中资企业派驻泰国的中方高管情况

图 5 - 1 显示受访企业的中国高层管理人员到泰国工作的平均时长。有超过一半的中资企业高层管理人员在泰国工作一到三年，有两成五左右工作了四到六年，一成左右则在泰国工作了六年以上，还有 5.7% 的高管在泰国工作未满一年。因此，大部分企业的中国高管人员的派遣时间为一到三年。

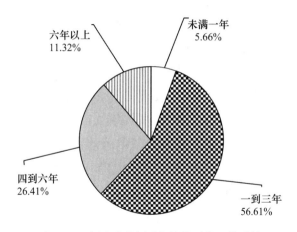

图 5 - 1　中国派到泰国高管的平均工作时长

表 5 - 10 显示受访企业高层管理人员的英语流利程度。工业企业高管的英语水平比服务业企业的要低一些，40% 的工业企业高管表示仅会一点英语，但在服务业企业中有四成高管的英语水平可以交流甚至有两成的企业高管能流利使用。另外，不在工业园区和其他地区的企业高管英语水平比在工业园区的企业高管要高。而在泰国和中国工业园区的企业高管的英语水平主要表现为仅会一点，少量受访企业表示高管英语水平可以进行日常交流。

表5-10　　　　　　　　　　企业高管英语流利程度　　　　　　　　　（单位：%）

	完全不会	会一点	可以交流	流利	非常流利
工业	6.82	40.91	15.91	22.73	13.64
服务业	0.00	15.00	40.00	20.00	25.00
不在工业园区	0.00	13.79	31.03	34.48	20.69
中国工业园区	7.69	53.85	15.38	7.69	15.38
泰国工业园区	14.29	57.14	14.29	14.29	0.00
其他地区	0.00	38.46	23.08	15.38	23.08

综上，工业企业的工作重心偏向技术创新、工艺监督及质量把关等方面，与客户的接触多有翻译人员，故对其高管英语水平的要求不是很高。反之，服务业企业更需要与客户进行较频繁的沟通交流，对其高管的英语水平要求高于工业企业。而在工业园区的中企资源较为集中，英语的使用频率小于不在工业园区的企业，因此，工业园区的中企高管英语流利程度不及工业园区外的中企高管。

表5-11显示受访企业高管泰语流利程度。所有受访企业高管的泰语水平主要集中在"会一点"和"可以交流"的程度。在非常流利的程度上服务业企业却高于工业企业。另外，大部分中国工业园区的企业高管会一点泰语，大部分泰国工业园区的企业高管用泰语可以交流。但在中泰工业园区外的企业高管的泰语流利程度要高于在中泰工业园区内的企业高管。可知，中泰工业园区的中企高管的泰语流利程度一般，泰语流利的中企高管只占极少数，泰语非常流利的中企高管很少见。

表5-11　　　　　　　　　　企业高管泰语流利程度　　　　　　　　　（单位：%）

	完全不会	会一点	可以交流	流利	非常流利
工业	22.73	34.09	29.55	11.36	2.27
服务业	20.00	30.00	25.00	10.00	15.00
不在工业园区	17.24	31.03	27.59	13.79	10.34
中国工业园区	23.08	53.85	15.38	7.69	0.00

	完全不会	会一点	可以交流	流利	非常流利
泰国工业园区	0.00	28.57	57.14	14.29	0.00
其他地区	38.46	15.38	30.77	7.69	7.69

二　中资企业员工培训情况

表 5－12 显示受访企业培训人员的规模与次数。2017 年，受访企业平均培训员工 187 人，单个企业培训泰国员工人数最高高达 4000 人，受访企业平均组织培训 60 次。从不同行业维度看，工业企业比服务业企业培训次数多，工业企业年度平均培训次数为 77 次左右，而服务业企业仅为 14 次左右。从是否处在工业园区这一维度上看，不在工业园区的受访企业平均组织 19 次左右培训，而处在泰国工业园区的企业为 123 次左右，其他地区更高，高达 197 次。有自身工会的企业培训次数（24）要比没有自身工会的企业培训次数（68）少。综上，泰国中资企业对员工培训甚是频繁，工业企业、处在泰国工业园区的企业和没有工会的企业组织培训的次数比较多，其他地区企业培训次数最多。

表 5－12　　　　　　　　企业培训人员规模与次数

	均值	标准差	最大值	最小值
2017 年培训的泰国员工人数	186.96	587.03	4000	3
2017 年培训的次数	59.51	171.75	999	1
工业企业员工培训次数	77.66	200.80	999	2
服务业企业员工培训次数	14.14	18.97	50	1
不在工业园区的企业员工培训次数	18.86	40.30	180	1
泰国工业园区的企业员工培训次数	123.56	220.18	600	2
其他地区企业员工培训次数	197.33	394.35	999	3
有自身工会的企业员工培训次数	23.56	58.76	180	2
没有自身工会的企业员工培训次数	67.60	187.70	999	1

表5-13显示企业组织员工培训主要内容的分布情况。从企业行业来看，工业类企业培训内容以工作专用技能、安全生产、职业道德与责任心为主。服务类企业培训内容以工作专用技能、安全生产、管理与领导能力、人际交往与沟通为主。

表5-13   **企业对员工培训的内容**   （单位：%）

	管理与领导能力	人际交往与沟通技能	写作能力	职业道德与责任心	计算机或一般IT使用技能	工作专用技能	英文读写	安全生产	其他能力
工业	30.00	22.50	5.00	50.00	27.50	90.00	5.00	92.50	15.00
服务业	31.25	31.25	6.25	12.50	12.50	87.50	0.00	31.25	18.75
不在工业园区	44.00	32.00	12.00	28.00	20.00	88.00	4.00	56.00	16.00
中国工业园区	30.00	10.00	0.00	30.00	10.00	90.00	0.00	100.00	20.00
泰国工业园区	14.29	28.57	0.00	57.14	28.57	85.71	14.29	85.71	14.29
其他地区	16.67	25.00	0.00	66.67	33.33	91.67	0.00	91.67	16.67
有自身工会	32.61	23.91	6.52	43.48	23.91	91.30	4.35	73.91	8.70
无自身工会	25.00	25.00	0.00	12.50	12.50	75.00	0.00	75.00	62.50

从受访企业是否在工业园区这一维度上分析，不在工业园区的企业组织员工培训类型以工作专用技能、安全生产、管理与领导能力为主；在中国工业园区的企业以工作专用技能、安全生产、管理与领导能力、职业道德与责任心培训为主；在泰国工业园区和其他地区的企业以工作专用技能、安全生产、职业道德与责任心培训为主。

从企业有无自身工会这一层面上来看，有自身工会的企业以培训工作专用技能、安全生产、职业道德与责任心为主；无工会的企业以培训工作专用技能、安全生产、其他能力为主。

由此可见，工作专用技能和安全生产是绝大部分企业培训的内容，其中服务业企业更侧重对员工进行人际交往与沟通能力的培训。不在工业园区的企业更多注重管理与领导能力培训，工业园区内的企业更关注员工的职业道德和责任心。而无工会的企业，培训时除兼顾工作专用技能、安全生产外，还注重其他能力的培训。

图5-2显示企业没有组织正规培训的原因。调查中发现，仍有部分受访企业表示没有组织员工进行相关的培训。有75%的企业认为其员工不需要进行培训，另有12.5%是因为缺乏与企业工作相关的培训项目而没有组织培训，还有12.5%的企业选择不知道。可知，企业未组织培训的主要原因是生产经营过程中并不需要培训。

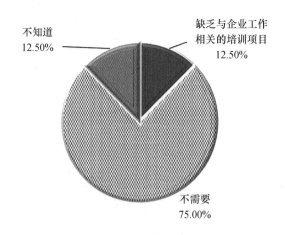

不知道
12.50%

缺乏与企业工作
相关的培训项目
12.50%

不需要
75.00%

图5-2　企业没有组织正规培训的原因

表5-14显示2017年企业在招聘过程中所遇到的问题。对于工业企业和服务业企业来说，在招聘过程中遇到的首要问题是应聘者缺乏所需工作技能；从企业是否在工业园区这一维度上看，在不同工业园区的企业遇到最多的是求职者过少、应聘者缺乏所需技能的问题。处在中国工业园区的企业相对来说比处在其余地区的企业所遇到的招聘相关问题要少得多。而求职者过少，缺乏所需技能、对工作条件不满意是困扰泰国工业园区企业的主要问题。从工会角度看，有自身工会的企业在招聘中遇到的上述问题均比无自身工会的企业要多，应聘者缺乏工作所需技能是普遍的问题，但有工会的企业更易发生求职者期

望薪酬过高的情况，无工会的企业会出现求职者过少的情况。总之，受访企业遇到的问题主要集中在应聘者缺乏所需技能方面，关于薪酬、工作条件、交流困难以及应聘者数量较少等方面也是受访企业较常遇到的问题。

表5－14　　　　　　　　2017年企业招聘遇到的主要问题　　　　　　　（单位：%）

	求职者过少	缺乏所需技能	期望薪酬过高	对工作条件不满	交流困难
工业	48.84	79.07	48.84	48.84	42.86
服务业	55.00	70.00	50.00	40.00	40.00
不在工业园区	51.72	82.76	48.28	44.83	41.38
中国工业园区	33.33	50.00	33.33	25.00	41.67
泰国工业园区	85.71	85.71	57.14	71.43	50.00
其他地区	46.15	76.92	53.85	46.15	38.46
有自身工会	40.00	80.00	60.00	48.98	50.00
无自身工会	52.83	75.47	47.17	36.36	40.38

图5－3显示企业主对于员工语言和沟通能力的态度。约1/3的企业主认为中文听说能力最不重要，超过一成的企业主认为中文听说能力不太重要。在英文听说能力上，近四成受访企业认为最不重要，超过一成的受访企业认为不太重要。关于沟通能力方面，多数企业认为沟通能力比较重要，只有少部分企业认为沟通能力不太重要。相比之下，更多的企业认为在员工的语言和沟通能力中，沟通能力是最重要的，英文听说能力和中文听说能力并不是很重要。

在一个企业中，部门与部门、员工与员工以及上下级之间都需要良好通畅的沟通来作为协调企业各部门发展的重要保障。另外，由于英文是当今世界上最主要的国际通用语言，从最大化提高沟通效率的角度出发，很多中资企业非常重视员工的英文听说能力。

图5－4显示受访企业对雇佣员工不同能力的重视程度。除员工语

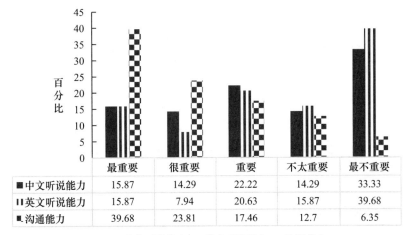

	最重要	很重要	重要	不太重要	最不重要
■中文听说能力	15.87	14.29	22.22	14.29	33.33
‖英文听说能力	15.87	7.94	20.63	15.87	39.68
▨沟通能力	39.68	23.81	17.46	12.7	6.35

■中文听说能力　‖英文听说能力　▨沟通能力

图5-3　企业对员工语言与沟通能力的重视程度（单位：%）

言能力之外，员工的综合能力也是影响在泰中资企业雇佣行为的重要因素之一。有近一半的受访企业认为员工的问题解决能力最重要，仅有不到一成的受访企业认为问题解决能力不重要。另外，各有超过四成的受访企业认为员工的团队合作能力、独立工作能力最重要；同时

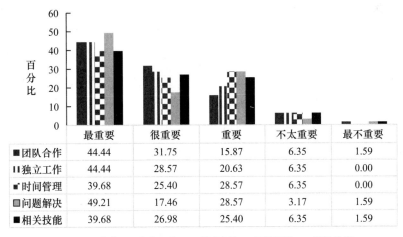

	最重要	很重要	重要	不太重要	最不重要
■团队合作	44.44	31.75	15.87	6.35	1.59
‖独立工作	44.44	28.57	20.63	6.35	0.00
▪时间管理	39.68	25.40	28.57	6.35	0.00
▨问题解决	49.21	17.46	28.57	3.17	1.59
■相关技能	39.68	26.98	25.40	6.35	1.59

■团队合作　‖独立工作　▪时间管理　▨问题解决　■相关技能

图5-4　企业对员工其它能力的重视程度（单位：%）

各有近四成的受访企业认为员工的时间管理能力和工作相关技能是最重要的，认为上述能力不重要的受访企业不足一成。由此可知，在企业招聘的过程中，企业最注重的是员工解决问题的能力，团队合作能力和独立工作能力次之，员工时间管理能力和相关工作技能最后。

第三节　劳资纠纷及解决途径分析

泰国非常重视本国劳工保护，目前实施的《劳动保护法》制定于1998 年，2008 年进行了修订。该法制订了关于一般劳动、雇佣女工和童工、工资报酬、解除雇佣关系和雇员救济基金等方面的最低标准。中资企业在泰国投资过程中，如何协调雇主和当地员工之间的关系，合理有效地解决纠纷，是维持经营秩序的重要一环。本节重点分析泰国中资企业发生过的劳动争议的基本情况、产生争议的原因以及企业对劳资纠纷的处理解决途径。

一　中资企业劳资纠纷情况

图5-5 呈现的是最近三年企业发生劳动争议持续时间情况。可以看出，绝大部分企业在最近三年并没有发生过劳动争议，少部分企业即使发生，也会在一周内就迅速有效解决了，因而中资企业与员工之间甚少发生劳资纠纷，且影响程度不大。

图5-6 是受访企业发生过的最大一次劳动争议所涉及的人数情况。从图中可看出，有近九成的企业从未发生过劳动争议，有一成左右的企业表示其最大规模的劳动争议涉及人数在5 人以内，只有极少部分企业发生过涉及5 人以上的劳动争议。

表5-15 所示为企业劳动争议的类型。可以看出，工业类的劳动争议以劳动合同纠纷和其他类型纠纷为主，服务业企业则以劳动合同纠纷为主。不在工业园区的企业以劳动合同纠纷为主，中国工业园

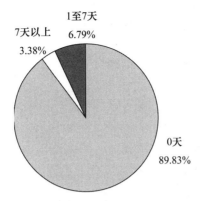

图 5 - 5　最近三年劳动争议的持续时间

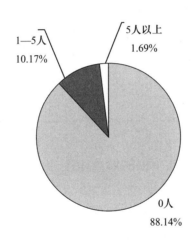

图 5 - 6　影响最大的劳动争议涉及人数

区的企业劳动争议涉及工资纠纷、劳动合同纠纷、环境和资源保护
力度不足等问题。有女性高管的企业涉及的劳动争议以劳动合同纠
纷为主。有工会的企业涉及的劳动争议以劳动合同纠纷和其他类型
纠纷为主，无工会的企业涉及的劳动争议以劳动合同纠纷为主。可
见，在所有发生过劳动争议的企业中，劳动合同纠纷是最主要的劳
动争议类型。

表 5 – 15 企业劳动争议类型 （单位：%）

	工资纠纷	社会保障纠纷	劳动合同纠纷	雇用外籍员工引发冲突	不满现有的安全生产条件	环境和资源保护力度不足	其他类型
工业	11.11	0.00	22.22	0.00	0.00	11.11	22.22
服务业	0.00	0.00	66.67	0.00	0.00	0.00	0.00
不在工业园区	0.00	0.00	50.00	0.00	0.00	0.00	16.67
中国工业园区	33.33	0.00	33.33	0.00	0.00	33.33	0.00
泰国工业园区	0.00	0.00	0.00	0.00	0.00	0.00	50.00
其他地区	0.00	0.00	0.00	0.00	0.00	0.00	0.00
有女性高管	12.50	0.00	50.00	0.00	0.00	12.50	25.00
无女性高管	0.00	0.00	0.00	0.00	0.00	0.00	0.00
有自身工会	0.00	0.00	33.33	0.00	11.11	0.00	33.33
无自身工会	11.11	0.00	33.33	0.00	11.11	11.11	11.11

二 中资企业对劳动争议的解决途径

表 5 – 16 呈现的是发生过劳动争议的企业所采取的解决方法。半数的工业企业采用法律途径，少数工业企业采用其他途径。对于服务类企业来说，少数采用法律途径或其他途径。不在工业园区的企业大多数采用法律途径或其他途径来解决争议。中国工业园区企业与泰国工业园区企业通过法律途径解决劳动争议各占50%，且都没有通过其他途径解决；有自身工会的企业选择相关法律途径或其他途径解决劳动争议的也占少数。此外，有女性高管的企业更多选择的是相关法律途径和其他途径的解决方法。调查结果显示，大部分的受访企业表示其解决劳动争议的途径主要为相应的法律手段或者其他途径。

表 5 - 16 　　　　　　　**企业近三年劳动争议解决途径**　　　　（单位：%）

	与行业工会谈判解决		当地警察协助解决		中国商会居中调停		法律途径		其他途径	
	是	否	是	否	是	否	是	否	是	否
工业	0.00	100.00	0.00	100.00	0.00	100.00	50.00	50.00	12.50	87.50
服务业	0.00	100.00	0.00	100.00	0.00	100.00	33.33	66.67	33.33	66.67
不在工业园区	0.00	100.00	0.00	100.00	0.00	100.00	33.33	66.67	33.33	66.67
中国工业园区	0.00	100.00	0.00	100.00	0.00	100.00	50.00	50.00	0.00	100.00
泰国工业园区	0.00	100.00	0.00	100.00	0.00	100.00	50.00	50.00	0.00	100.00
其他地区	0.00	100.00	0.00	100.00	0.00	100.00	100.00	0.00	0.00	100.00
有女性高管	0.00	100.00	0.00	100.00	0.00	100.00	57.14	42.86	28.57	71.43
无女性高管	0.00	100.00	0.00	100.00	0.00	100.00	25.00	75.00	0.00	100.00
有自身工会	0.00	100.00	0.00	100.00	0.00	100.00	33.33	66.67	33.33	66.67
无自身工会	0.00	100.00	0.00	100.00	0.00	100.00	50.00	50.00	12.50	87.50

本章小结

从员工构成来看，泰国中资企业愿意雇用大量当地劳动力作为企业的一线员工或生产员工。中方员工在泰国中资企业中大多处于中高管理层职位或从事技术和设计相关的工作，在员工数量上占比较少。这样的员工构成是由泰国中资企业的自身性质决定的，大部分工业企业需要进行大量而烦琐的基层生产工作，当地员工的基数大能保证生产流水线的秩序。生产型员工基数越大往往流动性会变大，大型中资企业泰国员工的流动量较大，而从事较为核心的运营和管理工作的中方员工，流动性明显偏低。

从雇佣行为来看，大部分在泰中资企业的中国高管在泰国工作时长为一到三年，英语的掌握情况一般。工业类企业高管英语的掌握水平往往比服务业类的企业低。因工业园区的服务资源很完善，英语并不是其企业高管的必备技能，未在工业园区的企业高管英语往往较为流利。此外，绝大部分中资企业组织的员工培训侧重于工作专用技能和安全生产相关内容，但不同类型的企业，其培训内容各有侧重。服务业企业更侧重人际交往与沟通能力培训；不在工业园区的企业更多注重管理与领导能力培训，工业园区内的企业则更关注员工的职业道德和责任心培训。而无工会的中资企业，培训时除兼顾工作专用技能、安全生产外，还注重其他能力的培训。虽然大部分中资企业都有固定的员工培训安排，但少部分中资企业因生产过程中对培训的需求小而往往没有员工培训的安排。在招聘当地员工时，沟通能力和解决问题的能力等是中资企业最为看重的技能。

从泰国中资企业劳资纠纷及处理效果来看，中资企业与员工之间甚少发生劳资纠纷，且影响程度不大。在为数不多的劳动争议中，劳动合同纠纷是最主要的类型，工资纠纷和企业对环境资源保护力度不足次之。发生纠纷时，企业往往采取相应的法律手段或者其他途径来处理和解决。

第 六 章

泰国中资企业本地化经营与
企业国际形象分析

本章从在泰中资企业的本地化经营程度、中资企业对泰国社会责任的履行情况、中资企业在泰形象传播和泰国人对其形象的认知，以及中资企业在泰公共外交情况等四方面进行分析，进一步了解在泰中资企业的本地化经营和形象传播等方面存在的问题。

第一节　本地化经营分析

在湄公河国家中，泰国的经济发展水平最高，劳动力素质也相对更高。为减少经营成本，更快更好地融入当地社会，中资企业偏好雇用泰国当地员工，加强本地化经营。本节主要从在泰中资企业供销本地化情况、生产本地化情况和雇佣本地化情况等三个不同层面详细地把握中资企业在泰国的本地化经营程度。

一　中资企业的供销本地化

表6-1显示中资企业更换泰国原材料供应商和产品经销商的基本情况。在原材料供应商方面，有20家受访企业表示曾更换过泰国供应商，总计更换了107家，平均每家企业更换了5家左右，最多更换了20家泰国供应商。在产品经销商方面，有8家受访企业表示更换过，

共更换过98家，平均更换12家左右，企业更换经销商的数量最多达到了50家。总体看来，受访中资企业更换供应商的情况更多一些，但各企业更换经销商的数量差异更大。

表6-1   **企业对泰国供应商、经销商的更换数量**   （单位：家）

	更换过的企业	更换数量	平均值	标准差	最大值	最小值
供应商	20	107	5.35	5.09	20	1
经销商	8	98	12.25	17.22	50	1

表6-2显示中资企业非泰国的供应商、经销商的来源情况。受访企业的国外供应商来自除泰国以外的41个国家，平均每家企业与3个不同国别的供应商合作。中资企业的经销商总计来自37个不同国家，平均每家企业有来自6个不同国家的经销商，最多的企业能与80个不同国别的经销商合作。受访企业非泰国供应商和经销商的数量差异并不大，但非泰国经销商的差异度大于供应商。

表6-2   **企业非泰国供应商、经销商来源数量**   （单位：个）

	来源国的国别数量	均值	标准差	最大值	最小值
供应商	41	3.34	6.24	30	1
经销商	37	6.35	16.49	80	0

表6-3显示中资企业的中国供应商、经销商的数量。受访企业的中国供应商远多于中国经销商，企业合作的中国供应商高达702家，平均每家企业有中国供应商17家左右；经销商仅有75家，平均每家企业仅有5家左右。由此可见，绝大部分的泰国中资企业与母国原材料供应商合作较为紧密，说明在泰中资企业一般从母国进口原材料。

表6-3	来自中国的供应商、经销商数量				（单位：家）
	中国的供应商、经销商数量	均值	标准差	最大值	最小值
供应商	702	17.12	27.16	99	1
经销商	75	5	5.89	20	1

表6-4显示中资企业与供应商和经销商发生经济纠纷的情况。在泰中资企业的本地化过程和生产经营中，不可避免地会与合作方产生相关纠纷。位于首都城市、商业城市以及非城市的中资企业与供应商和经销商发生经济纠纷存在明显差异。总的来说，经济纠纷的发生率都比较低，与经销商发生经济纠纷的概率要略高于供应商。其中，与供应商和经销商发生经济纠纷的企业主要来自商业城市。

表6-4	城市类型与经济纠纷情况			（单位：%）
	与供应商经济纠纷		与经销商经济纠纷	
	是	否	是	否
首都城市	0.00	100.00	16.67	83.33
商业城市	11.11	88.89	33.33	66.67
非城市	4.76	95.24	9.09	90.91

表6-5显示有无女性高管的中资企业解决经济纠纷的途径。有女性高管的企业和没有女性高管的企业在发生和解决经济纠纷时表现不同。在有女性高管的企业中，与经销商发生经济纠纷的企业占比14.3%，比与供应商发生经济纠纷的比例高约7个百分点，通常以法律之外的其他途径来解决与经销商之间的经济纠纷。而在没有女性高管的企业中，没有企业与供应商发生过经济纠纷，但该类型企业与经销商发生经济纠纷的占比较高，并都以法律途径来解决。总体来看，虽然经济纠纷的发生概率较低，但是受访企业比较容易与经销商发生经济纠纷，特别是没有女性高管的企业发生的概率更高。

表6-5　　　　　　　企业有无性高管与经济纠纷解决及其途径　　　　（单位：%）

	与供应商经济纠纷				与经销商经济纠纷			
	是	否	途径		是	否	途径	
			公司负责	按商业合同			法律途径	其他
有女性高管	7.14	92.86	无	无	14.29	85.71	0.00	100.00
无女性高管	0.00	100.00	无	无	22.22	77.78	100.00	0.00

表6-6显示有无自身工会的中资企业解决经济纠纷的途径。有自身工会的企业和没有自身工会的企业发生和解决经济纠纷时存在差异。其中，有工会的企业与供应商发生经济纠纷的占比为14.29%，比没有自身工会的企业高出约12个百分点，与经销商发生经济纠纷的占比则高达50%，比没有自身工会的企业高近40个百分点。总体看来，有自身工会的企业更容易与供应商和经销商产生经济纠纷；无自身工会的企业一旦与经销商产生经济纠纷，解决的途径大致有两种，一是公司负责，二是按商业合同处理，这两种手段各占一半的比例。

表6-6　　　　　　　企业有无自身工会与经济纠纷解决及其途径　　　　（单位：%）

	与供应商经济纠纷				与经销商经济纠纷			
	是	否	途径		是	否	途径	
			公司负责	按商业合同			公司负责	按商业合同
有自身工会	14.29	85.71	无	无	50.00	50.00	无	无
无自身工会	2.70	97.30	无	无	14.29	85.71	50.00	50.00

表6-7显示中资企业供销商本地化程度。受访企业平均拥有近14家泰国供应商，近15家非泰国供应商，以及近5家泰国销售商和4家左右非泰国销售商。在供应商方面，中资企业的本地化程度稍低，而在销售商方面本地化程度略高。

表6-7　　　　　　　　　　　企业供销商本地化程度

		数量均值	标准差	最大值	最小值
泰国	供应商	13.94	27.26	99	0
	销售商	4.79	18.63	99	0
非泰国	供应商	14.47	27.98	99	0
	销售商	4.31	8.24	30	0

　　图6-1显示中资企业与泰国和非泰国供应商的合作情况。近四成的受访企业表示没有相关供应商，四成左右的企业表示各有10家以内的泰国供应商和非泰国供应商，合作10家以上供应商的企业仅占两成。综合看来，企业与泰国供应商和非泰国供应商的合作情况差异不大，合作的非泰国供应商数量略多于泰国本地供应商。

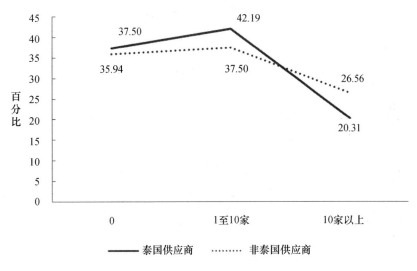

图6-1　泰国及非泰国供应商数量占比（单位：%）

　　图6-2显示中资企业与泰国和非泰国经销商的合作情况。有一半的受访企业表示其没有合作的泰国经销商，拥有10家以内泰国经销商的中资企业仅占三成，有10家以上的不到两成。而有近六成企业表示

没有合作的非泰国经销商，与10家以内非泰国经销商合作的企业占比近三成，合作10家以上的仅占比一成左右。可以推论，在泰中资企业合作的泰国本地经销商占多数。

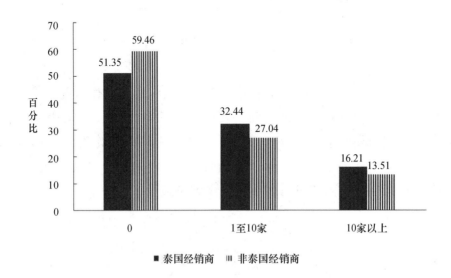

图6-2　泰国及非泰国经销商数量占比（单位：%）

图6-3显示中资企业与泰国供应商和经销商合作的时间分布。从2000—2005年来看，中资企业与供应商和经销商合作极少，有近一半的企业与泰国供应商的合作是在2011—2015年开始的，另外三成则是从2016年开始的。与经销商的合作时间则在更早时候达到峰值，有近四成企业是在2006—2010年与泰国经销商开始合作的，另外三成则是在2011—2015年开始与泰国经销商合作。

二　中资企业的生产本地化

图6-4显示中资企业固定资产来源国的分布情况。除两成左右的企业没有新增设备之外，有近三成的企业表示其主要设备和其他固定资产来自中国和其他国家，另外近两成企业的设备同时来自中国、泰国以及其他国家，一成左右的企业表示来自中国和泰国，另外一成左

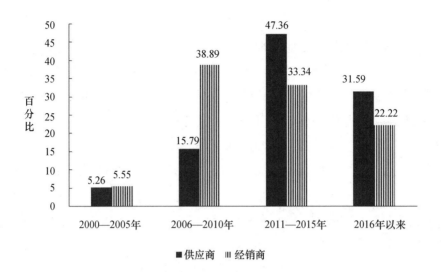

图6-3　与泰国供应商及经销商的合作开始时间（单位：%）

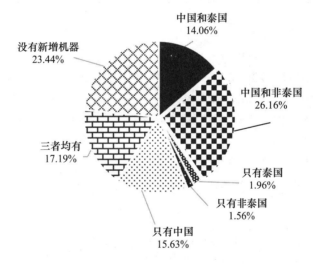

图6-4　企业固定资产的来源国

右企业的固定资产只来自中国，极少数企业表示其固定资产来源国只有泰国或其他国家。可见，在泰中资企业固定资产的主要来源国是中国，或同时来自中国、泰国以及非泰国的情况次之，仅来源于中国的居第三位，只来自于泰国的情况也极少。

三 中资企业的雇佣本地化

表6-8显示不同背景泰国员工的占比情况。受访中资企业的泰国员工平均占员工总数的六成以上，在中高层管理人员与技术和设计人员中泰国员工占比最低，均不到一成，而在一线员工和生产员工中泰国员工占比则接近四成。从受教育程度来看，受过中等教育的泰国员工最多，占总员工数量的三成左右，接受过大学本科及以上教育的员工较少，仅占两成。总体看来，受访企业雇用了相当数量的泰国员工，这些泰国员工主要从事一线工作或生产工作，学历主要为中等教育以上。

表6-8 **不同背景泰国员工占比情况** （单位：%）

	均值	标准差	最大值	最小值
泰国员工占比	66.26	22.43	98.50	11.11
中高层管理员工中的泰国员工占员工总人数的比例	3.19	5.11	25.00	0.00
技术人员和设计人员中的泰国员工占员工总人数的比例	3.87	8.24	40.00	0.00
非生产员工中的泰国员工占员工总人数的比例	13.14	18.17	97.23	0.00
一线员工或生产员工中的泰国员工占员工总人数的比例	39.59	30.61	90.00	0.00
初等教育及以下的泰国员工占员工总人数的比例	5.62	13.05	53.33	0.00
中等教育的泰国员工占员工总人数的比例	29.09	28.41	87.50	0.00
大学本科及以上的泰国员工占员工总人数的比例	22.35	24.33	100.00	0.00

第二节　企业社会责任履行分析

企业社会责任是指企业在创造利润、对股东和员工承担法律责任的同时，还要承担对消费者、社区和环境的责任，企业的社会责任要求企业必须超越把利润作为唯一目标的传统理念，强调要在生产过程中对人的价值的关注，强调对环境、消费者、社会的贡献。承担并履行社会责任是企业可持续发展的需要，对推动社会经济发展亦具有重要意义。本节主要分析泰国中资企业的社会责任履行情况，以及中资企业为当地员工提供的福利和待遇情况。

一　中资企业社会责任的履行情况

图6-5显示中资企业各项社会责任的履行情况。可以看出，中资企业在泰国履行其社会责任的首要方式是直接向相关机构进行钱款的捐赠，其次为对当地进行教育援助、实物形式的公益慈善，另外也有一些受访企业会修建寺庙、参与社会服务设施的建设以及举办文体交流活动。少数企业会组织培训项目，以及向当地提供卫生援助、基础设施援助和修建文体设施。而建设水利设施的企业占比为0，中资企业在水利建设方面有所欠缺。总体看来，在泰中资企业履行社会责任的主要方式较侧重于捐款、捐物和对当地教育援助这三种。

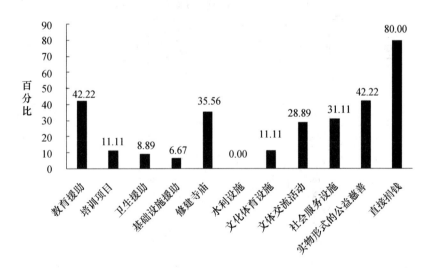

图6-5　企业履行社会责任的方式

表6-9显示企业履行社会责任的制度安排。首先，在企业有无参

与制定国际标准这一维度下，参与制定国际标准的企业比没有参与的企业更加重视设置专门社会责任办公室或相应主管，也更多地建立了社会责任和企业公益行为准则的规章制度。其次，设置了专门社会责任办公室或主管的工业企业占比近两成，服务业企业比工业企业少一成左右，工业企业中表示2015—2017年间中其社会责任支出增加的企业要比服务业企业多出近两成左右，可见工业企业要比服务业企业更为重视履行相关社会责任。再次，从不同工业园区的企业看，泰国工业园区设立办公室的比例较多，不在工业园区的企业建立规章制度、制订年度公益计划的情况最多，并且在2015—2017年中国工业园区和泰国工业园区的企业全都增加企业社会责任的支出。最后，从有无自身工会看，无自身工会的企业设置办公室、建立规章制度和年度计划的较高，但2015—2017年有自身工会的企业社会责任支出要大于无自身工会的企业。

表6-9　　　　　　　　　　企业履行社会责任的制度体系和组织架构　　　　　　（单位：%）

	设置专门社会责任办公室或相应主管		建立了社会责任、企业公益行为准则的规章制度		是否在公司年度计划中制订年度公益计划		2015—2017年企业社会责任支出变化	
	是	否	是	否	是	否	不变	增加
参与国际标准制定	26.32	73.68	16.67	83.33	43.75	56.25	33.33	66.67
没有参与国际标准制定	8.70	91.30	4.35	95.65	13.04	86.96	0.00	100.00
工业	18.18	81.82	11.63	88.37	26.83	73.17	20.00	80.00
服务业	10.53	89.47	10.53	89.47	22.22	77.78	33.33	66.67
不在工业园区	17.86	82.14	17.86	82.14	29.63	70.37	14.29	85.71
中国工业园区	7.69	92.31	7.69	92.31	25.00	75.00	0.00	100.00
泰国工业园区	28.57	71.43	14.29	85.71	14.29	85.71	0.00	100.00
其他地区	15.38	84.62	0.00	100.00	25.00	75.00	66.67	33.33
有自身工会	10.00	90.00	10.00	90.00	22.22	77.78	50.00	50.00
无自身工会	16.98	83.02	11.54	88.46	26.00	74.00	18.18	81.82

表6-10显示不同企业对员工提供福利的情况。没有参与国际标准制定的企业更多地会提供员工食堂或者员工午餐。由于工业企业往往有较为严格的生产计划，工业生产往往会出现赶工完成的情况，而服务业企业的业务处理则较为灵活，在是否有加班的情况调查中，有加班情况的工业企业会比服务业企业加班情况多。同时，由于工业企业往往有着高强度的生产工作并且有较为广阔的厂区，有员工文体活动中心的工业企业比服务业企业多约两成。从企业所处区域这一维度来看，处在泰国工业园区的企业员工福利最好，几乎所有企业都为员工提供食堂或午餐，七成左右的企业提供员工住宿，超过一半的企业设有员工文体活动中心。中国工业园区的企业员工福利稍次于在泰国工业园区的企业，提供食堂或午餐及设立员工文体活动中心的企业要少两成左右。不在工业园区的企业员工福利相对要差一些，各有一半左右的企业提供午餐和员工住宿，不到两成的企业设有员工文体活动中心。从企业是否有工会来看，有工会的企业都有加班，在福利上更好。

表6-10　　　　　　　　　　企业福利待遇比较　　　　　　　　　（单位：%）

	是否有加班		是否有员工食堂或午餐安排		是否提供员工宿舍		是否有员工文体活动中心	
	是	否	是	否	是	否	是	否
参与国际标准制定	94.74	5.26	68.42	31.58	78.95	21.05	36.84	63.16
没有参与国际标准制定	91.30	8.70	82.61	17.39	65.22	34.78	34.78	65.22
工业	93.18	6.82	77.27	22.73	72.73	27.27	36.36	63.64
服务业	65.00	35.00	35.00	65.00	40.00	60.00	15.00	85.00
不在工业园区	79.31	20.69	41.38	58.62	55.17	44.83	17.24	82.76
中国工业园区	92.31	7.69	84.62	15.38	69.23	30.77	30.77	69.23
泰国工业园区	100.00	0.00	100.00	0.00	71.43	28.57	57.14	42.86
其他地区	76.92	23.08	76.92	23.08	61.54	38.46	38.46	61.54
有自身工会	100.00	0.00	80.00	20.00	80.00	20.00	60.00	40.00
无自身工会	81.48	18.52	61.11	38.89	59.26	40.74	24.07	75.93

表6-11显示企业与泰国员工聚餐的情况，这也是反映企业履行社会责任的重要因素之一。表6-11表明所有的中资企业都与泰国员工聚餐过。与当地员工聚餐有助于更好地增进企业与员工之间的了解，增加员工对企业的认同感和归属感。

表6-11　　　　　　　　**企业与泰国员工聚餐情况比较**　　　　　　　（单位：%）

	与泰国员工聚餐	未与泰国员工聚餐
参与国际标准制定	100.00	0.00
没有参与国际标准制定	100.00	0.00
工业	100.00	0.00
服务业	100.00	0.00
不在工业园区	100.00	0.00
中国工业园区	100.00	0.00
泰国工业园区	100.00	0.00
其他地区	100.00	0.00
有自身工会	100.00	0.00
无自身工会	100.00	0.00

二　中资企业对社会责任的海外宣传

表6-12显示中资企业对于履行社会责任情况进行的海外宣传。参与国际化标准制定的企业会更加注重海外社会责任的宣传。工业企业和服务业企业差别不是很大，社会责任的宣传都为四成左右。而不在工业园区的企业要远比在工业园区和其他地区的企业更加注重社会责任的海外宣传。有自身工会的企业要比无自身工会的企业更注重海外宣传。

表6-12	企业对社会责任进行海外宣传情况比较	（单位：%）
	对企业社会责任进行过海外宣传	对企业社会责任未进行海外宣传
参与国际标准制定	50.00	50.00
没有参与国际标准制定	31.82	68.18
工业	40.48	59.52
服务业	45.00	55.00
不在工业园区	58.62	41.38
工业园区	36.36	63.64
其他地区	0.00	100.00
有自身工会	50.00	50.00
无自身工会	40.38	59.62

三 中资企业履行社会责任的国际比较

图6-6显示中资企业对相关国家企业履行国际社会责任的评价，在1—10范围内，分值越高，评价越好。得分最高的为在泰国的日本企业，平均分为8.08分；其次为美国、德国、英国的企业，平均得分7

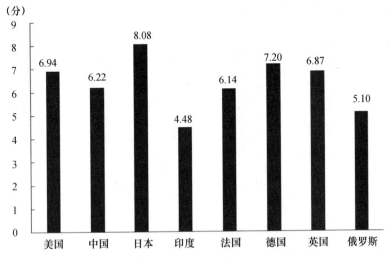

图6-6 企业对各个国家企业履行社会责任的评分对比

分左右；中国企业得分为 6.22 分，高于法国、俄罗斯和印度的企业。评分最低的为在泰印度企业，平均得分为 4.48 分。这一评价反映出在泰中资企业在履行社会责任方面的表现处于中等水平，仍有较大的提升空间。

第三节　企业形象传播及评价分析

在互联网时代，企业通过多种多样新媒体传播企业形象，输出企业文化和品牌，对于提升企业的知名度和国际影响力意义重大。本节从中资企业的宣传手段、泰国方面对企业产品的满意度以及对中资企业在泰国投资的态度等三个层面分析在泰中资企业的形象及泰国人对其的评价。

一　中资企业形象的宣传手段

图 6-7 显示中资企业在泰国主要采取的宣传手段。中资企业首要

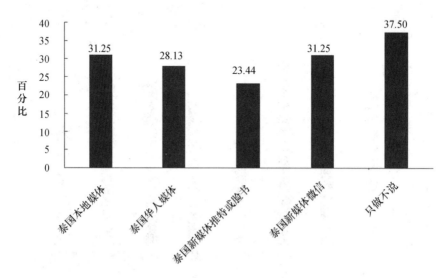

图 6-7　企业形象宣传的途径（单位：%）

选择的还是"只做不说"这一方式，侧重于用企业实力和产品质量来进行企业形象的塑造和宣传。另外，泰国新媒体微信、泰国本地媒体和泰国华人媒体这三种宣传方式也是被频繁使用的宣传手段。使用率最低的宣传手段为通过泰国推特或脸书进行宣传，这可能是由于中资企业对这两个社交平台接触不多。大部分泰国人会使用推特或脸书来进行网络社交，中资企业选用微信而不是推特和脸书来宣传，说明其在本土的宣传力度远远不够。

图6-8进一步统计了受访企业使用和拥有社交账号的情况。在大数据和信息化的时代，通过社交账号进行企业形象的塑造和宣传是高效且生动的宣传方式。有47.5%的企业表示没有相关的社交媒体公众账号，另有近一半的受访企业表示其拥有账号的数量在6个以内，极少数企业拥有超过6个社交账号。

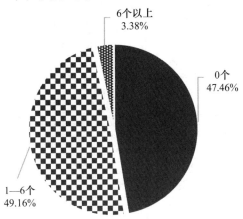

图6-8　企业社交媒体公众账号数量比较

二　泰国对中资企业产品的评价

表6-13显示中资企业产品在泰国的认可度，在1—10范围内，1为最不认可，10为最认可。注册时间超过五年的企业，其产品和服务在泰国的认可度均值为7.55，注册低于五年的企业均值为7.25；参与国际标准制定的企业，其产品在泰国的认可度均值（7.47）要高于没

有参与的企业（7.33）；工业类企业产品评分均值（7.43）略大于服务业企业（7.37）；在不同工业园区中，中国工业园区的企业，其产品评分最高（7.64），在泰国工业园区的企业产品评分最低（7.17）；对无自身工会的企业产品的认可度（7.60）要高于有自身工会的企业产品的认可度（6.33）。总体来看，泰国民众对中资企业产品的认可度均值在7—7.5，属于较高水平。

表6-13　　　　　　　　企业产品在泰国的认可度对比

	均值	标准差	最大值	最小值
注册超过五年	7.55	2.06	10	1
注册低于五年	7.25	1.86	10	3
参与国际标准制定	7.47	1.91	10	2
没有参与国际标准制定	7.33	2.48	10	1
工业	7.43	2.16	10	1
服务业	7.37	1.50	9	4
不在工业园区	7.38	1.93	10	2
中国工业园区	7.64	2.16	10	3
泰国工业园区	7.17	3.13	10	1
其他地区	7.36	1.43	9	5
有自身工会	6.33	2.40	8	2
无自身工会	7.60	1.83	10	1

三　中资企业形象的国际比较

表6-14显示受访中资企业对其他国家在泰国的国际形象评价。在泰形象评分最高的国家为日本，得分高达8.75分，其次为德国和英国，分别为7.47分和7.09分。中国、美国和法国在泰形象评分均在6—7分，评分最低的是印度，仅为4.35分。由此可见，日本在泰国形象最佳，德国第二，英国第三，美国第四、中国第五，印度最末。

表 6 -14　　　　　　　　企业对其他国家国际形象的评分对比

	均值	标准差	最大值	最小值
美国	6.96	1.61	10	3
中国	6.49	1.66	10	2
日本	8.75	1.17	10	5
印度	4.35	1.77	7	1
法国	6.47	2.03	10	1
德国	7.47	1.76	10	1
英国	7.09	1.99	10	1

四　泰国民众对中资企业的投资态度

图 6 -9 显示中资企业认为泰国当地居民对企业在泰国投资所持的态度。有近五成的企业表示泰国居民对他们在泰国的投资是持欢迎态度，另有近 17% 的泰国居民对于中资企业是持比较欢迎的态度，约有

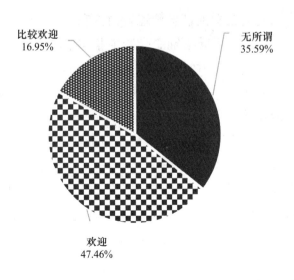

图 6 -9　企业自评的当地民众对中资企业在泰国投资的态度

36%的泰国居民对于中资企业是持无所谓的态度。由此看出，大部分的泰国居民对于中资企业投资泰国是持积极欢迎的态度，部分泰国居民认为无所谓。

第四节　企业公共外交分析

在公共外交中，中资企业被赋予了一定的政治和外交功能，通过企业的公共外交，一方面可以提高企业在国际社会上的知名度和美誉度，提高企业的国际竞争力，促进企业的可持续发展；另一方面还有利于提升中国的国家形象，改善外国民众对中国的认知与态度，促进国与国之间的交往。本节依据受访中资企业与泰国同类企业高管、泰国政府官员和主要领导的接触和交往频率，通过对不同中资企业的对比分析揭示中资企业在泰国开展公共外交的现状与特点。

一　与泰国同类企业的高层管理者的往来

表6－15呈现的是不同类别的受访企业与泰国同类企业高层管理者的往来情况。在工业企业中，与同类企业高管有往来的企业占比近四成，表示往来频繁的仅占一成；在服务业企业中，表示有往来的企业不到三成，但表示有频繁往来的企业占了三成。总体看来，服务业企业与泰国同类企业高管的往来要比工业企业密切一些。另外，从企业是否处在工业园区这一维度上来看，在中国工业园区接近五成的企业与泰国同类企业高层领导没有往来，在泰国工业园区的四成企业与泰国同类企业高层有较少往来，不在工业园区的四成企业与泰国同类企业高管有往来。由此可见，不在工业园区的企业与泰国同类企业高管往来更密切。

表6-15　　　　　企业与泰国同类企业的高层管理者往来情况　　　（单位：%）

	没有往来	较少往来	有往来	往来频繁
工业	27.27	25.00	36.36	11.36
服务业	25.00	20.00	25.00	30.00
不在工业园区	13.79	20.69	41.38	24.14
中国工业园区	46.15	15.38	23.08	15.38
泰国工业园区	28.57	42.86	28.57	0.00
其他地区	38.46	30.77	15.38	15.38

二　与企业所在地行政长官的往来

表6-16统计了受访中资企业与其所在地行政长官的往来情况。有45%的服务业企业表示与所在地行政长官没有来往，而表示有往来的服务业企业占35%。表示没有往来的工业企业仅占16%，剩下八成左右的企业均与当地行政长官有着不同程度的交往。可以推测，由于工业企业大多是政府间合作或者当地政府出面招商引资的大型企业，所以在其生产运营过程中会较多涉及与政府的往来。因此，工业企业与当地行政长官的交往比服务业企业要频繁得多。

表6-16　　　　　　　企业与所在地行政长官的往来情况　　　　（单位：%）

	没有往来	较少往来	有往来	往来频繁
工业	15.91	36.36	36.36	11.36
服务业	45.00	10.00	35.00	10.00
不在工业园区	20.69	20.69	44.83	13.79
中国工业园区	38.46	7.69	38.46	15.38
泰国工业园区	42.86	57.14	0.00	0.00
其他地区	15.38	46.15	30.77	7.69

从企业所处区域这一维度来看，有四成左右位于泰国工业园区的

企业表示与当地行政长官没有往来，另外近六成企业表示与当地行政长官较少接触，没有企业表示有往来或者来往频繁。在中国工业园区中，近四成企业与当地行政长官有往来，也有同样占比的企业与当地行政长官无往来，一成以上的企业与行政长官往来频繁。四成以上的不在工业园区企业与当地长官有往来。

三 与泰国行业部门相关领导的往来

表6-17呈现的是各类型受访企业与泰国行业部门相关领导的往来情况。表示与行业部门相关领导往来密切的工业企业仅为一成左右，表示有一定往来的占近四成，另外各有近三成工业企业表示较少往来或没有往来。在受访服务业企业中，表示与相关领导往来频繁的企业有两成左右，比工业企业多出一成，表示较少往来的服务业企业也比工业企业少一成左右。可见，工业企业较少与行业部门的相关领导来往，而服务业企业则频繁得多。

表6-17　　　　　　企业与泰国行业部门相关领导的往来情况　　　　（单位：%）

	没有往来	较少往来	有往来	往来频繁
工业	27.27	27.27	36.36	9.09
服务业	30.00	15.00	35.00	20.00
不在工业园区	17.24	20.69	44.83	17.24
中国工业园区	38.46	23.08	23.08	15.38
泰国工业园区	57.14	14.29	28.57	0.00
其他地区	30.77	30.77	30.77	7.69

从企业所处区域来看，有近两成的不在工业园区的企业表示与相关行业部门的领导往来频繁，近一半表示有一定程度的来往，仅一成多表示没有往来。来往最少的是处在泰国工业园区的企业，没有企业表示与相关领导来往密切，表示有一定往来的企业占近三成，有超过一半的企业表示与行业部门相关领导没有往来。

四　与泰国行政管理部门主要领导的往来

表6–18统计了受访中资企业与当地规制或行政管理部门主要领导的往来情况。有近一半的工业企业表示与当地规制或行政管理部门主要领导有一定往来，但表示往来频繁的企业不到一成；而在服务业企业中，也有近一半的企业表示有一定往来，表示与相关领导往来频繁的企业有两成，比工业企业多出一成，可见服务业企业与相关领导的往来较多一些。

表6–18　　企业与当地规制或行政管理部门主要领导的往来情况　　（单位：%）

	没有往来	较少往来	有往来	往来频繁
工业	11.36	34.09	47.73	6.82
服务业	25.00	10.00	45.00	20.00
不在工业园区	13.79	17.24	51.72	17.24
中国工业园区	15.38	30.77	46.15	7.69
泰国工业园区	28.57	57.14	14.29	0.00
其他地区	15.38	23.08	53.85	7.69

对于处在不同区域的企业来说，有超过一半的不在工业园区的企业表示与相关领导有往来，有近两成的企业表示来往频繁。处在中国工业园区的企业，与相关领导有往来的占46.15%，往来频繁的占7.69%，没有往来的仅占15.38%，处在泰国工业园区的企业则是与相关领导来往最不频繁的，没有企业表示与相关领导来往频繁，而表示有一定程度来往的仅不到两成。

五　与泰国最大在野党的往来

图6–10显示了受访中资企业与泰国最大在野党为泰党的交往情况。可以看到，绝大部分的工业企业都表示与该党派没有联系，仅有不到一成的工业企业表示较少与该政党往来。在服务业企业的情况方

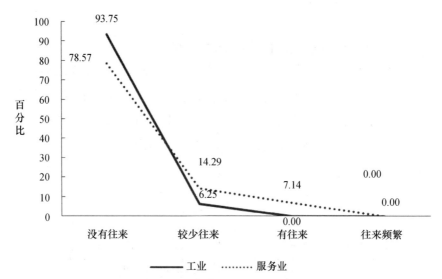

图6-10 不同行业企业为泰党的领导交往程度对比（单位：%）

面，有近八成的服务业企业表示与该政党没有往来，另有一成左右的企业表示有较少往来，不到一成的服务业企业表示有一定程度往来。均没有企业表示与该政党往来频繁。总体看来，大多数企业与泰国最大在野党都没有交集。

图6-11呈现的则是不同工业园区的企业与最大在野党为泰党的交

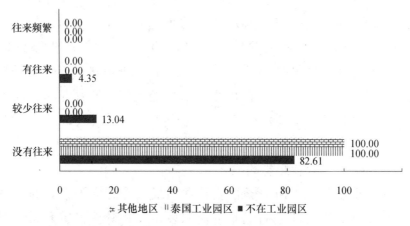

图6-11 不同工业园区的企业与为泰党的领导交往程度对比（单位：%）

往情况。所有在泰国工业园区的企业和其他地区的企业都与该政党没有联系。不处在工业园区的企业中，有八成左右的企业表示没有往来，有一成左右表示有较少的往来，另有极少部分企业表示与该政党有一定程度的往来。虽然极少数不在工业园区的企业会与该政党往来，但总体来看，绝大部分企业仍是与该政党没有交往的。

本章小结

从泰国中资企业本地化经营来看，在选择供应商和固定资产采购上，中资企业的本地化程度稍低，而在选择经销商方面，中资企业的本地化程度较高。绝大部分的泰国中资企业与中国国内原材料供应商合作较为紧密，从中国进口原材料较多。受访企业合作的非泰国供应商和经销商的数量差异并不大。总的来说，经济纠纷的发生率都比较低，与经销商发生经济纠纷的概率略高于供应商。其中，与供应商和经销商发生经济纠纷的企业主要来自商业城市。另外，受访企业均有相当数量的一线员工或生产员工为泰国人，中资企业在员工雇佣方面的本地化程度较高。

从泰国中资企业履行社会责任来看，企业更加侧重于捐款、捐物和当地教育援助，社会责任履行方面的表现一般，且社会责任履行的海外宣传较少。大部分企业均为员工提供食堂、宿舍及文体中心，且企业性质不同，侧重点不一样。没有参与国际标准制定的企业更多地会提供员工食堂或者员工午餐，处在泰国工业园区的企业员工福利最好，中国工业园区的企业员工福利稍次于在泰国工业园区的企业，不在工业园区的企业员工福利相对要差一些。

从泰国中资企业形象传播及认可上看，大多数用企业实力和产品质量来进行企业形象的塑造和宣传，不注重媒体的宣传，中国新媒体微信、泰国本地媒体和泰国华人媒体这三种宣传方式则是部分企业频繁使用的宣传手段，而较少使用泰国民众常用的推特和脸书来宣传。绝大部分泰国居民对于中资企业的投资持积极欢迎的态度，且对中资企业产品认可度在中上水平，但受访企业对各国在泰国国际形象的评价中，中国仅位居第五，说明在形象打造方面还有很大的提升空间。

从中资企业的公共外交情况来看，中国企业高管与同行业高管、当地管理部门领导及主要领导虽有往来，但皆不频繁，特别是与政党之间，只有少数非工业园区的企业有往来，其他企业往来皆不明显。其中，工业企业因承接当地项目较多，与当地行业部门、行政长官的交往比服务业企业要频繁得多。

第七章

泰国中资企业员工的职业
发展与工作条件

职业发展是组织对企业人力资源进行的知识、能力和技术的发展性培训、教育等活动，也是组织有效开发人力资源，确保组织需要的岗位有充足人选的方法。工作条件是指员工在工作中的设施条件和工作环境、劳动强度和工作时间的总和。[①] 调查泰国中资企业员工的职业发展与工作条件，能较为全面地掌握泰国中资企业的经营状况、管理模式，以及员工素质和工作情况等，发现中资企业目前存在的问题，并为其未来的发展方向提供一些参考。本章从职业经历和工作环境、工作时长与职业培训及晋升、工会组织与社会保障、个人和家庭收入以及家庭地位和耐用消费品等 5 个部分对泰国中资企业员工的职业发展与工作条件进行分析。

第一节　职业经历和工作环境

泰国中资企业员工的职业经历和工作环境是考察中资企业在泰国发展好坏的一项重要指标。从员工的职业经历中可以反映出很多重要

---

① 陆雄文：《管理学大辞典》，上海辞书出版社 2013 年版，第 96 页。

信息。例如，在当前企业工作的年限可以反映出员工是否习惯当前企业的规章制度和工作氛围，员工之前的就业经历也可以反映出中资企业在当地的竞争力与吸引力等。工作的环境包括自然环境、作业环境和团队环境。[1] 本节主要考察企业的作业环境[2]中的设备部分，也就是计算机的使用情况。中资企业的工作环境也能从一定程度上反映出中资企业在泰国主要从事的行业类型、对雇员的吸引力大小以及对雇员能力要求的高低。

一 职业经历

受访员工在当前企业工作年限的跨度较大。图 7 - 1 是基于 1011 份员工样本量得出的驻泰中资企业泰国员工的工作年限分布图。由图可知，在中资企业工作 1 年的员工占比最大，高达 34.32%，其次是工作

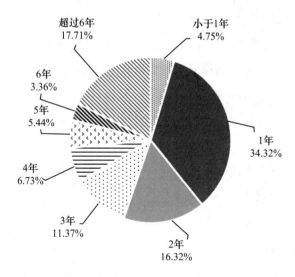

图 7 - 1 员工在当前企业的工作年限分布（N = 1011）

说明：2018 年 1—12 月都算是入职 1 年，2017 年 1—12 月都算是入职 2 年，以此类推。

---

① 林崇德：《心理学大辞典》，上海教育出版社 2003 年版，第 43 页。
② 作业环境是指工作时所处的人为布置的与工作相关的环境，包括设施、设备、工具、周边工厂企业等。

超过 6 年的员工，占比为 17.71%，再次是工作 2 年的员工，占比为 16.32%，而工作 6 年的员工占比最少，仅为 3.36%。工作年限在 1 年到 6 年之间的员工数量占比呈现出工作年限越长，员工占比越小的规律。

值得注意的是，工作时间 1 年的新入职员工所占比例仅为 4.75%，可能意味着大部分在泰中资企业当年的招聘需求较少，市场较为饱和；抑或是中资企业当年的雇员招聘比较困难，市场员工供给不足。而工作 1 年到 2 年的员工占比从 34.32% 骤降到 16.32%，说明有较大部分的员工工作 1 年多就离职了，反映出一些中资企业泰籍雇员的流动性较大。当然，从调研数据来看，工作超过 6 年的老员工所占比例为 17.71%，占比接近两成，说明在某些中资企业中老员工的占比较高，这在一定程度上反映出部分中资企业在泰国的发展相对稳定。

从表 7-1 呈现的数据发现，泰国中资企业雇员的求职途径是五花八门的。首先，超过四成（41.01%）的受访者是通过亲戚朋友的介绍获得此份工作。这种求职方式不仅节省了企业对应聘者进行考察的费用，也有利于应聘者通过介绍人更多地了解中资企业各方面的信息和发展情况。这说明有不少的泰籍员工就职中资企业是在了解或熟悉企业的情况下做出的理性选择。其次，直接来企业问询求职和通过招聘广告获得工作岗位的员工占比也较高，分别为 27.47% 和 15.81%。在互联网高度发达的当下，通过媒体尤其是新媒体刊登、播放招聘广告不仅操作简单、受众面广、收效快，还能对企业起到一定的宣介作用，对企业来说是种不错的招聘方式，尤其适用于对中基层和技术职位的员工招聘；对泰籍员工来说这种方式便利快捷，也越来越受到他们的欢迎。

表 7-1　　　　　　　　　**员工获得现工作的主要途径**　　　　　（单位：个、%）

获得此工作的主要途径	频数	百分比
在职业介绍机构登记求职	63	6.23
参加招聘会	12	1.19

获得此工作的主要途径	频数	百分比
通过学校就业中心介绍	9	0.89
看到招聘广告来求职	160	15.81
通过亲戚朋友介绍	415	41.01
直接来企业问询求职	278	27.47
由雇主直接联系	60	5.93
其他	15	1.48
合计	1012	100.00

而在受访对象中，通过职业介绍机构、招聘会和学校就业中心等第三方机构在中资企业谋取工作机会的员工占比均较低，分别为6.23%、1.19%和0.89%，一方面，反映出部分中资企业缺乏与第三方机构开展合作的相关渠道；另一方面，相较于网络新媒体，这三种传统招聘方式的成本较高，较少能纳入中资企业考虑的范围。

在1013份有效员工样本中，有家庭其他成员同在企业就职的受访者有154人，占比达到15.20%。表7-2反映了员工家人同在企业就职的情况，这里的"家人"是指家庭成员，不含保姆、用人、司机、管家等提供家庭管理、照料服务的人和短期寄宿者。其中，家人中有一位成员（除了员工自己）在本企业就职的占比79.22%，有两位家人同在本企业工作的员工占比11.04%。可以看出，在154位有家人同在一家企业工作的员工样本中，近八成的员工至少有一位家人同在一家企业工作，而有两位及以上家人在同一家企业工作的员工比例超过两成，这进一步印证了泰国中资企业的当地员工有较大比例是通过家人或亲戚介绍就职的。

表7-2 员工家人同在本企业的数量 （单位：个、%）

有几个家人在本企业	频数	百分比
一个	122	79.22
两个	17	11.04
三个	7	4.55
四个及以上	8	5.19
合计	154	100.00

在受访泰籍员工中，当前工作是第一份工作的员工占比不到三成，仅为28.73%，当前工作不是第一份工作的员工占比为71.08%（详见表7-3）。可以发现，有七成员工从事的当前工作不是第一份工作。出现这种情况可能有以下原因：企业招聘管理人员或者是技术人员时，要求有工作经验，可知这类员工的当前工作并非第一份工作。而在一些底层岗位，由于在泰投资的中资企业主要以制造业为主，招聘量大，底层岗位较多，一些能力不足或年龄较大的员工能实现再就业。同时这也从侧面反映出在泰的中资企业对工作经验的要求较高。当然，也有近三成的员工目前从事的工作为第一份工作，表明中资企业在当地有一定的知名度，具有不错的人才吸引力。

表7-3 员工已从事工作数量 （单位：个、%）

是否为从事的第一份工作	频数	百分比
是	291	28.73
否	720	71.08
不清楚	2	0.20
合计	1013	100.00

从泰国中资企业当地员工的职业经历来看，不仅多数员工具有工作经验，还有员工具有其他外资企业的工作经历。表7-4的数据显示，有349位员工有除中国外其他外资企业的工作经历，占比达到34.45%，而没有其他国家企业工作经历的员工有365位，占比

36.03%，表明在泰国的外资企业中，中资企业与其他国家的投资企业相比具有一定的知名度和竞争力，颇为当地员工所认可。

表7-4　　　　　　员工外资企业工作经历情况　　　　　（单位：位、%）

是否有中国以外的外资企业工作经历	频数	百分比
是	349	34.45
否	365	36.03
不知道	8	0.79
未回答	291	28.73
合计	1013	100.00

泰国是东南亚地区较为发达的国家，外资企业数量众多，欧美日韩等西方国家的企业均在泰国投资设厂，不同国家的企业之间竞争较为激烈。从表7-5可见，在印度企业工作过的员工占比最低，仅占3.15%；在欧盟企业和韩国企业工作过的员工占比差距不大，分别为9.74%和8.88%；在美国企业的占比稍高，为14.61%；占比最高的是日本企业，有198位员工曾在日资企业工作过，占比高达56.73%，说明在泰国的日资企业数量多，影响力与竞争力高，对当地员工的吸引力大。同时，在调研过程中发现，泰国人对日资企业的印象普遍很好，评价普遍较高。因此，对中资企业来说，泰国日资企业不仅是强有力的竞争对手，也是应该认真学习的榜样。

表7-5　　　　　　员工工作过的外资企业分布　　　　　（单位：个、%）

去过的外资企业	频数	百分比
美国企业	51	14.61
印度企业	11	3.15
日本企业	198	56.73
韩国企业	31	8.88
欧盟企业	34	9.74
其他	111	31.81

$N=349$。

二　工作环境

在生产经营中，合理利用计算机技术，可以大大地降低企业生产成本，提高整个企业的生产效率和生产质量，在处理数据时也能提高工作效率，提升企业内部的管理水平。因此，生产经营中计算机的使用率越高，在一定程度上，反映出的企业管理水平越高以及核心竞争力也越强。图 7 - 2 反映出在中资企业里，需要使用电脑处理工作事务的员工比例多达 66.11%，占比接近七成，也反映出在泰中资企业计算机使用率和普及率较高。

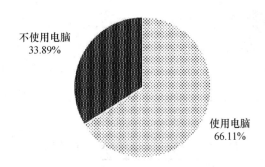

图 7 - 2　员工工作中使用电脑情况（N = 1012）

其中，女性使用电脑办公的比例（71.21%）要高于男性（60.38%），可见从事文职等需要使用电脑工作的女性要明显多于男性（详见表 7 - 6）。

表 7 - 6　　　　　　　**按性别划分的员工日常工作使用电脑状况**　　　　　（单位：%）

日常工作是否使用电脑	男	女
是	60.38	71.21
否	39.62	28.79
合计	100.00	100.00

N = 1012。

第二节　工作时长与职业培训及晋升

中资企业员工的工作时长与职业培训及职位晋升情况，能反映出中资企业的管理模式与企业文化，还能看出企业在产品或服务方面是否与时俱进，是否注重创新发展，以及在生产等方面是否注重员工的安全。

一　工作时长

在大部分受访的在泰中资企业里，任职管理层的当地员工占比较少，且男女所占比例都不高。泰国员工任职管理层的比例为 14.62。其中，管理层男性占比（15.72%）要稍微高于女性（13.67%），但差距不大，不存在工作中有性别歧视之类的问题（详见表 7-7）。

表 7-7　　　　　　　　员工为管理人员与非管理人员的性别分布　　　　（单位：%）

是否是管理人员	男	女
是	15.72	13.67
否	84.28	86.33
合计	100.00	100.00

$N = 1011$。

表 7-8 显示出管理人员与非管理人员一周平均工作时长的差异状况。在管理人员中，最近一月每周工作 6 天的人员占比最高，达到61.90%；每周工作 5 天的人员占比居其次，达到 31.29%；一周工作 7 天的员工也占一定比例，为 6.12%。而在非管理人员中，占比最大的亦是每周工作 6 天的员工，占 68.49%，接近七成；每周工作 5 天的员工和每周工作 7 天的员工占比分别为 21.86% 和 8.14%。

表7-8　　　　　　最近一月管理人员与非管理人员平均每周
工作天数的差异　　　　　　　　（单位：%）

最近一月平均每周工作天数	管理人员	非管理人员
1	0.00	0.12
3	0.68	0.12
4	0.00	1.28
5	31.29	21.86
6	61.90	68.49
7	6.12	8.14
合计	100.00	100.00

N = 1007。

　　管理人员和非管理人员的每周平均工作天数普遍为5—6天，其中超过六成的员工一周工作6天，每周工作5天的管理人员占比（31.29%）明显高于非管理人员占比（21.86%）。

　　泰国目前实施的《劳动保护法》（*Labour Protection Act*）制定于1998年，其中明确了雇主和雇员的权利及义务，建立了关于一般劳动、雇佣女工和童工、工资报酬、解除雇佣关系和雇员救济基金等方面的最低标准。据泰国《劳动保护法》规定，员工的工作时间标准为每日不超过8小时、每周不超过48小时。雇员每周至少应休假一天，雇主不得要求雇员加班，除非雇员同意，且超过最高工作时间必须付给雇员补偿金，补偿金为正常工作时间工资的1.5—3倍。

　　表7-8中值得关注的是，无论是管理人员还是非管理人员，都存在一周工作7天的加班现象，但该比例并不高（非管理人员的加班情况要比管理人员高两个百分点）。泰国盛行"慢文化"，日常人事管理较为松散，具有相当程度的灵活性，很多泰国人的观念中并没有"加班"这个概念，普遍不喜欢"加班"。部分中资企业的加班现象是否能为泰国员工所接受，是值得关注的问题之一。

二 职业培训及晋升情况

泰国中资企业较为重视入职培训这一环节，一般都会对入职的当地员工进行相应的培训，内容涉及安全、技能等多个方面。图7-3的数据表明，受访者中72.97%参加过入职培训，剩余的27.03%未参加过培训。

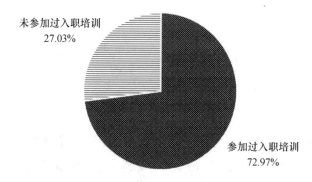

图7-3 员工入职后参加培训情况（N=1010）

由表7-9可知，男性员工入职后，有近5成（49.06%）的人员在安全生产方面受到过相关培训，有近3成的人员（26.42%）得到生产技术方面的培训，还有一定比例的员工会受到管理技能、职业道德、计算机使用、人际交往、中英文读写等方面的培训；没有接受过任何培训的员工占比也不低，接近3成（28.09%）。女性员工入职后也主要接受安全生产（41.31%）、生产技术（25.98%）、职业道德（14.58%）、计算机使用（12.90%）等方面的培训，没有经过任何培训的员工占比超过了四分之一（25.98%）。

表7-9　　　　　　　　按性别划分的员工入职后的培训内容　　　　（单位：%）

入职后培训或进修内容	男	女
管理技能	12.16	10.47
人际交往技能	9.64	11.03

续表

入职后培训或进修内容	男	女
写作能力	2.10	4.86
职业道德	12.16	14.58
中文读写	7.55	11.21
英文读写	3.14	3.55
计算机技能	10.27	12.90
技术性技能	26.42	25.98
安全生产	49.06	41.31
其他	8.39	14.39
没有培训	28.09	25.98

$N = 1012$。

　　泰国中资企业对男女员工入职后的培训内容差别不大，在安全生产方面，由于女性心细、更谨慎，受到的安全培训明显低于男性；而男女员工在管理技能、人际交往技能、职业道德、写作能力以及中英文读写方面的培训均较少，尤其是英文读写方面，调查样本中男女员工基本没接受过此类培训。但是，在泰国中资企业中，没有受过任何培训的男女员工占比都不低，这类情况主要出现在对技能和安全生产要求都不太高的中小型中资企业。

　　从最近一次接受过培训的737份员工样本来看，有一半以上（52.77%）的男性员工接受过安全生产培训，超过2成（20.99%）的男性员工接受过生产技术方面培训。而中资企业对男性员工在计算机使用技能、管理技能、职业道德、人际交往技能等方面方面的培训相对较少，各项所占比例都未达到10%，特别是英文读写能力的培训，在调查样本中的占比接近于零。相比较而言，女性员工在最近一次接受的培训内容中，安全生产培训所占比例亦最大，达到38.58%，但明显低于男性；而在生产技术方面的培训占比则高于男性，为25.13%；中资企业对女性员工在计算机使用技能、管理技能、职业道德、人际交往技能、中文读写等方面的培训也相对较少（详见表7-10）。

表7-10 按性别划分的员工最近一次的培训内容 （单位：%）

最近一次培训的内容	男	女
管理技能	7.87	4.57
人际交往技能	2.92	3.81
写作能力	0.87	1.52
职业道德	5.54	8.12
中文读写	2.92	7.11
英文读写	0.29	0.76
计算机技能	9.33	10.41
技术性技能	20.99	25.13
安全生产	52.77	38.58
其他	14.29	19.29
没有培训	0.58	0.51

$N = 737$。

综合来看，泰国中资企业的当地员工无论是在入职时还是后续工作中，接受的培训都是以安全生产、生产技术技能为主，管理技能以及写作能力方面的培训较少，这主要是因为中资企业在当地的招聘以安全生产管理人员与一线员工居多。同时，员工在中文读写方面的培训也较少，则是因为在泰中资企业为了交流方便和工作需要，一般都聘用专门负责翻译的中方员工或当地员工，从而大大降低对当地员工语言方面的要求。此外，员工在职业道德方面接受的培训也很少，这反映出部分在泰中资企业对当地员工的职业精神、职业素养等方面的培训关注不够，对企业文化与形象等企业核心竞争力的打造与传播也不够，这将不利于中资企业在当地的可持续性发展。

在职位晋升方面，调查样本显示出泰国男女员工入职中资企业后都有一定程度的晋升机会，但男女员工存在差异性（详见表7-11）。获得职位晋升机会的男性员工约有三成（28.51%），而获得晋升的女性员工比例占21.80%，低于男性6.71个百分点，意味着泰国中资企业的男性员工获得职位晋升的概率要比女性员工稍高，但总体而言男女差别不是很显著。

表7-11　　　　　　按性别划分的员工职位晋升状况　　　　（单位：%）

入职后是否有职业晋升	男	女
是	28.51	21.80
否	71.49	78.20
合计	100.00	100.00

N=1009。

第三节　工会组织与社会保障

　　工会组织代表着劳动者利益，在现代各种社会组织中，工会是由劳动者组成的特殊社会组织。[①] 工会组织一般以劳动者代表的身份，就劳动关系中的矛盾和劳动问题与雇主一方进行交涉，包括薪酬、工时、福利待遇等各方面，以维护劳动者的权益。工会组织分为企业工会和行业工会（又称产业工会）。企业工会是某一企业或单位成立的工会，代表并维护企业工会会员和职工的合法权益。而行业工会是指同一行业或者性质相近的几个行业，根据需要建立全国性或者地方性的工会。行业工会的特点是能够开展适合产业特点的活动，反映和解决本产业职工面对的共同性问题。签订劳动协议与合同是建立规范有效劳动关系的重要内容，能够有效地保障员工的合法权益，也能使用人单位合理使用劳动力、巩固劳动纪律、提高劳动生产率。除了加入工会组织以及签订劳动协议与合同，购买社会保障也能为员工提供一定的保障。一般来说，社会保障由社会保险、社会救济、社会福利、优抚安置等组成。其中，社会保险的主要项目包括养老保险、医疗保险、失业保险、工伤保险、生育保险，对在职员工退休后的养老、医疗等都有重

---

　　① 《中国工会章程》，中国法制出版社2018年版，第1页。

要的意义。一套运行高效、效果良好的企业社会保障制度，有助于企业在社会中树立规范、诚信、富有社会责任感的良好形象，加强对优秀人才的吸引力，从而促进整体竞争力的提升。本节涉及的社会保障内容是指员工所在企业提供的社会保障，不涉及员工自行购买的各种社会保险。

一 工会组织

企业是否设立企业工会能反映出该企业规章制度是否合法化与规范化，企业员工加入工会组织数量的多少在一定程度上可以反映出该企业员工维权意识的强弱。有效员工样本显示，泰国中资企业的员工加入企业工会的比例偏低。

从表 7 - 12 中可以看出，男性员工中有 20.97% 加入了企业工会，而女性员工中有 20.78% 加入了企业工会，男性和女性之间的差距不大，平均只有两成的员工加入企业工会。只有较少员工加入企业工会的原因主要有四个：一是企业员工维权意识较为薄弱；二是企业对企业工会的宣传力度不够，员工对企业工会不太了解；三是有些企业工会的会费需要自己缴纳或者从员工工资里扣除，维权成本较高；四是很大一部分私营企业没有设立自身的企业工会，若成立工会后会增大企业的运营成本，工会的指导会对企业的管理工作产生一定的约束。

表 7 - 12 　　　　　　　　按性别划分的员工加入企业工会状况 　　　　（单位：%）

本人是否加入企业工会	男	女	总计
是	20.97	20.78	20.86
否	79.03	79.22	79.14

$N = 139$。

员工样本显示，泰国中资企业的员工加入行业工会的比例较低。表 7 - 13 反映了男性员工和女性员工加入行业工会的情况。仅有 2.15% 的男性员工加入了行业工会，而有 92.58% 的男性员工没有加入行业工会，还有 5.26% 的男性员工认为当地没有行业工会。女性员工加入行业工会的占比要较男性稍高，占比为 2.48%，但男女之间的区别不大。总体而言，中资企业的员工绝大部分没有加入行业工会（92.57%），泰国员工对行业工会的参与度较低，占比仅为 2.33%，而了解到当地没有行业工会这一信息的员工占比也偏低，为 5.10%。

表7-13　　　　　　　　按性别划分的员工加入行业工会状况　　　　　（单位：%）

本人是否加入行业工会	男	女	总计
是	2.15	2.48	2.33
否	92.58	92.56	92.57
当地没有行业工会	5.26	4.96	5.10

$N = 902$。

综上所述，泰国中资企业的当地员工对工会组织的参与度都不高，其中，员工对企业工会的参与度（20.86%）要高于对行业工会的参与度（2.33%），说明泰国当地的工会组织发育迟缓，建设落后，宣传力度不足，缺乏活力与吸引力。

从管理人员与非管理人员的比较来看，903 份有效员工样本数据显示，泰国中资企业有 5.63% 的管理人员加入了行业工会，86.62% 的管理人员没有加入行业工会；而非管理人员中加入行业工会的只占 1.71%，未加入行业工会的占绝大多数（93.69%）。总体来看，中资企业员工加入行业工会的占比都较小，均不超过 6%。相较之下，管理人员加入行业工会的占比要高于非管理人员，说明管理人员对行业工会的了解与认识要高于非管理人员（详见表7-14）。尽管泰国中资企业当地员工无论是管理人员还是非管理人员，他们加入行业工会的比例均很低，对行业工会的认知也比较有限，但表7-14仍从一定层面上反映出职位越高的员工对自身利益的保障意识越强，更愿意加入相应组织。

表7-14　　　　　管理人员与非管理人员加入行业工会状况　　　（单位：%）

是否加入行业工会	管理人员	非管理人员
是	5.63	1.71
否	86.62	93.69
当地没有行业工会	7.75	4.60
合计	100.00	100.00

$N = 903$。

二　劳动协议与合同

签订劳动协议与合同同样能够切实保障劳资双方关系，保护入职员工在用人单位工作的切身利益，比如意外工伤、劳资纠纷、多种福利等。由图7-4可知，有81.26%的员工与所在中资企业签订了劳动合同，其余18.74%的员工未与现企业签订合同。这说明大部分中资企业在泰国招聘员工是依法行事，注重保障员工切身利益，符合用工规范。但这也从侧面说明仍有一小部分中资企业在雇佣劳动力方面缺乏合法性与规范性。

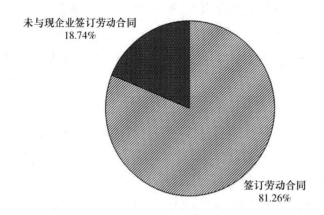

图7-4　员工与所在企业签订劳工合同或就业协议的占比（$N = 1003$）

由于泰国工会组织的发展不成熟，对当地员工解决纠纷的帮助不大。表7-15显示了泰国中资企业当地管理人员与非管理人员解决纠纷的差异。44.90%的管理人员遇到纠纷后是向企业管理部门投诉，接近三成（28.57%）的管理人员是向劳动监察部门投诉，而向企业工会投诉或向行业工会投诉的比例都不大，分别为4.76%和2.72%。在非管理人员中，常用来解决纠纷的方式也是向企业管理部门投诉（35.65%）和向劳动监察部门投诉（34.93%），向企业工会投诉（8.28%）和向行业工会投诉（3.48%）的比例也不高。相比较而言，非管理人员比管理人员更偏好寻求工会组织的帮助来解决纠纷，这与其在企业中更为明显的弱势地位有关。

表7-15　　　　　管理人员与非管理人员解决纠纷方式的差异　　　（单位：%）

最有可能采取的解决纠纷方式	管理人员	非管理人员
向企业管理部门投诉	44.90	35.65
向企业工会投诉	4.76	8.28
向行业工会投诉	2.72	3.48
向劳动监察部门投诉	28.57	34.93
擅自停工、辞职	5.44	6.36
参与罢工	0.68	1.08
上网反映情况	0.00	0.84
不采取任何行动	6.80	8.64
其他	6.12	0.72
合计	100.00	100.00

$N = 980$。

不过，泰国中资企业的当地员工，无论是管理人员还是非管理人员，以擅自停工、辞职、参与罢工等消极方式解决纠纷的员工仍占有一定比例，但占比并不高。其中，采取停工和辞职方式的比例在5%—6%，参与罢工的比例则更少，在1%左右。同时，也有一小部分员工对纠纷听之任之、淡然处之，不采取任何行动，其中非管理人员的占比要高于管理人员。但是，泰国当地员工通过"上网反映情况"的方式来解决纠纷的比例非常低，表明在泰国该方式对解决纠纷帮助不大。

三 社会保障

表7-16的数据显示，泰国中资企业的绝大多数当地员工均享受一定程度的社会保障服务，其中，管理人员的社会保障覆盖率为96.62%，非管理人员的社会保障覆盖率为94.06%，可以说中资企业的当地员工基本上都享有社会保障服务，且与职位高低关系不大。这表明在泰中资企业十分重视员工的社会保障工作，在泰经营合法合规。

表7-16　　　　　　管理人员与非管理人员享有社会保障的比例　　　　（单位：%）

是否享有社会保障	管理人员	非管理人员
是	96.62	94.06
否	3.38	5.94
合计	100.00	100.00

$N = 1007$。

表7-17显示管理人员与非管理人员分别享有的社会保障类型。83.92%的管理人员享有医疗保险，占比超过8成；23.08%的管理人员享有公积金和商业保险等其他保险服务，享有养老保险的管理人员占比为20.28%。非管理人员享有的社会保障服务大致与管理人员相似，76.98%的非管理人员享有医疗保险，享有养老保险的员工占比为13.24%，享有其他保险服务的人员占比27.35%。不过，有少数管理人员和非管理人员尚不清楚自身是否享有中资企业提供的社会保障服务，两者比例分别为3.50%和3.96%。

表 7 – 17　　　　　　　管理人员与非管理人员享有的社会保障类型　　　　　（单位：%）

享有哪些社会保障	管理人员	非管理人员
医疗保险	83.92	76.98
养老保险	20.28	13.24
其他	23.08	27.35
不清楚	3.50	3.96

$N = 951$。

泰国法律规定，企业须为雇员购买强制性的医疗保险和养老保险，还可为雇员购买住房公积金，但除国有企业雇员公积金要求强制性购买之外，中央政府雇员、政府关联机构雇员和私营企业雇员公积金是非强制性的。作为社会福利保障体系的一部分，自 1999 年起，强制性养老保险计划取代了之前的仅涵盖残疾、生育和疾病患者的福利计划，且泰国的养老保险通常包含了医疗保险。如果需要就医，可以拿养老保险卡到指定医院（一般都是公立医院）免费治疗，企业为员工购买养老保险后就不需要再为员工购买医疗保险。总体来看，泰国中资企业为当地员工购买的医疗保险和养老保险合计约占七成，但仍有三成左右的员工表示未享受这些社会保障，可能因为部分中资企业在雇佣方面缺乏规范性，未与员工签订劳动合同，则不必为员工提供社会保障服务；或者部分企业可能以购买外包服务的名义聘请雇员，这样也不需要给雇员购买社会保险。

第四节　个人和家庭收入

员工的个人收入可以侧面反映出泰国中资企业经营状况的好坏。一般来说，经营效益好的企业通常支付给员工的薪酬水平较高，反之则较低。将员工收入与最低日薪的标准相比较也能反映中资企业员工收入的高低。员工的家庭年收入能直接反映中资企业员工家庭的总体收入水平，并折射出员工的社会地位和所处的社会阶层，也一定程度上反映企业的经营发展层次，是研究中资企业在当地发展模式的一个重要方面。不同于中国的最低月薪规定，泰国政府规定的是最低日薪标准，且根据各地区经济发展水平的高低制定不同的标准。根据 2018 年泰国政府第 9 份劳工最低日薪标准规定，春武里、普吉及罗勇府的劳工最低日薪为 330 泰铢；曼谷、北柳、佛统、暖武里、巴吞武里、北榄及龙仔厝府的最低日薪为 325 泰铢等。以此为参照，可以判断不同地区中资企业员工的收入水平高低。

一 个人收入

泰国中资企业当地员工的个人收入与性别、年龄、受教育程度、出生地和职位高低均有着密切关系，存在明显差异。根据泰国市场调研中心的数据显示，富裕水平的标准为人均月收入在 85000 泰铢及以上；中等水平的标准为人均月收入在 18001—84999 泰铢；人均月收入低于 18000 泰铢的则为贫困水平。本次调研问卷将受访者的月收入划分成 5 个范围，分别是 10000—14000 泰铢、14335—18000 泰铢、18350—23000 泰铢、23500—30000 泰铢、30495—66000 泰铢。其中，10000—18000 泰铢属于低收入范围，18350—30000 泰铢属于中等收入范围，30495—66000 泰铢属于较高收入范围。

（一）性别差异

从 865 份受访员工样本来看，月收入在 10000—14000 泰铢、14335—18000 泰铢及 23500—30000 泰铢三个层次的占比几乎一致，接近 21%，比例稍低的月收入层次是 18350—23000 泰铢和 30495—66000 泰铢，分别为 18.84% 和 18.50%。

表 7 - 18 是按照员工的性别来划分的月收入情况。从男性员工来看，月收入在 10000—30000 泰铢的范围内，员工所占比例依次递减，其中，月收入在 10000—14000 泰铢的低收入员工所占比例最大；月收入在 30495—66000 泰铢的较高收入员工占比也较高，达到 20.15%。

从女性员工来看，占比最大的是月收入在 23500—30000 泰铢的员工，达到 23.84%；其次是月收入在 14335—18000 泰铢的员工，为 20.53%；月收入在 30495—66000 泰铢的员工占比最少，仅为 17%。

表 7 – 18　　　　　　　按性别划分的员工月收入分布　　　　　　（单位：泰铢、%）

性别	10000—14000	14335—18000	18350—23000	23500—30000	30495—66000
男	23.30	21.36	17.72	17.48	20.15
女	18.76	20.53	19.87	23.84	17.00
合计	20.92	20.92	18.84	20.81	18.50

$N = 865$。

相比较而言，在低收入范围内（10000—18000 泰铢），男性员工的占比要比女性员工高；在中等收入范围内（18350—30000 泰铢），女性员工占比要超过男性；而在较高收入范围内（30495—66000 泰铢），男性员工占比则要高于女性。

（二）年龄差异

表 7 – 19 显示泰国中资企业员工月收入与年龄之间的关系。在 17—25 岁年龄组中，月收入在 10000—18000 泰铢的较低收入员工，占比高达 62.75%，其中在 10000—14000 泰铢和 14335—18000 泰铢的比例分别为 28.06% 和 34.69%；而月收入在 23500—66000 泰铢的中高收入员工占比则较低，尤其是月收入在 30495—66000 泰铢的员工占比很低，仅为 2.55%；月收入在 18350—23000 泰铢的员工占比超过 20%，为 22.45%。

表 7 – 19　　　　　　　按年龄组划分的员工月收入分布　　　　　　（单位：泰铢、%）

年龄组	10000—14000	14335—18000	18350—23000	23500—30000	30495—66000
17—25 岁	28.06	34.69	22.45	12.24	2.55
26—35 岁	16.22	18.43	21.87	25.06	18.43

年龄组	10000—14000	14335—18000	18350—23000	23500—30000	30495—66000
36 岁及以上	23.19	14.45	11.41	20.53	30.42
合计	21.02	20.90	18.82	20.79	18.48

$N = 866$。

26—35 岁年龄组中，月收入在 10000—18000 泰铢的较低水平员工的比例较 17—25 岁年龄组明显下降，为 34.65%，其中在 10000—14000 泰铢和 14335—18000 泰铢的比例分别降为 16.22% 和 18.43%；而在 23500—30000 泰铢和 30495—66000 泰铢的员工占比分别达到 25.06% 和 18.43%；月收入在 18350—23000 泰铢的员工占比也超过了 20%，为 21.87%。

36 岁及以上年龄组中，月收入在 30495—66000 泰铢的较高收入员工比例，相较于前两个年龄组进一步增加，达到 30.42%；同时，月收入在 10000—14000 泰铢的低收入员工也有所增加，为 23.19%；月收入在 18350—23000 泰铢的中间层次的员工比例则最少，为 11.41%。可见，这一年龄组的月工资收入两极分化现象较为严重，对于年龄偏大且无技能的员工，其工资水平偏低。总体而言，泰国中资企业员工的收入水平与年龄呈现比较明显的正相关关系。

（三）受教育程度差异

表 7-20 显示泰国中资企业员工月收入与受教育程度的关系。未受过教育的员工月收入在 10000—18000 泰铢的比例达 100%，均处于较低收入水平，且接近六成员工（57.14%）月收入在 10000—14000 泰铢。

表 7-20   **按受教育程度划分的员工月收入分布**   （单位：泰铢、%）

最高学历	10000—14000	14335—18000	18350—23000	23500—30000	30495—66000
未受过教育	57.14	42.86	0.00	0.00	0.00
小学学历	51.02	22.45	12.24	8.16	6.12

最高学历	10000—14000	14335—18000	18350—23000	23500—30000	30495—66000
中学学历	34.11	27.34	17.19	11.98	9.38
本科及以上	5.19	14.62	21.23	30.42	28.54
合计	21.06	20.95	18.75	20.72	18.52

$N = 864$。

小学学历的员工中，占比高低与月收入的多少成反比关系，即月收入越高，占比越小。月收入在10000—18000泰铢的员工比例达73.47%，其中，超过一半（51.02%）的小学学历员工的月收入在10000—14000泰铢；月收入在30495—66000泰铢的员工占较小比例，为6.12%。

在中学学历的员工里，其月收入的比例变化与小学学历的员工类似，但较高月收入的员工比例逐渐增加。其中，有61.45%的员工月收入在10000—18000泰铢，属于较低收入水平；月收入在30495—66000泰铢的员工占比也较小，为9.38%。

本科及以上学历的员工中，月收入在10000—18000泰铢的员工比例降至19.81%，其中在10000—14000泰铢的收入人群仅占5.19%；而月收入在23500—66000泰铢的中高收入员工占比达到58.96%，23500—30000泰铢和30495—66000泰铢的员工占比分别为30.42%和28.54%。

显然，泰国中资企业员工的收入水平与受教育程度存在非常明显的正相关关系。学历越高，收入越高，反之亦然；且未受过教育的员工，其月工资水平无法超过18000泰铢；而80%以上的本科及以上学历的员工，其月工资水平均在18000泰铢以上。

（四）城乡出生差异

表7-21显示泰国中资企业员工月收入与其出生地之间的关系。出生地为农村的员工月收入在10000—18000泰铢的占比为46.94%，而这一收入水平的出生于城市的员工占比为32.58%。月收入在23500—

66000 泰铢的中高收入员工，出生于农村的员工比例则明显低于出生于城市的员工比例，尤其是月收入在 30495—66000 泰铢的高收入员工的比例，出生于城市的员工比出生于农村的员工多约 10 个百分点。显然，在泰中资企业员工收入水平与家庭出生地有密切关系，来自城市的员工收入普遍高于来自农村的员工，这主要是因为来自城市的员工比来自农村的员工拥有更多的资源，受过更好的教育，更有实力从事更高薪酬的职位。

表7-21		按出生地划分的员工月收入分布		（单位：泰铢、%）	
出生地	10000—14000	14335—18000	18350—23000	23500—30000	30495—66000
农村	23.29	23.65	19.13	19.13	14.80
城市	16.45	16.13	18.39	23.87	25.16
合计	20.83	20.95	18.87	20.83	18.52

$N = 864$。

（五）职位差异

表7-22 显示泰国中资企业员工月收入与其管理职位之间的关系。管理人员的月收入普遍较高，在 23500—66000 泰铢的中高收入人员的比例达到 68.18%，尤其是月收入为 30495—66000 泰铢的高收入员工占比超过了 40%（43.18%）；而月收入处于低水平（10000—18000 泰铢）的管理人员占比为 19.70%，尤其是月收入为 10000—14000 泰铢的管理人员占比仅为 6.06%。相反，非管理人员的月收入明显低于管理人员，在 23500—66000 泰铢的中高收入人员的比例为 34.06%，尤其是月收入为 30495—66000 泰铢的高收入员工占比为 14.03%，与管理人员相去甚远；而月收入处于低水平（10000—18000 泰铢）的非管理人员占比则为 45.92%。总之，泰国中资企业的管理人员与非管理人员的收入差距是比较大的，特别是在高收入段，管理人员占比与非管理人员占比相差最大，高达 29.15%。

表7-22　　　　　　　　管理人员与非管理人员的月收入分布　　　　（单位：泰铢、%）

是否是管理人员	10000—14000	14335—18000	18350—23000	23500—30000	30495—66000
是	6.06	13.64	12.12	25.00	43.18
否	23.71	22.21	20.03	20.03	14.03
合计	21.02	20.90	18.82	20.79	18.48

$N = 866$。

二　家庭收入

泰国国家统计署和国家旅游局联合统计数据显示，2018年泰国人均家庭收入为每月26915泰铢（约5878元人民币），其中曼谷最高达45572泰铢/月（约9950元人民币）。表7-23反映了泰国中资企业员工的家庭年收入状况。可见，泰国中资企业员工家庭年收入水平处于不同层次的占比较均衡，都在20%左右，既有来自年收入较低的阶层，也有来自年收入中等或高收入的阶层。其中，占比稍高的是年收入240000—384000泰铢，为21.18%。

表7-23　　　　　　　　　　家庭年收入状况　　　　　　（单位：泰铢、个、%）

家庭年收入	频数	百分比
100000—230000	137	19.74
240000—384000	147	21.18
396000—530000	137	19.74
540000—850000	136	19.60
864000—5000000	137	19.74

$N = 694$。

表7-24显示泰国中资企业对当地员工是否存在工资拖欠情况。其中，94.59%的管理人员反映所在中资企业没有拖欠工资，5.41%的管理人员遭遇拖欠工资但未超过一个月的情况。而非管理人员中，高达97.67%的员工反映从未被拖欠工资，比例高于管理人员3个百分点。

可见，在泰中资企业偶尔存在拖欠员工工资的情况，但均未超过一个月，说明中资企业在泰国的经营管理相当规范。

表7-24   管理人员与非管理人员工资拖欠状况   （单位：%）

是否拖欠过工资	管理人员	非管理人员
拖欠过但未超过一个月	5.41	2.33
从未拖欠工资	94.59	97.67
合计	100.00	100.00

$N=1008$。

第五节 家庭地位和耐用消费品

中资企业员工的家庭所处地位高低与其所拥有的耐用消费品多少是反映员工工作与生活条件好坏的重要指标，并能在一定程度上反映出泰国中资企业大致的发展趋势及中国产品特别是耐用消费品在泰国的影响力与竞争力。

一 家庭地位

表7-25反映了泰国中资企业员工在当前与进入企业时家庭社会经济地位的变化。1004份样本显示员工当前家庭社会经济地位的均值是5.95，已略高于员工进入企业时的家庭社会经济地位（均值为5.56），上升了0.39个百分点，说明大部分中资企业的员工入职后在家庭中的社会经济地位有所提高，但提升幅度不大。

表7-25中的标准差显示，员工"当前"的家庭社会经济地位的标准差较小，为1.63，说明受访员工的自评值和平均值的差距比较小，不同员工的自评较为接近，员工在中资企业的获得感相差小；相比较而言，员工"进入企业时"家庭社会经济地位的标准差较大，为2.00，

说明不同员工的自评与均值差距较大，进一步表明员工在入职中资企业前的家庭社会经济地位差别较大。

表 7 - 25　　　　员工当前和进入企业时的家庭社会经济地位自评　（单位：个、%）

时间点	样本量	均值	标准差	最小值	最大值
当前	1004	5.95	1.63	1	10
进入企业时	1006	5.56	2.00	1	10

二　耐用消费品的拥有

耐用消费品是指那些使用寿命较长，一般可多次使用的消费品。耐用消费品由于购买次数少，因而消费者的购买行为和决策较慎重。耐用消费品的典型适用产品如：家用电器、家具、汽车等。本次调查中，主要以汽车、电视、摩托车、手机、冰箱等五种产品来考察泰国中资企业员工对耐用消费品的拥有率，并从受教育程度、出生地、个人月收入等三个维度来比较员工对这些耐用消费品的消费差异。

从表 7 - 26 的数据可知，中资企业的泰国员工对手机的拥有率最高，高达 99.51%，几乎实现全覆盖。其次拥有率较高的耐用消费品为电视和冰箱，拥有率分别为 95.84% 和 95.45%。拥有率相对较少的消费品为出行工具——摩托车和汽车，拥有占比分别为 83.18% 和 74.68%。

表 7 - 26　　　员工对汽车、电视、摩托车、手机和冰箱的拥有率　（单位：个、%）

是否拥有	汽车	电视	摩托车	手机	冰箱
拥有	74.68	95.84	83.18	99.51	95.45
未拥有	25.32	4.16	16.82	0.49	4.55
	$N = 1011$	$N = 1009$	$N = 1011$	$N = 1011$	$N = 1010$

（一）受教育程度差异

表 7 - 27 显示不同受教育程度的受访员工对家庭耐用消费品的拥有

差异。

　　未受过教育的员工中，摩托车、手机和冰箱达到了100.00%的拥有率；电视的拥有率排第二，为75.00%；拥有率最低的是汽车，占比为62.50%。在小学学历的员工中，手机的拥有率最高，达到93.44%；冰箱、电视、摩托车的拥有率都在80%以上，汽车的拥有率最低，仅为39.34%。在中学学历的员工中，电视、手机和冰箱的拥有率均超过95%，摩托车和汽车的拥有率比较低，分别为88.50%和65.51%。本科及以上学历的员工，在电视、手机和冰箱这三类耐用消费品中的拥有率基本上实现全覆盖，且汽车的拥有率（88.52%）要比摩托车的拥有率（77.87%）高。很明显，泰国中资企业的员工中，在交通工具的选择上，学历越高越偏向选择汽车作为出行代步工具，学历偏低的则更偏向选择摩托车。而未受过教育员工的汽车和摩托车拥有率却比小学学历的员工要高得多，这点值得注意。

表7-27　　　　　按受教育程度划分的家庭耐用消费品拥有率　　　（单位：%）

	汽车	电视	摩托车	手机	冰箱
未受过教育	62.50	75.00	100.00	100.00	100.00
小学学历	39.34	86.89	81.97	93.44	85.25
中学学历	65.51	96.52	88.50	100.00	95.65
本科及以上	88.52	96.65	77.87	99.79	96.66
总计	74.83	95.83	83.15	99.50	95.54
	$N = 1009$	$N = 1007$	$N = 1009$	$N = 1009$	$N = 1008$

（二）城乡出生差异

　　表7-28显示不同出生地的泰国中资企业员工对家庭耐用消费品的拥有差异。无论是来自农村还是城市的员工，手机、电视和冰箱的普及率都非常高，拥有率相差很小，这是家庭的基本配置；摩托车的拥有率稍低，总体占比为83.27%，汽车的拥有率最低，为74.85%。从汽车的拥有率来看，来自城市的员工比农村的高，分别为78.09%和

73.09%，说明前者更愿意购买汽车。反观摩托车的拥有率，来自农村的员工占比则要高于城市员工，表明来自农村的员工更偏爱摩托车作为代步工具。

表 7-28　　　　　　　按出生地划分的家庭耐用消费品拥有率　　　　　（单位：%）

	汽车	电视	摩托车	手机	冰箱
农村	73.09	95.72	86.39	99.54	94.95
城市	78.09	96.61	77.53	99.72	96.90
总计	74.85	96.03	83.27	99.60	95.64
	$N=1010$	$N=1008$	$N=1010$	$N=1010$	$N=1009$

（三）个人月收入差异

表 7-29 显示在泰中资企业员工按月收入划分的家庭耐用消费品拥有情况。在低收入范围（10000—14000 泰铢），拥有率最高的消费品是手机，为 99.45%；接下来依次是电视（96.15%）、冰箱（93.96%）和摩托车（91.21%），汽车的拥有率最少，仅为 55.49%，表明低收入人群更愿意购买低价格的摩托车，缺乏购买价格相对高昂的汽车的经济能力。在较低收入范围（14335—18000 泰铢），拥有率最高的消费品依旧是手机，为 98.34%；接下来依次是电视、冰箱，两者占比都是 93.92%；交通工具的占比相对较少，摩托车的拥有率依旧高于汽车，分别为 89.50% 和 69.61%。在中等收入范围（18350—23000 泰铢），电视、摩托车、手机和冰箱的拥有率都很高，分别为 97.55%、91.41%、100.00% 和 96.93%，汽车的拥有率有一定的提高，为 80.37%。在中等偏高收入范围（23500—30000 泰铢），电视、手机和冰箱保持较高拥有率，汽车的拥有率（88.89%）超过了摩托车的拥有率（82.78%）。在高收入范围（30495—66000 泰铢），汽车的拥有率（91.88%）要远远高于摩托车的拥有率（66.88%）。总体上看，随着收入水平的提高，泰国中资企业员工对汽车的偏好越来越高，对摩托车的偏好基本呈下降之势，对手机、电视、冰箱等家庭必需品则无差异。

表 7 - 29   按月收入划分的家庭耐用消费品拥有率   （单位：泰铢、%）

个人月收入	汽车	电视	摩托车	手机	冰箱
10000—14000	55.49	96.15	91.21	99.45	93.96
14335—18000	69.61	93.92	89.50	98.34	93.92
18350 23000	80.37	97.55	91.41	100.00	96.93
23500—30000	88.89	97.22	82.78	99.44	98.33
30495—66000	91.88	98.75	66.88	100.00	99.38
合计	76.79	96.65	84.64	99.42	96.42
	$N=866$	$N=866$	$N=866$	$N=865$	$N=866$

三　耐用消费品的品牌归属国

图 7 - 5 显示泰国中资企业员工对汽车品牌的选择。在拥有汽车（如轿车/吉普车/面包车）的中资企业员工中，购买日本品牌汽车的员工占比最多，高达 83.07%；其次为泰国本国品牌的汽车，占比8.99%；再次是美国品牌的汽车，占比为 7.14%；购买中国品牌的汽车，仅占 0.93%。这表明大部分在泰中资企业员工偏向于购买日本品牌的汽车，仅有极少数员工已购买中国品牌的汽车。

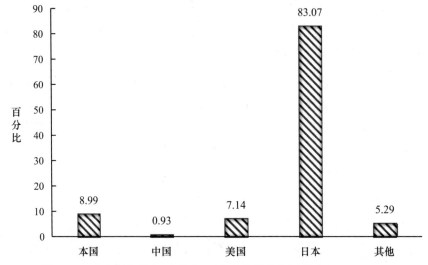

图 7 - 5   家庭拥有轿车/吉普车/面包车的品牌归属国分布（$N=756$）

目前来说，在泰国比较著名的中国汽车品牌主要有上汽公司生产的自主品牌名爵 MG 系列、北汽福田和吉利汽车，但市场和影响力还不是很大，当地员工选择中国品牌汽车的占比偏小。

图 7-6 显示在泰中资企业的当地员工在购买彩色或黑白电视的时候，选择的国家品牌相对广泛，这点可从选择"其他"选项的员工高达 52.48% 的占比可以看出。日本的电视品牌在泰国市场占有率较高，以索尼、夏普、松下三巨头最为著名，因其质量较好且价格实惠深得泰国民众的喜爱，因而拥有日本品牌电视机的员工占比最多，为 33.99%。其次是泰国本土电视机品牌，占有率为 7.02%，泰国电视品牌有 Cybo、ONYX 和 ThaiCo，泰国在不断开发和创新本土的电视品牌，但要追赶一些巨头企业还需漫长的过程。中国品牌的电视机在员工中的拥有率为 3.93%，超过美国品牌的拥有率（1.65%），说明中美两国的电视机品牌在泰国的影响均较微弱。

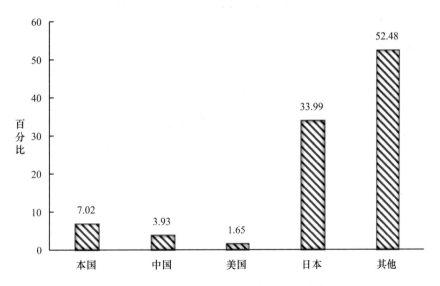

图 7-6　家庭拥有彩色或黑白电视的品牌归属国分布（N=968）

图 7-7 显示在家庭拥有滑板车、摩托车或轻便摩托车的泰国中资

企业员工中，有84.20%的人员选择的是日本品牌的摩托车；拥有本国品牌摩托车的员工占10.10%，约一成；而中国与美国品牌的摩托车拥有率仅为1.54%和0.48%，占比都很小。

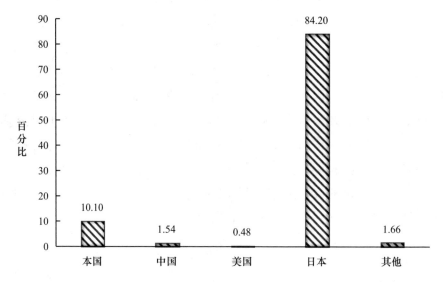

图7-7 家庭拥有滑板车/摩托车/轻便摩托车的品牌归属国分布（*N*=842）

在东南亚国家中，摩托车是人们生活中的主力交通工具，几乎是生活中必不可少的生产资料。调研发现，泰国街头的摩托车基本都是日本品牌，较为著名的有雅马哈、本田、铃木、三菱、川崎等，因为泰国是日本摩企重要的生产基地，同时也是日本摩企之间你追我赶、竞争激烈的市场。日本摩托车企业由于研发了低油耗、高性能的发动机，而迅速抢占了泰国市场。除此之外，泰国摩托车市场还夹杂着少量的"重庆造"摩托车，比如力帆、宗申等，在日系摩托车的夹缝中艰难求生。

图7-8显示泰国中资企业员工家庭在购买移动电话时的偏好。从图中不难发现，选择"其他"品牌的占比高达51.54%，表明泰国员工在移动电话品牌方面的选择也较为广泛。除此之外，选择最多的是中国品牌的移动电话，占比达53.23%；紧接着是美国品牌，为38.83%；

选择本国品牌和日本品牌移动电话的员工均较少，占比分别为6.16%和3.38%，说明本国的和日本的移动手机品牌在泰国市场中的占有率都较低，影响很小。

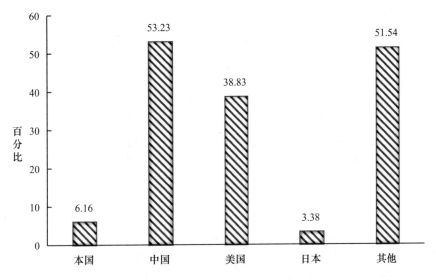

图7-8　家庭拥有移动电话的品牌归属国分布（N＝1007）

调研发现，泰国员工在购买移动电话时主要选择美国品牌（例如iPhone和Motorola）、韩国品牌（例如Samsung和LG）和中国品牌（华为、小米、OPPO和vivo），在泰国较有市场的日本手机品牌仅有Sony Ericsson。近年来，华为、小米、OPPO、vivo等中国智能手机品牌与Samsung、iPhone在泰国市场上激烈竞争。随着5G时代的到来，中国移动电话品牌在泰国市场仍有巨大的发展空间。

图7-9显示泰国中资企业员工家庭选择冰箱的品牌偏好。在965个有效员工样本中，有57.41%的员工购买日本品牌的冰箱，泰国本土品牌冰箱的拥有占比为5.80%，中国和美国的占比很少，仅为2.90%和2.18%。

调查发现，进入泰国市场的冰箱品牌众多，竞争较为激烈，但总体为日本品牌所主导。泰国冰箱市场上主要有三菱电机、松下、日立、

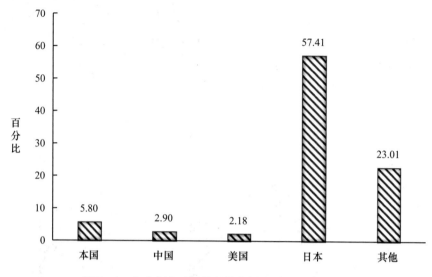

图7-9 家庭拥有冰箱的品牌归属国分布（N＝965）

东芝、夏普这五大日本品牌，这些日本品牌产品都拥有先进的工艺与功能，有较大的市场占有率。在其他国家品牌中，常见的就是韩国三星电器。近几年来，中国品牌在泰国的影响力及市场占有率持续上升，最成功的冰箱品牌就是海尔。但海尔在泰国市场主打高端化产品，价格较高，成为泰国高端冰箱市场的领导者，在普及性方面还是远比不上日本品牌的冰箱，因此员工的拥有率较低。

综合来看，在代步工具（汽车和摩托车）和家用电器（电视机和冰箱）方面，日本品牌在泰国市场占有率很高。由于历史原因，日本日本企业很早就在泰国投资建厂。日本的日用品、家电和汽车在泰国比比皆是。可以说，日货在泰国的口碑非常好，泰国人对日本产品的好感度非常高。而中国作为后起之秀，在五大类耐用消费品的调查中，仅有移动电话赶超了日本，说明中国与日本在抢占泰国耐用消费品市场方面的差距依旧较大。即便有些中国牌子的产品质量与日本牌子不相上下甚至有所超越，泰国人还是会对其抱有怀疑态度，这种不信任感也会导致泰国人在选择中更倾向于选择日本品牌。在泰中资企业员工对家庭耐用消费品品牌的选择，也从侧面反映出泰国中资企业在员工内部对中国品牌的宣传依旧欠缺。

本章小结

本章通过五个方面对中资企业泰国员工的职业发展与工作条件进行分析，主要结论如下。

第一，在职业经历和工作环境方面，超过三成的泰国员工在进入中资企业工作前都有在其他外资企业特别是日资企业的工作经历，且绝大多数的员工对日资企业的评价很好。大多数员工进入中资企业工作是通过亲戚朋友介绍，说明中资企业在当地宣传力度较弱，知名度与对当地员工的吸引力不及日资企业。

第二，在工作时长与职业培训及晋升情况方面，泰国员工一周的工作时长一般为5—6天，但也有少部分员工一周工作7天，存在加班的现象。超过七成的员工都进行过相应的培训，培训内容主要以安全生产和生产技术技能为主，说明在泰中资企业大部分为生产制造业。而泰国员工在职位晋升情况方面，男性晋升的概率略高于女性，但差别不大。

第三，在工会组织与社会保障方面，泰国员工加入企业工会的比例较低，而加入行业工会的比例更低，说明大部分中资企业的员工维权意识并不强。调查结果显示有超过八成的员工都与企业签订了劳动协议和合同，且员工的医疗保险和养老保险覆盖率较高，社会保障服务的总体覆盖率在95%左右，说明在泰的中资企业十分重视员工的社会保障工作。

第四，在个人收入与家庭收入方面，泰国中资企业员工的收入水平与年龄、学历高低、职位差异呈现比较明显的正相关关系，也就是说年龄越高、学历越高或职位越高，收入一般而言也较高。出生于城市的员工收入也比农村的员工高，而性别之间的差异不明显。

　　第五，在家庭地位与耐用消费品方面，泰国员工在入职中资企业后家庭的社会经济地位有小幅提升。在考察泰国员工对汽车、电视、摩托车、手机、冰箱这五种耐用消费品的拥有率中，按受教育程度、出生地、月收入这三个维度来划分时得出的结论差距不大。中资企业的泰国员工对手机、电视和冰箱拥有率高达95％以上，而摩托车和汽车的拥有率相对较低。在汽车、电视、摩托车、冰箱这四种耐用消费品中，泰国员工对日本品牌的偏爱显而易见，仅手机一项，泰国员工更倾向于选择中国品牌，说明中国手机品牌的产品质量、价格以及知名度都具有优势。

第 八 章

泰国中资企业员工的社会交往与态度

本章将结合调研数据探讨泰国员工的社会交往与社会距离、员工对企业的评价与看法，并进一步了解泰国员工对中美日印四国的民众、中资企业的认可程度。

第一节　社会交往与社会距离

社会交往是由交往的主体、客体、交往力、交往关系、交往意识等基本要素组成的有机整体。[①] 社会交往系统中的各个元素相互联系，处于不同地位，发挥着不同的作用。社会交往的程度可以反映出交往主、客体间的社会距离。对泰国员工社会交往与社会距离的调查，有助于了解泰国民众与不同国家民众的交往程度和接受程度。

一　社会交往

本节将泰国员工的社会交往对象分为两类，一类是企业内的中国人，另一类是企业外的中国人，并从性别、管理者身份两个维度来考察泰国员工在企业内外与中国人的交往情况。

---

① 王武召：《社会交往论》，北京大学出版社 2002 年版，第 57 页。

（一）与企业内的中国人交往状况

受访员工的性别不同，在企业内拥有的中国朋友存在差异。表8-1显示，虽然男女员工在企业内拥有中国朋友数量的平均值相差不大，但在最大值上相去甚远，男性在企业内最多可拥有100位中国朋友，而女性仅拥有30位中国朋友，说明泰国男性员工比女性员工更容易或更乐意与本企业的中国人交往，拥有更多的中国朋友。不过，从标准差的数值来看，男性员工之间拥有中国朋友的数量差异更大，要明显大于女性。

表8-1　　　　　　不同性别员工在本企业拥有中国朋友的数量差异　　　（单位：位）

性别	样本量	均值	标准差	最小值	最大值
男	476	2.45	7.11	0	100
女	534	2.65	4.08	0	30

受访员工的管理者身份也会对其在企业内拥有的中国朋友数量产生影响。表8-2显示147位管理人员和863位非管理人员在企业内拥有中国朋友数量的差异，管理人员平均有5位左右的中国朋友，而非管理人员平均只有2位中国朋友。管理人员与非管理人员在企业内拥有中国朋友的最大值也不同，管理人员最多拥有100位中国朋友，而非管理人员最多拥有70位中国朋友。显然，因工作需要，管理人员比普通员工更容易结交本企业的中国朋友，但不同的管理人员拥有中国朋友的多寡差距更为明显。

表8-2　　　　　　管理人员与非管理人员在本企业拥有
中国朋友的数量差异　　　　　　　　（单位：位）

是否是管理人员	样本量	均值	标准差	最小值	最大值
管理人员	147	5.46	10.44	0	100
非管理人员	863	2.06	4.25	0	70

（二）与企业外的中国人交往状况

不同性别的受访者在企业外拥有的中国朋友数量存在差异。表 8 -3 显示，男性员工在企业外平均拥有 4 位中国朋友，女性员工在企业外平均拥有 2 位中国朋友；且男性在企业外最多拥有 700 位中国朋友，女性在企业外最多拥有 200 位中国朋友。可见，与在企业内结交中国朋友的情况类似，男性在企业外结交的中国朋友数量也明显多于女性。不过，从标准差来看，男性员工之间拥有企业外中国朋友的数量差距则大得多，说明男性员工拥有企业外中国朋友的分布更不均衡。

表 8 - 3　　　　　　**不同性别员工在企业外拥有中国朋友的数量差异**　　（单位：位）

性别	样本量	均值	标准差	最小值	最大值
男	474	4. 16	40. 59	0	700
女	532	2. 34	11. 19	0	200

管理人员与非管理人员在企业外拥有的中国朋友数量也存在差异。表 8 - 4 显示，管理人员在企业外平均约有 8 位中国朋友，最多有 700 位中国朋友；而非管理人员平均仅有 2 位企业外的中国朋友，最多有 500 位中国朋友。管理人员在企业外的中国朋友数量明显多于非管理人员，且管理人员之间拥有企业外中国朋友的数量差异更为显著。

表 8 - 4　　　**管理人员与非管理人员在企业外拥有中国朋友的数量差异**　　（单位：位）

是否是管理人员	样本量	均值	标准差	最小值	最大值
管理人员	146	7. 98	58. 30	0	700
非管理人员	860	2. 39	20. 18	0	500

总体来说，在企业内，男女员工平均拥有中国朋友的数量相差不大；在企业外，男性员工平均拥有中国朋友的数量比女性多出一倍；

无论是在企业内还是企业外，管理人员平均拥有中国朋友的数量均远远多于非管理人员。

二 社会距离

社会距离体现的是人与人之间亲疏关系的程度。衡量受访者和不同国家民众的社会距离，主要是基于博格达斯社会距离量表对社会距离的分类。该测量法用来测量社会成员对于他们之间或者他们与其他社会群体成员之间的距离，并认为社会距离存在于行动者心理空间中行动者与其他行动者之间的心理距离。[①] 本部分依据人际关系由亲近到疏远的八个选项，依次是成为伴侣、成为朋友、成为邻居、成为同事、点头之交、居住在同一城市、拒绝来我们国家和以上均不，以衡量中资企业泰国员工与美、中、印、日等四个代表性国家人群的交往态度及亲疏距离。

图 8-1 显示中资企业泰国员工与美、中、印、日四国民众的社会距离。在是否愿意"成为伴侣"和"成为朋友"两种距离感知上，泰国员工的差异性较大，而在是否愿意"成为邻居""成为同事""点头之交"等几种距离感知越来越远的选项上，差异性则很小。从是否愿意"成为伴侣"的选项来看，泰国员工愿意与美、中、日三国民众成为伴侣的比例很接近。其中，五成的泰国员工"愿意"与中国人成为伴侣，而仅有两成左右的泰国员工愿意与印度人成为伴侣。在是否愿意"成为朋友"的选项上，愿意与印度人"成为朋友"的比例超过六成，而愿意与美、中、日三国民众成为朋友的比例均超过四成。由此可见，泰国民众对美国、中国、日本三国人民的亲近度差不多，但对中国人距离感最小，对印度人感受到距离感最大。

---

① 梁汉学：《利用人口普查数据测量社会距离的方法探讨》，《南方人口》2011 年第 4 期。

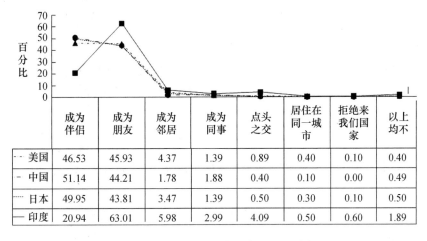

	成为伴侣	成为朋友	成为邻居	成为同事	点头之交	居住在同一城市	拒绝来我们国家	以上均不
美国	46.53	45.93	4.37	1.39	0.89	0.40	0.10	0.40
中国	51.14	44.21	1.78	1.88	0.40	0.10	0.00	0.49
日本	49.95	43.81	3.47	1.39	0.50	0.30	0.10	0.50
印度	20.94	63.01	5.98	2.99	4.09	0.50	0.60	1.89

图 8 – 1　员工与中美印日四国民众的社会距离分布（单位：%）（N = 1010）

第二节　企业评价

本节主要考察泰国员工对其所在中资企业的看法与评价，内容包含中资企业是否尊重泰国本地的风俗习惯、是否尊重受访员工的宗教信仰；受访员工是否喜欢中资企业的作息时间；是否认为中资企业对中外员工的晋升制度一致等。

一　是否尊重风俗习惯与宗教信仰

为考察中资企业是否尊重泰国本地风俗习惯和员工的宗教信仰，本部分从族群、宗教信仰和管理者身份三个维度进行交互分析。

（一）是否尊重风俗习惯

第一，从不同族群受访员工对中资企业是否尊重当地风俗习惯的评价上看，表 8 – 5 显示，在泰族受访员工中，"基本同意"中资企业尊重本地风俗习惯的占比最多，约占六成，"完全同意"的占比为16.08%；在老族受访员工中，"完全同意"中资企业尊重本地风俗习惯的占三成，"基本同意"的超过六成；在华族受访员工中，超过六成人数"基本同意"中资企业尊重本地风俗习惯，"完全同意"的约有一成；在高棉族受访员工中，"基本同意"中资企业尊重本地风俗习惯的高达75%。总之，无论什么族群的泰国员工，大多数都倾向于认同中资企业对泰国本地风俗习惯的尊重。

表8-5　　　　不同族群员工对企业尊重本地风俗习惯的认可度　　　　（单位：%）

族群	完全不同意	不同意	一般	基本同意	完全同意
泰族	2.27	6.91	18.25	56.49	16.08
老族	0.00	0.00	0.00	66.67	33.33
华族	0.00	9.09	18.18	63.64	9.09
高棉族	0.00	25.00	0.00	75.00	0.00
其他族	0.00	9.09	9.09	45.45	36.36
总计	2.20	7.01	18.02	56.56	16.22

$N = 999$。

第二，从信仰不同宗教的受访员工对中资企业是否尊重本地风俗习惯的评价上看，表8-6显示，信仰上座部佛教和基督教的泰国员工有过半的人"基本同意"企业尊重本地风俗习惯，信仰伊斯兰教的泰国员工选择"基本同意"的比例则超过总人数的70%，而不信仰任何宗教的泰国员工仅有33.33%的人基本同意其所在中资企业尊重泰国当地的风俗习惯。由此可见，无论信仰何种宗教的受访员工，大多数都认为中资企业是尊重泰国本地风俗习惯的，而不信仰任何宗教的员工同意这一说法的比例则相对较少。

第三，从管理人员和非管理人员对中资企业是否尊重本地风俗习惯的评价上看，受访者是否为管理人员，对于该项内容评测的结果相差不大。如表8-7所示，无论是管理人员还是非管理人员都有五成的员工"基本同意"企业尊重本地风俗习惯，仅有2%左右的人完全不同意这一说法。由此可见，在泰中资企业尊重泰国本地风俗习惯的做法受到了泰国民众的基本认可。

表8-6　　　　不同宗教信仰员工对企业尊重本地风俗习惯的认可度　　（单位：%）

宗教信仰	完全不同意	不同意	一般	基本同意	完全同意
上座部佛教	2.09	6.91	18.43	56.44	16.13
伊斯兰教	0.00	14.29	0.00	71.43	14.29
基督教	5.26	5.26	10.53	57.89	21.05
不信仰任何宗教	11.11	11.11	22.22	33.33	22.22
总计	2.21	7.02	18.05	56.47	16.25

$N = 997$。

表8-7　　　　不同职级员工对企业尊重本地风俗习惯的认可度　　（单位：%）

是否是管理人员	完全不同意	不同意	一般	基本同意	完全同意
是	2.03	3.38	20.27	57.43	16.89
否	2.24	7.65	17.65	56.47	16.00
总计	2.20	7.01	18.04	56.61	16.13

$N = 998$。

（二）是否尊重宗教信仰

泰国是一个宗教色彩非常浓厚的国家，其中以信仰上座部佛教为主，除此之外还信仰伊斯兰教、基督教、印度教等宗教。可以说宗教触及泰国民众生活的方方面面，泰国文化很大程度上是宗教文化。本部分重点考察在泰国投资的中资企业对员工宗教信仰的尊重程度。

首先，按照受访者族群划分，不同族群的看法是不同的。如表8-8所示，老族的受访者对企业尊重其宗教信仰的认可度最高，"基本同意"和"完全同意"分别占到66.67%和33.33%，没有人认为企业不尊重员工的宗教信仰。泰族和高棉族员工对中资企业尊重员工宗教信仰的认可度也较高，"基本同意"和"完全同意"的泰族员工超过了75%，高棉族员工"基本同意"也占比达75%。此外，华族的员工对企业在尊重员工宗教信仰上的认可度最低，仅有六成左右的人同意企业尊重自身的宗教信仰。由此可见，虽然不同种族的员工对企业尊重自身宗教信仰的认可度不同，但大部分员工还是倾向于认可企业对员工宗教信仰的尊重行为。

表8-8　　　　　　不同族群员工对企业尊重本地宗教信仰的认可度　　　（单位：%）

族群	完全不同意	不同意	一般	基本同意	完全同意
泰族	1.46	4.49	18.27	60.13	15.66
老族	0.00	0.00	0.00	66.67	33.33
华族	9.09	0.00	27.27	45.45	18.18
高棉族	0.00	25.00	0.00	75.00	0.00
其他族	0.00	0.00	20.00	50.00	30.00
总计	1.52	4.46	18.26	59.94	15.82

$N = 986$。

其次，受访者的宗教信仰不同，对企业是否尊重员工宗教信仰的评价也不同。如表8-9所示，信仰伊斯兰教和基督教的受访者，差不多有九成员工（伊斯兰教受访者92.30%，基督教受访者88.89%）认可企业对他们宗教信仰的尊重。信仰上座部佛教的受访者，对企业在对待员工宗教信仰的做法上的认可度则相对较少，仅有七成左右的人同意企业尊重员工的宗教信仰。此外，不信仰任何宗教的员工对中资企业尊重员工宗教信仰的认可度也非常高，没有人对企业在对待员工宗教信仰上的做法感到不满意。可以看出，中资企业尊重信仰宗教的员工，同时也尊重不信仰宗教的员工。

表8-9　　　　　不同宗教信仰员工对企业尊重本地宗教信仰的认可度　　　（单位：%）

宗教信仰	完全不同意	不同意	一般	基本同意	完全同意
上座部佛教	1.48	4.65	18.69	59.35	15.84
伊斯兰教	0.00	0.00	7.69	76.92	15.38

宗教信仰	完全不同意	不同意	一般	基本同意	完全同意
基督教	5.56	0.00	5.56	77.78	11.11
不信仰任何宗教	0.00	0.00	16.67	50.00	33.33
总计	1.52	4.47	18.29	59.86	15.85

$N = 984$。

最后，受访者身份的不同，对中资企业是否尊重员工宗教信仰的评价也不同。如表 8 - 10 所示，身份为管理人员的受访者不同意企业尊重自己宗教信仰的比例只有 2.05%，非管理人员的受访者不同意率比管理人员略高，达到 6.67%。整体上看，无论受访者是否为管理人员，大部分人都认为企业尊重自己的宗教信仰。

表 8 - 10　　　　　**不同职级员工对企业尊重本地宗教信仰的认可度**　　（单位：%）

是否是管理人员	完全不同意	不同意	一般	基本同意	完全同意
是	0.68	1.37	19.86	56.16	21.92
否	1.67	5.00	17.98	60.60	14.76
总计	1.52	4.46	18.26	59.94	15.82

$N = 986$。

总之，无论受访者属于何种族群和信仰何种宗教或是属于哪种职级身份，大部分人都认为中资企业能够尊重其自身的宗教习惯，这反映出在泰中资企业对当地宗教信仰的尊重得到泰国民众的普遍认可。

二　作息时间

中泰时间观念不同。泰国是佛教国家，其时间观念是环形的，相信轮回，认为一切周而复始，在时间观念上没有紧迫感，而是推崇"慢慢来"。同时，泰国员工偏好更安稳的工作环境和充足的假期，这与传统中国企业要求的高效率、高强度的业绩压力相悖。因此，中泰之间在工作时间观念上存在差异，企业和员工需要相互理解和主动融入。本部分从族群、宗教信仰、管理者身份三个维度分析泰籍员工对中资企业作息时间的评价。

首先，受访者族群不同，对企业作息时间的评价不同。表 8 - 11 显示，高棉族员工对企业作息时间的认可度最高（达 100%），其次是老族员工，高达 75% 的老族员工表示基本同意企业的作息安排。对企业作息安排认可度相对较低的是泰族和华族员工，均有六成左右的人对作息时间感到满意。整体上看，中资企业作息时间的安排基本符合大部分人的需求。

表 8 - 11　　　　　　不同族群员工对企业信息时间的认可度　　　　　（单位：%）

族群	完全不同意	不同意	一般	基本同意	完全同意
泰族	3.18	10.66	19.47	53.07	13.63
老族	0.00	0.00	0.00	75.00	25.00
华族	0.00	9.09	27.27	54.55	9.09
高棉族	0.00	0.00	0.00	100.00	0.00
其他族	7.69	7.69	0.00	69.23	15.38
总计	3.17	10.52	19.15	53.57	13.59

$N = 1008$。

其次，受访者的宗教信仰不同，对企业作息时间的评价也不同。如表 8 - 12 所示，信仰基督教的员工对企业作息时间的喜欢程度最高，有近八成的基督教员工喜欢企业的作息时间，其中有 31.58% 的人感到完全同意。对企业作息时间的喜欢程度较高的是信仰伊斯兰教的员工，有七成左右的伊斯兰教员工同意自己喜欢企业的作息时间的说法。而信仰上座部佛教以及不信仰任何宗教的员工喜欢企业作息时间的程度都略低，各仅有六成左右的信仰上座部佛教的员工和不信仰任何宗教的员工喜欢企业作息安排。总体上说，大部分员工对企业的作息安排是能够接受的，也反映出中资企业制定的作息时间安排符合当地民众的需求。

表 8 – 12	不同宗教信仰员工对企业作息时间的认可度			（单位：%）	
宗教信仰	完全不同意	不同意	一般	基本同意	完全同意
上座部佛教	3.32	10.67	19.27	53.47	13.26
伊斯兰教	0.00	7.69	15.38	69.23	7.69
基督教	0.00	5.26	15.79	47.37	31.58
不信仰任何宗教	0.00	11.11	22.22	44.44	22.22
总计	3.18	10.54	19.18	53.48	13.62

$N = 1006$。

最后，受访者是否为管理人员，对企业作息时间的评价略有不同。如表 8 – 13 所示，无论在企业是何种职位，都仅有不到两成的人对企业的作息时间感到完全满意，有五成左右的人感到基本满意。由此可知，无论是管理人员还是非管理人员，均比较认可中资企业对作息时间的安排。

表 8 – 13	不同职级员工对企业作息时间的认可度			（单位：%）	
是否是管理人员	完全不同意	不同意	一般	基本同意	完全同意
管理人员	3.40	8.16	24.49	46.26	17.69
非管理人员	3.14	10.93	18.26	54.88	12.79
总计	3.18	10.53	19.17	53.62	13.51

$N = 1007$。

总之，不同族群、不同宗教信仰和不同工作职位的泰国员工，大部分都认可中资企业的作息时间安排，说明中资企业的作息制度符合大部分员工的需求，中资企业与当地员工在时间观念上的融合较好。

三　晋升制度

企业内部晋升制度是组织管理和员工激励的有效途径，更是用人、留人的好方法，建立和完善企业内部晋升制度，不仅可以减少企业用人风险、增加对现有员工的激励，还有利于企业的可持续发展。中资企业在泰投资经营，企业至少包含中国籍和泰国籍员工，建立相对完善公平的内部晋升制度，是人力资源管理部门的重要任务。本部分从族群、宗教信仰和管理者身份等三个维度来分析泰籍员工对中资企业晋升制度的评价。

首先，从不同族群的泰国员工来看，表 8－14 显示对企业内部晋升制度认可度最高的是老族员工，100% 的老族受访员工都同意其所在中资企业的中外员工晋升制度是一致的；华族和泰族员工同意企业中外员工晋升制度一致的比例分别为 54.54% 和 47.98%。可见，对企业晋升制度最满意的是老族员工，其次是泰族员工，最后是华族员工。不同族群对于企业晋升制度的满意度不同，与各个族群在企业的工作职位不同有关。调查中得知，大多数老族员工位于生产一线，其对于晋升的需求不高。华族员工因其语言优势，工作职位较高，泰族员工的人数最多，相应的晋升比例也会较高，故华族和泰族员工相比老族员工有更多的晋升需求，对于企业的晋升制度也有着更多的看法。

表 8－14　　　　不同族群员工对企业内部晋升制度的认可度　　　（单位：%）

族群	完全不同意	不同意	一般	基本同意	完全同意
泰族	4.05	22.77	25.20	40.81	7.17
老族	0.00	0.00	0.00	100.00	0.00
华族	18.18	18.18	9.09	36.36	18.18
其他族	0.00	0.00	0.00	72.73	27.27
总计	4.17	22.41	24.66	41.22	7.55

$N = 888$。

其次，从不同宗教信仰的受访者来看，表 8－15 显示五成左右的上座部佛教、伊斯兰教和基督教的受访员工均表示，企业对中外员工的晋升制度是一致的，其中基督教员工同意的占比最高，而不信仰宗教的受访员工仅有25%的人认同此看法。由此可见，不信仰宗教的员工对其所在中资企业的晋升制度满意度相对较低。

表8-15　　　　　不同宗教信仰员工对企业内部晋升制度的认可度　　　（单位：%）

宗教信仰	完全不同意	不同意	一般	基本同意	完全同意
上座部佛教	4.22	22.51	24.62	41.03	7.62
伊斯兰教	0.00	11.11	33.33	55.56	0.00
基督教	6.25	12.50	25.00	43.75	12.50
不信仰任何宗教	0.00	50.00	25.00	25.00	0.00
总计	4.18	22.46	24.72	41.08	7.56

$N=886$。

最后，从受访者是否为管理人员来看，表8-16显示，在同意中外员工晋升制度一致的比例上，管理人员比非管理人员略低，有49.93%的非管理人员同意企业中外员工晋升制度一致，而仅有41.98%的管理人员同意企业中外员工晋升制度一致。由此可知，相比普通工作人员，管理人员对企业晋升制度的满意度较低，其更加关注企业的晋升机会。

表8-16　　　　　不同职业及员工对企业内部晋升制度的认可度　　　（单位：%）

是否是管理人员	完全不同意	不同意	一般	基本同意	完全同意
是	4.58	22.90	30.53	32.06	9.92
否	4.10	22.32	23.65	42.80	7.13
总计	4.17	22.41	24.66	41.22	7.55

$N=888$。

总之，不同族群、不同宗教信仰和不同工作职位的泰国员工，对中资企业晋升制度的评价略有不同，比较认可中资企业晋升制度的员工在一半左右，相对而言，管理人员的认可比例更低。

本章小结

在对外交往以及自我认识中，泰国民众对美国人、中国人和日本人的亲近度较高，对印度人的亲近度较低，这是因为在文化和价值观上，泰国和印度表现得非常不一样。在与中国人的交往中，受先天的社交能力和社交圈子的影响，泰国男性比女性能够结交更多的中国朋友，管理人员也比普通工作人员能够结交更多的中国朋友。

在企业评价中，受宗教信仰和族群以及工作职位差异的影响，中资企业的泰国员工对企业的评价有所不同，但整体上，中资企业尊重泰国员工宗教信仰和当地风俗习惯，并获得了泰国民众的基本认可，企业制定的晋升制度也得到大部分员工的赞同。未来随着中资企业对泰国当地文化习惯越来越深的了解，泰国民众对中国企业的满意度也会越来越高。

第九章

泰国中资企业员工的信息
渠道与文化消费

本章依据调查结果，重点分析近一年内在泰中资企业的泰国员工了解中国信息的渠道，并将员工样本按不同类别划分，探讨他们获取中国信息的差异性。同时，还着重分析泰国员工对于中国、韩国、日本、印度及美国等各国文化产品的消费情况，判断各国文化在泰国的影响力以及泰国民众对各国文化的接受程度。

第一节　互联网和新媒体

媒体作为人与人之间信息传递的重要载体与渠道，在社会生活中扮演着越来越重要的角色。媒体的发展促进社会信息化加速，不同的媒体对人们获取信息的速度、内容、质量等方面有不同的影响。依托互联网的发展，媒体已呈现新的发展形态和趋势。新媒体就是一种基于互联网的信息传播媒介，是互联网的产物，其涵盖所有数字化的媒体形式，包括数字化的传统媒体、网络媒体、移动端媒体、数字电视、数字报纸杂志等。相对于报纸杂志、户外媒体①、广播、电视四大传统

---

① 户外媒体是指主要建筑物的楼顶和商业区的门前、路边等户外场地设置的发布广告的信息媒介，主要形式包括气球、飞艇、车厢、大型充气模型、高校内、高档小区走廊楼道广告等。

意义上的媒体而言，新媒体具有交互性与即时性、海量性与共享性、多媒体与超文本、个性化与社群化的新特征，被形象地称为"第五媒体"。本节通过调查数据的分析，可以了解近一年内在泰中资企业的泰国员工获取中国信息的媒体渠道差异及其对媒体的选择偏好，对于有效传播中国信息具有一定指导意义。

一　泰国媒体

报纸是泰国历史最悠久的媒体形式之一，当地拥有 40 多种报纸。近几年，泰国报业转型为报、网、数据库联动，向新媒体"借势"，推动报网联动，建立报纸网站，配以专门的电子版编辑人员，每小时更新内容，随时提供最新的信息。同时，改变传统的有限阅读模式，将报纸内容向用户全面开放。调查显示，报纸在泰国仍是最流行的业余读物，特别是在工作人群中最受欢迎，而且泰国人平均每天读报 30 分钟。杂志是泰国另一种受欢迎的媒体。泰国拥有超过 350 多种杂志。根据泰国国家统计局数据显示，杂志在 15 至 24 岁的年轻人中最受欢迎，紧随其后的是 25 至 59 岁的工作人群。由于平面媒体在发展过程中积极转型，再加之其不可替代性，所以该行业发展较为稳定。

电视因内容充满趣味性、收看方便，而成为泰国民众最受欢迎的主流媒体，在民众中的普及率超过 90%。泰国电视平台分为"免费电视"和"收费电视"，免费电视观众占观众总人数的三分之二。根据尼尔森（泰国）发布的 2019 年 4 月份泰国媒体广告行业资金投入统计数据显示，泰国电视广告行业依旧保持增长，电视的数字化转型使其更受民众青睐，行业发展态势良好。广播在泰国民众中的普及率更高，达到 98%。除社区广播之外，泰国拥有超过 500 家广播电台。[①] 与电视行业一样，泰国广播也在进行转型，积极探索与新兴媒体的融合发展道路，促进传统广播与互联网的深入融合，包括与网络平台、播客平

---

① 印凡、刀国新：《泰国媒体中国报道特征及影响因素分析》，《新闻研究导刊》2017 年第 7 期，第 8 页。

台以及移动平台等播放平台相融合，丰富广播内容和功能选择；与 Facebook、Twitter 等社交媒体合作，探索高效互动模式吸引年轻人，增强年轻听众黏度；同时，还利用卫星、网络、智能手机等先进设备为受众提供多种服务。

网站、搜索引擎以及社交媒体等新媒体的使用率在泰国不断提高。泰国民众不仅通过电视、广播和平面媒体等传统媒体收集信息，也从网站、搜索引擎、社交媒体平台上获取信息。需特别指出，在泰国最流行的社交媒体平台是 Facebook、LINE、Twitter、Instagram 和 YouTube。新媒体对泰国民众的吸引力正在增强，这一点在城市更为明显。

二 了解中国信息的渠道

为获知泰国中资企业当地员工更多使用哪种方式来了解中国，在调查问卷中，设置了 7 个选项，分别是企业内部材料、企业内部员工、中国新媒体、中国传统媒体、报纸杂志、网络和电视等，不仅从总体上考察当地员工了解中国的方式，还从性别、年龄、月收入等三个维度考察员工了解中国的方式差异。此外，对员工了解中国信息的内容也做了相应考察。

第一，总体来看，近一年内中资企业当地员工了解中国信息的渠道存在明显差异。如图 9 - 1 所示，在 1013 份员工样本中，网络是泰国员工了解中国的首要方式，占比为 62.88%；其次是电视，占比 60.81%，这主要得益于泰国网络的不断发展和电视的高度普及。相比于传统媒体，新媒体因互动性、即时性和便捷性优势也成为泰国员工了解中国信息的重要渠道，占比为 15.79%，居第三位。占比最少的是中国传统媒体，仅占 6.12%，因中国传统媒体的传播语言以中文为主，受众更多是针对华侨、华裔以及中国游客，而大部分受访员工基本不懂中文。

第二，近一年内不同性别的员工了解中国信息的渠道也不同。如图 9 - 2 所示，网络和电视均是男女员工了解中国信息的主要渠道，占

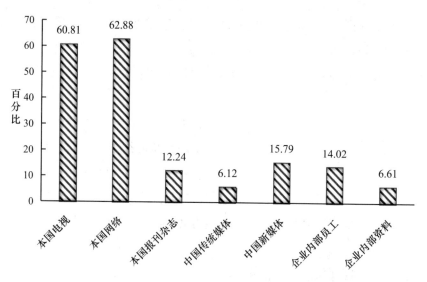

图 9 - 1 近一年内员工了解中国信息的渠道分布（*N* = 1013）

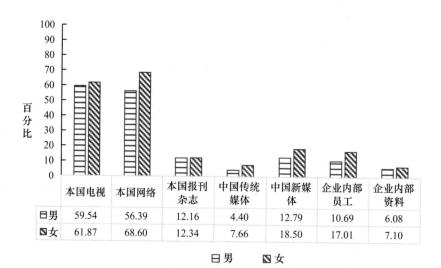

	本国电视	本国网络	本国报刊杂志	中国传统媒体	中国新媒体	企业内部员工	企业内部资料
男	59.54	56.39	12.16	4.40	12.79	10.69	6.08
女	61.87	68.60	12.34	7.66	18.50	17.01	7.10

男   女

图 9 - 2 近一年内不同性别员工了解中国信息的渠道差异（*N* = 1012）

比在六成左右。相比较而言，女性通过网络、电视、本国报刊杂志、中国传统媒体、中国新媒体、企业内部员工、企业内部资料等渠道来获取信息的占比均高于男性，表明女性更善于通过各种渠道来获取信息。

第三，近一年内不同年龄段的员工了解中国信息的渠道不同且差异显著。如图 9－3 所示，在 17 至 25 岁、26 至 35 岁、36 岁及以上三个不同年龄段，年龄越大，选择网络、中国新媒体以及企业内部材料等渠道的比重越小，比重跟年龄呈负相关；而年龄越大，选择电视、报刊杂志、企业内部员工等渠道的比重越大，比重跟年龄呈正相关。说明年轻员工更倾向于选择新媒体，年长员工较青睐原有的传统媒体。

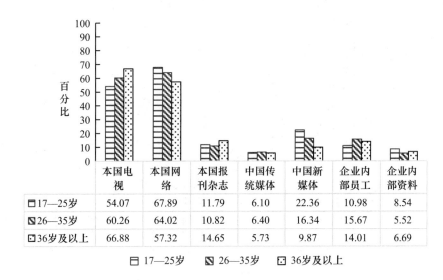

	本国电视	本国网络	本国报刊杂志	中国传统媒体	中国新媒体	企业内部员工	企业内部资料
17—25岁	54.07	67.89	11.79	6.10	22.36	10.98	8.54
26—35岁	60.26	64.02	10.82	6.40	16.34	15.67	5.52
36岁及以上	66.88	57.32	14.65	5.73	9.87	14.01	6.69

目 17—25岁　　图 26—35岁　　图 36岁及以上

图 9－3　近一年内不同年龄段员工了解中国信息的渠道差异（N＝1013）

第四，近一年内受教育程度不同的员工了解中国信息的渠道存在较大差异。如图 9－4 所示，在未受过教育、小学学历、中学学历和大学本科及以上学历等四个受教育程度不同的群体中，电视是未受过教育的员工选择最多的媒体，网络其次，中国传统媒体居第三位，而选择其他渠道的员工占比相同。在小学学历的员工样本中，选择电视员工也最多，其次是网络，选择报刊杂志和企业内部员工相对较少，尤其是选择中国新媒体、企业内部材料和中国传统媒体的更少。在中学学历的员工样本中，选择最多的是电视，其它依次是网络、中国新媒体、企业内部员工、本国报刊杂志、企业内部材料和中国传统媒体。在大学本科及以上的高学历员工样本中，网络是其选择最多的渠道，超过七成的员工通过网络了解中国，其它依次是电视、中国新媒体、企业内部员工、本国报刊杂志、中国传统媒体和企业内部材料。很明显，无论学历高低，网络和电视都是员工选择最多的媒体，特别是网络，大学本科及以上学历的员工选择最多。此外，学历越高的员工越倾向选择线上新媒体，相反，学历越低的员工越倾向于选择传统媒体。

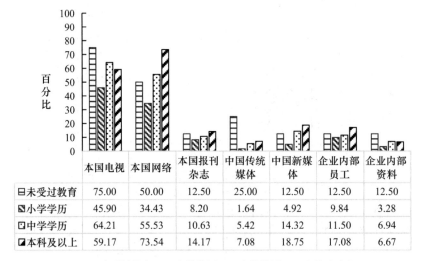

	本国电视	本国网络	本国报刊杂志	中国传统媒体	中国新媒体	企业内部员工	企业内部资料
未受过教育	75.00	50.00	12.50	25.00	12.50	12.50	12.50
小学学历	45.90	34.43	8.20	1.64	4.92	9.84	3.28
中学学历	64.21	55.53	10.63	5.42	14.32	11.50	6.94
本科及以上	59.17	73.54	14.17	7.08	18.75	17.08	6.67

图9-4 近一年内受教育程度不同的员工了解中国信息的渠道差异（N = 1010）

第五，近一年内月收入不同的员工了解中国信息的渠道也存在一定差异。如图9-5所示，在10000至14000泰铢、14335至18000泰铢、18350至23000泰铢、23500至30000泰铢以及30495至660000泰铢等五个不同月收入的群体中，选择电视渠道占比最多的是月收入为10000至14000泰铢的员工，最少的是月收入为2350至30000泰铢的员工；选择网络渠道占比最多的是月收入为30495至660000泰铢的员工，最少的是月收入为10000至14000泰铢的员工；选择报刊杂志渠道占比

最多的是月收入为 10000 至 14000 泰铢的员工，最少的是月收入为
14335 至 18000 泰铢的员工；在中国新媒体这一渠道，月收入为 23500
至 30000 泰铢的员工选择最多，10000 至 14000 泰铢的员工占比最少；
在企业内部员工这一渠道，月收入为 23500 至 30000 泰铢的员工占比最
多，10000 至 14000 泰铢的员工占比最少；在企业内部材料这一渠道，
月收入为 18350 至 23000 泰铢的员工占比最多，30495 至 660000 泰铢的
员工占比最少。总体来看，网络和电视是不同收入员工获取中国信息
的主要方式，但收入越高，通过网络获取中国信息的占比越高。

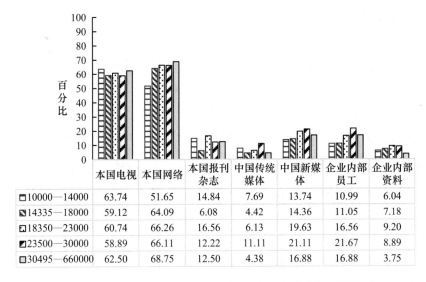

	本国电视	本国网络	本国报刊杂志	中国传统媒体	中国新媒体	企业内部员工	企业内部资料
10000—14000	63.74	51.65	14.84	7.69	13.74	10.99	6.04
14335—18000	59.12	64.09	6.08	4.42	14.36	11.05	7.18
18350—23000	60.74	66.26	16.56	6.13	19.63	16.56	9.20
23500—30000	58.89	66.11	12.22	11.11	21.11	21.67	8.89
30495—660000	62.50	68.75	12.50	4.38	16.88	16.88	3.75

图 9 – 5　近一年内不同收入水平员工了解中国信息的渠道差异

（单位：泰铢）（*N* = 866）

　　第六，近一年内员工从泰国媒体关注中国相关新闻的内容也很不
相同（详见表 9 – 1）。调查选取了四种相关新闻做比较，分别为关于中
国大使馆对本国的捐赠新闻、关于中国援助本国修建道路、桥梁、医
院和学校的新闻、关于本国学生前往中国留学的新闻及关于中国艺术
演出的新闻，以考察泰国员工对中国新闻的关注倾向。其中，有超过
八成的员工收看本国学生前往中国留学的新闻（89.91%）以及中国艺

术演出的新闻（84.52%），而收看关于中国大使馆对本国的捐赠新闻（36.09%）和中国援助本国修建道路、桥梁、医院和学校的新闻（33.06%）的均仅占样本的三成。由此可见，在泰中资企业当地员工较少关注有关中国援助类新闻，而对教育文化类新闻关注度较高，说明泰国员工对中国的文化、教育更感兴趣。

表9-1　　　近一年内员工从泰国媒体收看中国相关新闻的内容偏好 （单位：个、%）

相关新闻	样本量	是	否
中国大使馆对本国的捐赠新闻	967	36.09	63.91
中国援助本国修建道路、桥梁、医院和学校的新闻	962	33.06	66.94
本国学生前往中国留学的新闻	1001	89.91	10.09
中国艺术演出的新闻	1001	84.52	15.48

一般而言，一国的形象很大程度上有赖于媒体的报道与宣传，媒体所传播的信息会对大众起到引导作用。有学者调查指出，泰国主流媒体的涉华报道不仅包含政治、经济、文化、社会、军事、教育科技等六个方面，还包括外交、旅游休闲、艺术、中泰关系等细分领域。[①] 泰国媒体对中国报道可以分为三类，即正面报道、负面报道和中立报道。据统计，在泰国主流媒体中，中立报道数量最多，其次是正面报道，负面报道相对较少。这些报道对泰国民众客观认知中国十分重要。

第二节　文化消费

文化消费是指用文化产品或服务来满足人们精神需求的一种消费

① 印凡、刀国新：《泰国媒体中国报道特征及影响因素分析》，《新闻研究导刊》2017年第7期，第8页。

形式。21 世纪的到来，人民消费水平呈"井喷式"增长，消费者在追求质量的同时，文化消费也呈现"奔跑式"上升趋势。其中，跨文化消费对促进国家间相互了解和文化交流，对提升国家形象和相关产业的发展起到不可忽视的作用，彰显了"软实力"的强大影响力。本节通过调查数据来分析在泰中资企业的当地员工对中国、韩国、日本、印度、美国等各国影视剧和音乐的消费偏好，从而揭示各国在泰的文化影响力。

一　影视剧消费

为了解泰国中资企业员工对文化消费的倾向以及各国的文化产品在泰国的接受程度和受欢迎程度，调查中分别以中国、日本、韩国、印度和美国为例，统计了中资企业的泰国员工在工作之余观看外国电影和电视剧的频率，如表 9 - 2 所示。

表 9 - 2　　　　　员工观看不同国家的电影/电视剧的频率分布　　　（单位：%）

频率	华语电影/电视剧 N = 1012	日本电影/电视剧 N = 1011	韩国电影/电视剧 N = 1011	印度电影/电视剧 N = 1012	美国电影/电视剧 N = 1012
从不	10.87	31.16	25.22	54.55	11.07
很少	19.27	29.38	20.87	24.51	10.38
有时	42.49	30.66	32.74	16.90	30.24
经常	18.87	7.72	16.22	2.67	32.61
很频繁	8.50	1.09	4.95	1.38	15.71

员工观看美国电影和电视剧的频率最高，15.71% 的员工很频繁地观看，32.61% 的员工经常观看；对于华语电影和电视剧，很频繁观看的泰国员工占 8.50%，经常观看的占 18.87%，明显低于美国；对于韩国的电影和电视剧，很频繁观看的泰国员工占 4.95%，经常观看的占 16.22%，居第三位；很频繁地观看日本、印度电影和电视剧的比例都较低，分别为 1.09%、1.38%，经常看日本、印度电影和电视剧的比例也较低，分别为 7.72%、2.67%。

相反，最不受泰国员工喜爱的是印度电影和电视剧，超过半数的员工（54.55%）从不观看印度电影和电视剧，从不看日本、韩国电影和电视剧的员工分别占31.16%、25.22%，而仅有10.87%的员工从不观看华语电影和电视剧，11.07%的员工从不看美国电影和电视剧。

很少观看日本电影或电视剧的员工占比最高，约三成（29.38%），很少观看华语电影和电视剧的员工占比两成（19.27%），而只有一成的员工很少观看美国电影和电视剧。有时观看华语电影和电视剧的员工比例最高，超过四成（42.49%）；有时观看印度电影或电视剧的员工比重最小，为16.90%；而有时观看韩国、日本、美国电影和电视剧的员工比重都较高，均超过三成。

从影视剧的观看频率来看，在泰中资企业当地员工中，最受欢迎的影视剧来源依次为美国、中国、韩国、日本、印度。尽管日本与泰国之间的经贸合作最多，对泰国人民的影响最深，但日本的影视作品并没有想象的那么受泰国民众欢迎，其受欢迎程度高于印度，而明显低于中国和美国，甚至不及韩国。

二　音乐消费

为了进一步了解在泰中资企业员工对外国文化产品的消费倾向，调查中从音乐维度考察了泰国员工对华语音乐、日本音乐、韩国音乐、印度音乐、美国音乐的喜好。

表9－3显示泰国中资企业员工对该五国音乐的喜爱程度。首先，美国音乐最受泰国员工喜爱，超过一半的员工（51.70%）表示喜欢美国音乐，且另有10.18%的员工表示非常喜欢美国音乐；其次，超过三成的员工（34.42%）喜欢华语音乐，且另有5.28%的员工表示非常喜欢华语音乐；再次，约四之分一的员工（24.19%）喜欢韩国音乐，且另有4.78%的员工非常喜欢韩国音乐；最后，对于日本音乐和印度音乐，只有不到1%的员工表示非常喜欢，表示喜欢的员工比例分别为13.89%和5.60%。

表 9-3 　　　　　　　 员工对不同国家音乐喜爱程度分布 　　　　　　（单位：%）

喜欢程度	华语音乐 N=985	日本音乐 N=965	韩国音乐 N=984	印度音乐 N=964	美国音乐 N=1002
非常喜欢	5.28	0.93	4.78	0.83	10.18
喜欢	34.42	13.89	24.19	5.60	51.70
一般	43.45	50.36	44.31	37.76	24.55
不喜欢	14.21	29.12	21.54	41.70	11.38
非常不喜欢	2.64	5.70	5.18	14.11	2.20

相反，最不受泰国中资企业员工喜爱的音乐是印度音乐，有41.70% 和14.11% 的员工分别表示不喜欢和非常不喜欢；日本和韩国音乐不受喜爱的程度也较高，分别有29.12% 和21.54% 的员工表示不喜欢，分别有5.70% 和5.18% 的员工表示非常不喜欢；对于华语音乐，不喜欢和非常不喜欢的比例分别为14.21% 和2.64% ；对于美国音乐，只有11.38% 的员工不喜欢和2.20% 的员工非常不喜欢。

由此可见，泰国中资企业当地员工对外国音乐的欢迎和喜爱程度存在明显差异，超过六成的员工喜欢美国音乐，近四成员工喜欢华语音乐，近三成员工喜欢韩国音乐，超过一成员工喜欢日本音乐，而仅6% 的员工喜欢印度音乐。

总之，从调查结果来看，泰国民众最倾向于消费美国文化产品，包括影视产品和音乐作品，对其文化产品的青睐和崇尚程度最高，而对同是亚洲的四国文化产品的喜好度排名依次是中国、韩国、日本、印度。由此可以管窥美国文化的全球影响力。事实上，美国文化产业在全球市场上占有重要比重。据统计，在全球文化市场上，美国文化产业贡献值占31.65% ，日本占12.43% ，中国占6.11% ，其他国家占49.82% 。[①]

---

① 魏海香：《论美国文化国际影响力模式及其特点》，《新闻传播》2019 年第2 期。

本章小结

依据调查结果发现，在泰中资企业当地员工了解中国信息的渠道存在明显差异，网络是最受偏爱的渠道，其他依次是电视、中国新媒体、企业内部员工、报纸杂志、企业内部资料和中国传统媒体。将员工样本以性别、年龄、受教育程度和月收入等四个不同维度进行分析，其结果与总体选择存在一定差异。

同时，当地员工从泰国媒体关注中国相关新闻的内容也很不相同，对中国援助类新闻关注较少，而对教育文化类新闻关注度较高。以中国、日本、韩国、印度和美国五国为例，考察在泰中资企业泰国员工对五国文化消费的倾向以及五国的文化产品在泰国的接受程度和受欢迎程度发现，泰国民众最倾向于消费美国文化产品，包括影视产品和音乐产品，其他依次是中国、韩国、日本、印度。

第 十 章

泰国中资企业员工对中国品牌、
企业社会责任及大国影响力的评价

本章结合调研结果，从中国品牌、企业社会责任及大国影响力等不同层面，剖析泰国民众对中国品牌的认知度、中资企业对外援助的类型与泰国民众希望的援助类型之间的异同及中美日印四个大国在泰国影响力的差距，充分把握中国品牌在泰国的认可程度和企业社会责任履行的情况，掌握中美日印在泰国影响力的变化。

第一节　中国品牌

全球经济一体化竞争日益激烈，品牌已经成为全球经济和科技竞争的制高点，也是企业乃至一个国家的核心竞争力。英国权威品牌价值咨询公司 Brand Finance 在达沃斯世界经济论坛上发布的《2019 年度全球品牌价值 500 强》报告显示，中国上榜品牌总价值首次突破 1 万亿美元，达 13074 亿美元，占 500 强总价值的 19%。① 可见，中国品牌的影响力已日渐增强。随着"一带一路"倡议全方位推进，泰国已成为中国企业重要的投资对象国。中国企业进入泰国市场后，泰国民众是

---

① 《全球 500 强榜单出炉》，2019 年 2 月 19 日，https://www.iyiou.com/p/92913.html。

否认识中国企业品牌，以及他们熟知的中国企业类型往往是检验中国品牌在泰国市场是否具有品牌影响力的晴雨表。通过泰国中资企业员工数据的分析，可知中国品牌在泰国民众中的认知程度，并说明中国品牌在泰国市场的影响力。

一　对中国品牌的认知

为了解在泰中资企业当地员工对除本企业外的中国产品品牌的认知状况，本调查不仅从总体上来反映这一问题，还从受教育程度、职位、性别、上网频度等不同维度来认识这一问题。从总体样本来看，对于"是否知道本企业外的中国产品品牌"的问题，有67.64%的受访员工表示知道，只有32.36%的受访员工不知道，说明有较多的泰国员工对中国品牌有一定的了解和认知，中国品牌在当地已有较高的知名度（详见图10-1）。

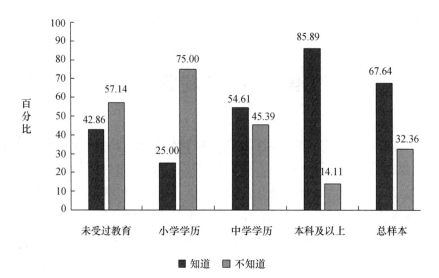

图 10-1　按受教育程度划分的员工对本企业外的中国产品品牌的认知（N = 998）

如果以受教育程度作为自变量与其进行交互分析发现，学历越高，对于本企业外的中国产品品牌的认知度就越高，甚至有85.89%的本科及以上学历的受访员工选择"知道"，选择"不知道"的比例仅占14.11%；而小学学历和未受过教育的受访员工不知道本企业以外的中国产品品牌的占比均超过了半数（详见图10－1）。由此可见，学历与是否知道本企业外的中国产品品牌存在正相关关系，说明受教育程度高的受访员工知识面广，有更多的机会接触中国品牌，对中国品牌的认知度高。

图10－2显示，对于工作身份是公司管理人员的受访者来说，更容易知道除本企业外的中国产品品牌（79.73%），而非公司管理人员的受访者，较少了解除本企业以外的中国产品品牌（65.57%）。显然，中资企业中的管理人员要比非管理人员有更多机会接触和了解中国产品品牌。

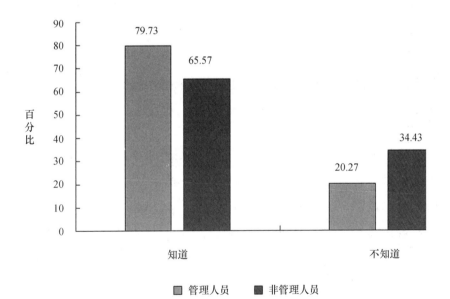

图10－2　管理人员与非管理人员对本企业外的中国产品
品牌的认知（$N = 999$）

图 10 – 3 显示，男性受访员工对中国品牌的认知要低于女性，有 66.38%的男性受访员工知道本企业以外的中国品牌，略低于女性受访员工（68.81%）。可见，泰国女性员工品牌意识更强，接触到的中国品牌也多于男性。

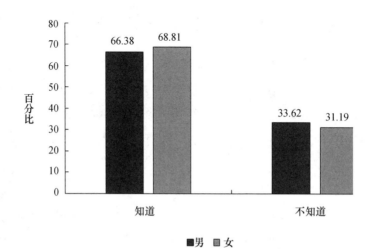

图 10 – 3　按性别划分的员工对本企业外的中国产品品牌的

认知（N = 999）

表 10 – 1 显示，从上网频率来看，受访员工上网频率越高，对本企业外的中国产品品牌就越了解，而上网频率越低的人，对本企业外的中国产品品牌越不太了解。由此表明，网络是中资企业泰国员工了解中国品牌的主要方式。值得注意的是，一个月至少上网一次的受访员工完全不知道本企业外的中国产品品牌，几乎不上网和从不上网的受访员工知道本企业外的中国产品品牌的占比分别为 33.33%和 15.38%，这充分说明泰国员工对于中国品牌的认知并不局限于网络。

表 10 - 1　　　　　　按上网频率划分的员工对本企业外的中国产品

品牌的认知状况　　　　　　　　　（单位：%）

上网频率	是	否
一天多个小时	72.53	27.47
一天半小时到一小时	55.79	44.21
一天至少一次	40.00	60.00
一周至少一次	50.00	50.00
一个月至少一次	0.00	100.00
几乎不	33.33	66.67
从不	15.38	84.62
总计	67.74	32.26

$N = 998$。

二　印象最深的中国品牌

泰国受访者最为熟知的中国产品品牌前四名是华为、OPPO、小米和 vivo，都属于中国民营企业中的手机品牌（详见图 10 - 4 和图 10 - 5）。其中，男性受访者和女性受访者对华为品牌的认知度最高，除华为以外，男性受访者更加关注小米，女性受访者则更关注 OPPO，其余上榜手机品牌男女受访者的比例差别不大。

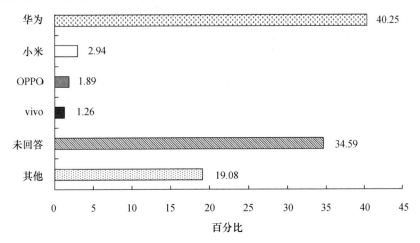

图 10 - 4　男性员工印象最深的中国品牌分布（$N = 477$）

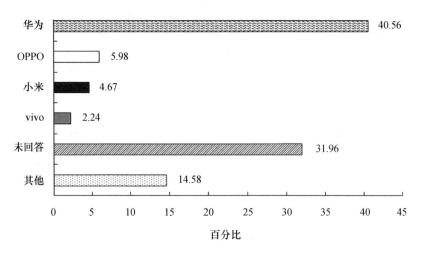

图 10 - 5　女性员工印象最深的中国品牌分布（N = 535）

以上四种品牌属于中国民营企业，中国工商联发布的民营企业 500 强研究报告显示，在 2017 年 500 强民营企业中，有 274 家参与了"一带一路"建设，实现海外收入（不含出口）7900 多亿美元。国家信息中心数据显示，2017 年民营企业与"一带一路"相关国家的进出口总额达到 6000 多亿美元，占与"一带一路"相关国家贸易总额的 43%。① 由此可见，民营企业已经成为参与"一带一路"建设的重要力量，在泰国市场中民营企业更是具有显著的品牌影响力。

华为作为其中唯一跻身《2019 年度全球品牌价值 500 强》前 50 名的中国民营企业，以 40.56% 的占比遥遥领先于其他企业。从图 10 - 4 和图 10 - 5 不难看出，前四名的中国企业都为信息技术类企业，在泰国市场上都以手机产品销售为主。2019 年，华为、小米、OPPO、vivo 四大中国智能手机品牌与韩国三星、美国苹果手机共同占据东南亚市场主要份额。根据国际调研机构 Canalys 最新公布的行业数据显示，2018 年第四季度，OPPO 在泰国收获了 22.2% 的市场份额，跃居第一；三星

---

① 《民营企业成为"一带一路"建设重要力量》，2018 年 9 月 16 日，中国一带一路网（https：//www. yidaiyilu. gov. cn/xwzx/gnxw/66333. htm）。

为 21.1%，位居第二；华为在泰国的市场份额为 13.1%，排名第三；vivo 市场份额为 12.7%，排名第五；截至 2019 年 5 月，华为手机在泰国的市场份额已升至 20%。中国手机品牌受到泰国消费者欢迎的同时，也符合了泰国通信技术开发的需求。值得一提的是，泰国正逐步从移动互联网时代向数字经济时代转变，中国手机企业的先进技术是泰国不可或缺的东风。泰国总理巴育 2019 年 8 月 1 日在曼谷总理府会见国务委员兼外交部长王毅时谈到，中方提出的"一带一路"倡议使地区国家和世界受益，泰方愿积极参与共建。欢迎中国企业扩大赴泰投资，深化泰中第三方市场合作，密切两国人文交流，推动泰中关系取得更大发展。[①] 华为作为研发投入排名世界第六的企业，泰国副总理颂奇更是郑重邀请其作为泰国 4.0 战略的最重要合作伙伴。[②]

表 10 - 2 显示，上网频率多寡与泰国受访员工对中国品牌的印象具有相关性，上网越频繁的员工对中国品牌的印象越深。除一月至少一次上网的受访员工外，其他不同上网频率的受访者对于中国品牌的印象排名中，华为都居第一位，只是占比随着上网频率的降低而递减，但依旧具有影响力。

表 10 - 2　　　　　按上网频率划分的员工印象最深的中国品牌分布　　　　（单位：%）

上网频率	未回答	华为	小米	OPPO	vivo	其他
一天几个小时	28.26	42.39	4.47	4.59	2.05	18.24
一天半小时到一小时	44.79	41.67	0.00	1.04	1.04	11.46
一天至少一次	60.00	28.00	0.00	2.00	0.00	10.00
一周至少一次	60.00	20.00	10.00	0.00	0.00	10.00
一个月至少一次	100.00	0.00	0.00	0.00	0.00	0.00

① 《泰国总理巴育：泰方愿积极参与共建"一带一路"》，2019 年 8 月 2 日，中国一带一路网（https：//www.yidaiyilu.gov.cn/xwzx/roll/98858.htm）。

② 《泰国副总理颂奇　泰国的发展要与"一带一路"对接》，2017 年 5 月 9 日，新华社（http：//www.xinhuanet.com//2017 - 05/09/c_1120944992.htm）。

上网频率	未回答	华为	小米	OPPO	vivo	其他
几乎不	70.00	10.00	0.00	10.00	0.00	10.00
从不	84.62	7.69	0.00	0.00	0.00	7.69
总计	33.14	40.45	3.76	4.06	1.78	16.82

$N = 1011$。

通过对泰国中资企业当地员工调查结果的分析发现，泰国民众对中国品牌的认知存在几个特点：第一，大部分泰国民众对中国品牌的认知度较高，其中女性比男性更了解中国品牌，受教育程度越高、在公司中地位等级越高的泰国员工对中国品牌的认知度越高。第二，中国民营企业在泰国市场具有重要的品牌影响力，而中国信息技术品牌是泰国民众认知度最高的中国品牌，这些品牌销售手机作为泰国民众日常生活必备的消费品，在泰国占有较高的市场份额，尤其是华为品牌，在泰国民众中是认知度最高、印象最深的中国品牌。第三，网络是泰国民众认知中国产品品牌的主要方式，上网频率与中国品牌的知名度之间呈现明显的正相关关系，但网络并非唯一渠道。

第二节　企业社会责任

跨国企业的社会责任是企业在海外管理和经营中需要承担的东道国的社会责任，包括当地经济发展责任、员工权益责任、环境责任和其他责任等。[①] 在泰中资企业作为促进中泰经济合作发展的重要载体，不仅承担着企业发展任务，还肩负着树立企业和中国海外形象的使命。在泰中资企业快速发展的同时，企业的社会责任问题日益受到关注。一些国外媒体认为中国企业忽视当地环境问题、违反劳工法规、不尊

---

① 欧阳峤：《跨国企业的社会责任》，中国经济出版社 2008 年版，第 23—30 页。

重劳工权利等，批评中国企业忽视海外责任问题。中国驻泰国大使馆经参处参赞张佩东曾号召企业，要培育企业文化，做好中国品牌，着力增强软实力；积极关注泰国社会事务，通过各种渠道参与和支持当地宗教、文化、教育、慈善等事业的发展，努力构建和谐、多赢的格局。① 可见，承担企业社会责任是中国企业在泰国市场顺利发展的重要内容。本节通过对泰国中资企业当地员工对中资企业援助认知的分析，了解员工期望与实际援助之间的差异，掌握中国企业在泰国援助情况，为企业履行社会责任提供参考。

一　员工对援助形式的期望

图 10 - 6 显示了泰国中资企业当地员工希望中资企业在当地开展的援助类型。员工最希望本企业在当地开展的援助类型是教育援助，占比高达 60.22%；其次是卫生援助，占比为 36.42%；再次是培训项目（26.16%）、基础设施援助（25.67%）、公益慈善捐赠（25.47%）等，占比差距不大；而其它的援助类型依次是：直接捐钱（22.61%）、社会服务设施（21.72%）、水利设施（20.73%）、文体交流活动（20.63%）、文化体育设施（18.76%）、修建寺院（14.22%）等，占比都在 10% 以上。可见，泰国员工希望中资企业在当地开展的援助类型涉及广泛，但教育是泰国民众最期盼和乐于接受的援助类型。

对于设施类的援助形式，如基础设施援助、水利设施援助、文体设施援助、寺庙援建等，在中资企业的泰国员工中也有一定的支持率，占比分别为 8.40%、7.69%、7.49%、4.05%。显然，对于投入大、耗时长的援助项目并不是民众所希望的或最得民心的项目。

---

① 商务部国际贸易合作研究院、中国驻泰国大使馆经济商务参赞处、商务部对投资和经济合作司：《对外投资合作国别（地区）指南——泰国（2018 年版）》，http：//www.mofcom.gov.cn/dl/gbdqzn/upload/taiguo.pdf。

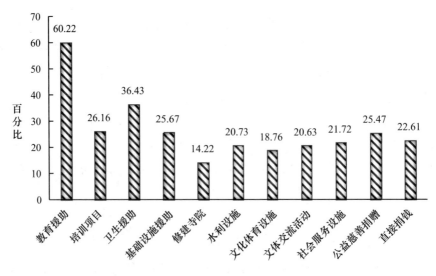

图 10-6　员工最希望企业在本地开展的援助类型（N=1013）

二　员工对企业援助的认知

从表 10-3 可以看出，中资企业在泰国本地的社会援助项目中，最为泰国员工所认知的前三位援助分别是电力设施、以钱或实物捐赠、文体交流活动，所占比例分别为 59.39%、45.75%、45.36%。

表 10-3　　　员工对企业在本地开展援助项目类型的认知　　　（单位：%）

类别	有	没有	不清楚	合计	样本量
教育援助	32.44	36.00	31.55	100.00	1011
培训项目	23.91	53.26	22.83	100.00	1012
卫生援助	27.87	42.39	29.74	100.00	1012
基础设施援助	21.15	47.73	31.13	100.00	1012
修建寺院	32.41	39.13	28.46	100.00	1012
水利设施	44.57	31.42	24.01	100.00	1012
电力设施	59.39	23.72	16.90	100.00	1012
文化体育设施	41.11	40.81	18.08	100.00	1012

类别	有	没有	不清楚	合计	样本量
文体交流活动	45.36	38.64	16.01	100.00	1012
社会服务设施	35.18	39.33	25.49	100.00	1012
以钱或实物形式进行公益慈善捐赠	45.75	26.48	27.77	100.00	1012

在援建泰国电力设施方面，中国企业一直承担着重要角色。例如，2008 年，中国电建集团公司向泰国皇家基金会捐赠风力发电机组。2012 年，中国电建承建的泰国乔比雅水电站竣工。2014 年 5 月，中国电建签署泰国光伏发电示范项目总承包合同，为指导泰国光伏产业发展和相关政策制定提供帮助。[①] 在钱或实物捐赠方面，中国企业也在泰国天灾人祸面前慷慨解囊。驻泰中资企业商会的各大企业在泰国水灾时捐赠 607.974 万泰铢的赈灾款。2018 年，泰国普吉岛沉船事件发生后，泰国中国企业总商会组织各大企业组成志愿者小组，为沉船事件提供物资上的帮助。在文体交流活动方面，驻泰国中资企业在泰国节假期间经常以文艺演出、摄影展、资助汉语或是才艺比赛的方式促进中泰文化的交流。2008 年，华为在泰国首次举办"未来种子"项目，与朱拉隆功大学、法政大学、农业大学和叻甲挽先皇技术学院等多所泰国顶尖高校合作，选派学生到北京、深圳学习，为泰国高校学生提供到中国游学、知识分享的机会。

总体来说，一方面，从泰国员工对中资企业对泰援助的认知上看，泰国员工普遍认为中资企业在泰国积极主动地履行东道国社会责任义务，主要集中在电力设施、以钱或实物捐赠、文体交流活动上，吻合当地员工希望中资企业援助的类型中以钱或实物捐赠、文体交流

---

① 国务院国有资产监督管理委员会：《中国电建签署泰国光伏发电示范项目总承包合同》，2014 年 5 月 13 日，中国电力建设有限公司，http://www.sasac.gov.cn/n2588025/n2588124/c3858718/content.html。

活动的类型，社会服务方面的援助在泰国员工认知中，中国企业实施频率并不太高。但从另一方面看，部分泰国员工对于中国企业对泰国援助的情况并不是很了解，反映出中国企业对泰国援助虽加大尝试，但积极性或成效较为保守。换句话来说，部分中国企业海外社会责任意识还较淡薄。

第三节　大国影响力评价

鉴于泰国重要的地理位置，中美日印四国一直试图增加自身在泰国的影响力，以求稳固的双边经济关系带来更深层的政治文化合作。如今，中国、日本和美国均是泰国前三大经贸合作伙伴。随着泰国与印度自由贸易协议区（TIFTA）的生效实施，印度对泰国的影响也在逐渐加深。可见，中美日印四国与泰国的经济联系均不断深化，对其的影响力也不断扩大。本节通过对泰国中资企业当地员工对大国影响力的认知数据分析，可以在一定程度上了解泰国民众对中美日印四国影响力的认知情况和评价差异。

一　对中美日印在亚洲影响力的认知

总体来看，泰国中资企业接近70%的当地员工认为中国在亚洲的影响力最大，员工占比遥遥领先于美国、日本和印度（见表10-4）。但性别、年龄、受教育程度等不同的受访员工对此问题的认知略有不同。

从表10-4可看出，大部分男性受访员工和女性受访员工均认为中国在亚洲的影响力最大，美国次之，日本第三，印度第四，其中女性受访员工对于中国和日本在亚洲影响力的认可度要超过男性，而男性受访员工对于美国在亚洲影响力的认可度要超过女性。

表 10 - 4　　　**在亚洲影响力最大的国家：不同性别员工的评价差异**　　　（单位：%）

性别	中国	日本	美国	印度	其他
男	68.68	9.94	18.79	0.86	1.73
女	71.11	11.89	15.16	0.00	1.84
总计	69.93	10.94	16.93	0.42	1.79

$N = 951$。

从表 10 - 5 来看，36 岁及以上的受访者认为中国在亚洲的影响力最大的比例最高，17—25 岁的受访者认为中国在亚洲的影响力最大的比例最低；17—25 岁受访者认为美国在亚洲的影响力最大的比例最高，36 岁及以上的受访者最低；而不同年龄段对于日本在亚洲影响力最大的认知比例较为平均；但在印度方面仅有 26—35 岁的受访者认为印度在亚洲的影响力最大。可见，年龄越大认为中国在亚洲影响力最大的人越多，与其相反，年龄越小认为美国在亚洲影响力最大的人数越多。

表 10 - 5　　　**在亚洲影响力最大的国家不同年龄员工的评价差异**　　　（单位：%）

年龄组	中国	日本	美国	印度	其他
17—25 岁	64.35	10.19	23.15	0.00	2.31
26—35 岁	68.72	11.19	16.89	0.91	2.28
36 岁及以上	75.50	11.07	12.75	0.00	0.67
总计	69.85	10.92	17.02	0.42	1.79

$N = 952$。

从表 10 - 6 来看，本科及以上学历的受访者认为中国在亚洲影响力最大的比例最高；未受过教育的受访者认为美国在亚洲影响力最大的比例最高；仅有对印度影响力的认知方面，中学学历的受访者认为印度在亚洲影响力最大的占比最高。因此，受教育程度越高的泰国员工认为中国在亚洲影响力最大的比例越大，相反受教育程度越低的泰国民众认为美国在亚洲影响力最大的占比越大。

表 10-6　　在亚洲影响力最大的国家受教育程度不同的员工的评价差异　（单位：%）

最高学历	中国	日本	美国	印度	其他
未受过教育	28. 57	28. 57	42. 86	0. 00	0. 00
小学学历	69. 39	10. 20	16. 33	0. 00	4. 08
中学学历	63. 72	14. 08	19. 57	0. 95	1. 67
本科及以上	75. 95	8. 02	14. 35	0. 00	1. 69
总计	69. 86	10. 96	16. 97	0. 42	1. 79

$N = 949$。

从表 10-7 来看，认为中国在亚洲影响力最大的最高比例主要集中于工作年限为 1 年和 6 年以上的受访者，工作年限 2 年至 5 年的受访者最低；认为美国在亚洲影响力最大的最高比例主要集中于 1 年至 3 年的受访者，工作年限 6 年及以上的受访者所占比例最低；工作年限为 4—5 年的受访者认为日本在亚洲影响力最大的比例最高，1 年及 6 年以上的工作年限的受访者占比最低；工作年限为 2 年、3 年和 5 年的受访者认为印度在亚洲影响力最大的比例最高。可以看出，刚入职和入职 6 年以上的受访者更认可中国在亚洲的影响力。

表 10-7　　　　　在亚洲影响力最大的国家：不同工作年限的
泰国员工的评价差异　（单位：%）

工作年限	中国	日本	美国	印度	其他
1 年	70. 73	9. 76	19. 51	0. 00	0. 00
2 年	65. 52	10. 34	21. 94	0. 63	1. 57
3 年	62. 03	10. 13	22. 78	0. 63	4. 43
4 年	66. 67	14. 81	15. 74	0. 00	2. 78
5 年	62. 12	15. 15	18. 18	1. 52	3. 03

工作年限	中国	日本	美国	印度	其他
6 年	80.77	13.46	5.77	0.00	0.00
7 年	84.85	9.09	6.06	0.00	0.00
超过 7 年	83.43	8.57	8.00	0.00	0.00

$N = 952$。

从图 10 - 7 来看，工作中使用电脑的受访者对于中国在亚洲影响力的认可程度要比不使用电脑的受访者大。有趣的是，工作中不使用电脑的受访者对于美国、日本、印度在亚洲影响力最高的比例较于使用电脑的受访者高。由此看出，工作中使用电脑有助于泰国员工获取有关中国的消息，使员工更认可中国在亚洲的影响力。

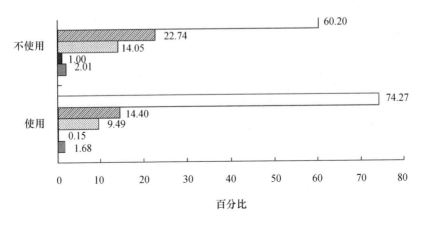

图 10 - 7　在亚洲影响力最大的国家：使用电脑与否的员工的评价差异（$N = 952$）

从图 10 - 8 来看，去过韩国企业工作的受访员工认为中国在亚洲影响力最大的比例最高，而去过日本企业工作的受访者认为中国在亚洲影响力最大的占比最低；去过欧盟企业工作的受访者认为日本在亚洲影响力最大的比例最高，去过韩国企业工作过的受访者所占比例最低；

去过日本企业工作的受访者认为美国在亚洲影响力最大的比例最高，去过印度企业工作的受访者所占比例最低。总体而言，有日本企业工作体验的员工对中国在亚洲影响力的认可度相对较低。

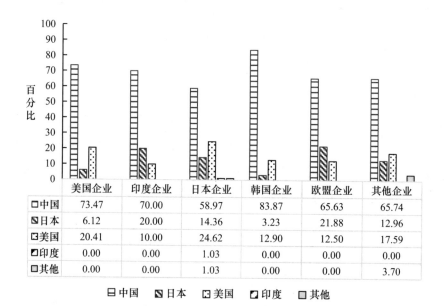

	美国企业	印度企业	日本企业	韩国企业	欧盟企业	其他企业
中国	73.47	70.00	58.97	83.87	65.63	65.74
日本	6.12	20.00	14.36	3.23	21.88	12.96
美国	20.41	10.00	24.62	12.90	12.50	17.59
印度	0.00	0.00	1.03	0.00	0.00	0.00
其他	0.00	0.00	1.03	0.00	0.00	3.70

图 10-8 在亚洲影响力最大的国家：不同外企工作经历的
员工的评价差异（N=341）

从图 10-9 来看，家中是否联网对于中美日印四国在亚洲影响力的认可大相径庭。家中联网的受访者认为中国在亚洲的影响力最大，而家中没有联网的受访者，认为日本、美国和印度的影响力在亚洲最大的比例更高。由此可见，泰国员工对于中国影响力的判断与网络媒体存在一定的正相关性。

从图 10-10 来看，认为中国在亚洲影响力最大的受访者主要集中在手机已经联网的受访者中，认为日本、印度在亚洲影响力最大的受访者也集中在手机已经联网的受访者中，而认为美国在亚洲影响力最大的受访者却主要集中在没有手机或是手机没有联网的受访者中。可见，泰国员工对中国在亚洲影响力的认知与其是否有手机以及手机是

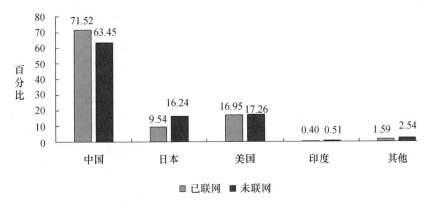

图 10 - 9　在亚洲影响力最大的国家：家庭联网与否的员工的评价差异

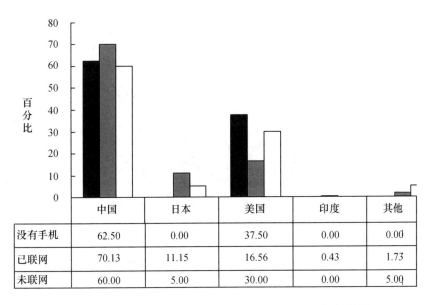

	中国	日本	美国	印度	其他
没有手机	62.50	0.00	37.50	0.00	0.00
已联网	70.13	11.15	16.56	0.43	1.73
未联网	60.00	5.00	30.00	0.00	5.00

图 10 - 10　在亚洲影响力最大的国家：手机联网与否的员工的评价差异（N = 952）

否联网有一定正相关性。

　　以中国和美国在本地区正负面影响力的比较来看，受访员工均认为中国和美国在本地区的影响力是以"正面为主"或是"正面远多于负面"，但认为中国以"正面为主"或是"正面远多于负面"的比例要大于美国；受访者认为"负面为主"或"负面远多于正面"的所占比例，中国也要远小于美国。中国和美国在泰国影响力的评价都以正面为主，但也存在一定程度的负面评价。总体而言，泰国员工对中国在本地区的正面评价要高于美国（见表10-8）。

表10-8　　　　　员工对中美在本地区影响力的评价差异　　　（单位：%）

国家	负面远多于正面	负面为主	正面为主	正面远多于负面
中国	5.55	7.29	41.02	46.14
N=919				
美国	16.49	15.78	32.86	34.88
N=843				

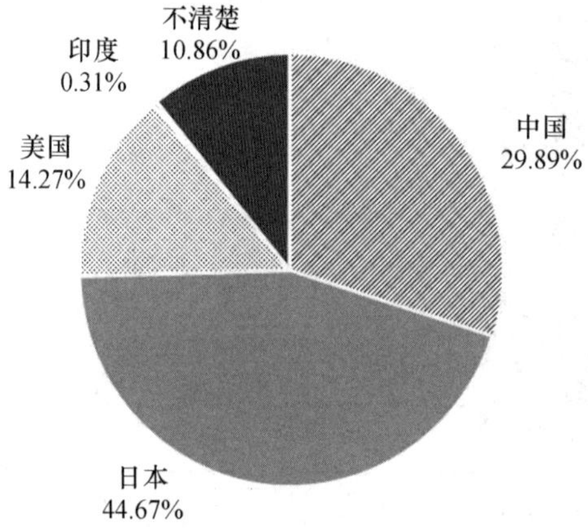

图10-11　员工认为泰国未来发展需要借鉴的国家（N=967）

从图10-11来看，中资企业的泰国受访员工认为泰国未来发展需要借鉴的国家中，日本排名第一，中国排名第二，美国排名第三，印度排名最后。综合来看，无论是国家体制、经济发展状况还是政治民主程度，日本是泰国员工认可度最高的国家，印度是泰国民众最不认可的国家。

二 对泰国援助最多的国家认知

对外经济援助作为对外交往中经济软实力的体现，是评判中美日印四个国家在泰国影响力的重要依据。总体来看，中资企业受访员工认为中国提供给泰国的外援最多，日本次之，美国第三（详见表 10－9）。但不同类别的受访员工对此问题的认知略有不同。

表 10－9 显示不同受教育程度的受访员工对这一问题的认识。其中，在认为中国是对泰援助最多国家的选项中，未受过教育的受访者的比例最高；在认为美国是对泰援助最多国家的选项中，中学学历的受访者的占比最高；在认为日本是对泰援助最多国家的选项中，未受过教育的受访者的占比也最高。自 2003 年中国与东盟宣布战略伙伴关系以来，中国多渠道提供资金，重点支持基础设施建设，援建了一大批工农业生产和基础设施项目。2010 年至 2012 年，中国共向亚洲地区 30 国提供援助，东南亚是中国对外援助的重点之一。① 另外，从 20 世纪 60 年代开始，泰国成为日本对外援助的对象，日本从电力、公路等基础设施建设入手，提供大量的机械与设备，为泰国走向工业化道路提供了帮助。② 美国方面，对东南亚的援助虽然从冷战结束后有回升，但美国对外援助的金额主要流向了伊拉克、以色列、阿富汗等国，东盟国家虽有受益但援助金额有限，区别于中国与日本的援助类型，美国援助以人道主义援助、军事援助为主，经济援助占比在不断减少。③ 因此，中国、日本对泰国提供的援助多以基础设施类居多，教育程度越低的人接触到中国和日本的援助越多，受益越多。而美国对泰国提供的援助多以良好治理类为主，学历越高的人受益越多。

---

① 中华人民共和国国务院新闻办公室：《中国对外援助（白皮书）》，2014 年。
② 邓仕超：《从敌对国到全面合作的伙伴》，世界知识出版社 2008 年版，第 23 页。
③ 曹云华：《远亲与近邻——中美日印在东南亚的软实力》，人民出版社 2015 年版，第 299—326 页。

表 10 – 9　对泰国援助最多的国家：受教育程度不同的员工的评价差异　（单位：%）

最高学历	中国	美国	日本	不清楚
未受过教育	62.50	0.00	25.00	12.50
小学学历	47.54	8.20	4.92	39.34
中学学历	39.87	11.11	11.76	37.25
本科及以上	50.10	9.81	13.57	26.51
总计	45.38	10.23	12.31	32.08

$N = 1007$。

图 10 – 12 显示管理人员的身份与这一问题的认知差异。是否是管理人员的身份对"中国是对泰国提供援助最多的国家"的认知没有关系；但对美国和日本的认知有关系，受访者是管理人员的身份要比非管理人员更倾向于认为日本是提供援助最多的国家，而美国正好相反，非管理人员的身份要比管理人员更倾向于认为美国是提供援助最多的国家。从对外援助的类型、理念来看，中国的对外援助在泰国阶层上没有明显的受益人群，但日本的援助管理人员受益较多，美国的援助非管理人员受益更多。

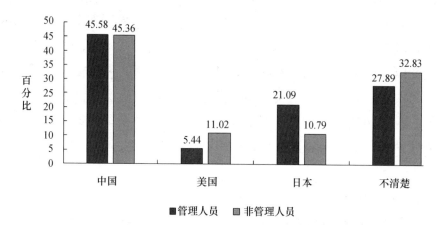

图 10 – 12　对泰国援助最多的国家：职级不同的员工的评价差异（$N = 1009$）

图 10-13 显示在日常工作中使用电脑的受访者与不使用电脑的受访者之间的差异。在中国或日本为泰国提供援助最多的认知上，使用电脑的员工要比不使用电脑的员工比例高，但在认为美国是为泰国提供援助最多的国家上，却是不使用电脑的受访者占比更高。由此可见，泰国民众可以更多地从电脑上获取中国和日本对外援助的消息，但美国对外援助的消息并不主要依赖于网络。

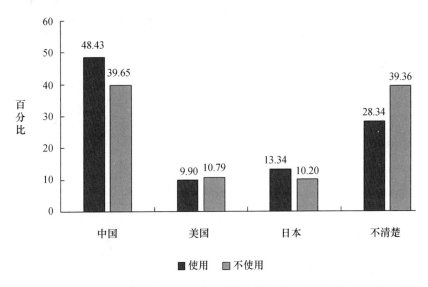

图 10-13　对泰国援助最多的国家：使用电脑与否的员工的评价差异（N = 1010）

从图 10-14 来看，家庭联网的受访者认为中国或日本是为泰国提供外援助最多的国家较于家庭没有联网的受访者多。与之相反，家庭联网的受访者认为美国是为泰国提供援助最多的国家较于家庭没有联网的受访者少。家庭联网与受访者认为中国、日本是提供外援最多的国家呈正相关，而家庭联网与受访者认为美国是提供外援最多的国家呈负相关。

从图 10-15 来看，没有手机的受访者认为中国是为泰国提供援助最多的国家的占比最大，手机未联网的受访者认为美国是为泰国提供援助最多的国家的占比最大，而手机联网的受访者认为日本是为泰国

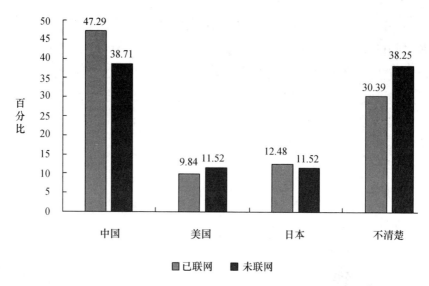

图 10 - 14 对泰援助最多的国家：家庭互联网与否的员工的评价差异（$N = 1010$）

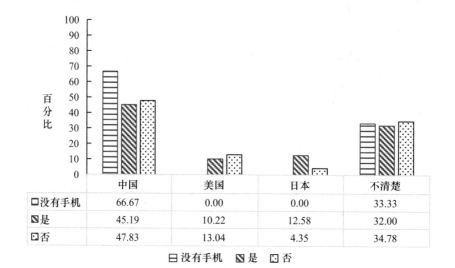

	中国	美国	日本	不清楚
没有手机	66.67	0.00	0.00	33.33
是	45.19	10.22	12.58	32.00
否	47.83	13.04	4.35	34.78

⊞ 没有手机　☒ 是　☐ 否

图 10 - 15 对泰国援助最多的国家：手机联网与否的员工的评价差异（$N = 1010$）

提供援助最多的国家的占比最大。由此可见，泰国民众对美国对泰援助的了解并不依赖于网络，对中国对泰国援助的认识一定程度来自于网络的信息。

通过对泰国中资企业当地员工的调查结果分析，泰国民众普遍认为中国在亚洲的影响力最大，美国次之，日本紧随其后，印度第四。其中，泰国女性民众、中老年的泰国民众、本科及以上学历的民众更加认同中国在亚洲的最大影响力，而泰国青少年则更加肯定美国在亚洲有最大的影响力。同时，泰国民众认为中国在泰国的影响力以正面为主，正面评价的比例多于美国。驻泰中资企业在公司类型、工作理念、企业责任等方面积极贴合泰国社会，为泰国民众积极正面地了解中国提供了渠道，打消很多人对中国的疑虑。但媒体上对于中国企业"走出去"的恐慌发出的不实报道、部分中国企业运营的"水土不服"和"技术变形"都为中国企业和中国形象或多或少带来负面影响，中国企业属地化、中国形象正面化仍是今后需要努力的方向。另外，泰国民众认为日本是泰国未来发展需要借鉴的国家。日本国家制度、法制制度、经济制度一直是泰国民众心目中民主、自由和法治的化身，在泰日本人和驻泰日本企业产品表现出来的高素质和高质量也是泰国民众所青睐的特质。最后，泰国民众普遍认为中国是对泰国援助最多的国家。

本章小结

作为泰国最大贸易伙伴的中国，其民营企业已成为投资泰国的中坚力量，大部分泰国民众对中国品牌的认知度较高，其中女性比男性更了解中国品牌，受教育程度越高、公司地位等级越高的泰国员工对中国品牌的认知度越高。其中，vivo、OPPO以及华为手机品牌已赢得在泰中资企业泰国员工的普遍青睐，尤其是华为品牌，是泰国民众中认知度最高、印象最深的中国品牌。

泰国员工普遍认为中资企业在泰国积极主动地履行东道国社会责任义务，主要集中在电力设施、以钱或实物捐赠、文体交流活动等方面，而当地员工希望中资企业援助的类型最主要的是教育，其次是卫生援助，培训、基础设施援助和公益慈善捐赠的占比也较高。中国企业对泰国援助还需大胆尝试，部分中资企业社会责任意识还较淡薄。

相对于美国、日本、印度三国而言，大部分中资企业的泰国员工认为中国在亚洲和泰国的影响力最高，但日本却是他们认为泰国未来发展应该学习借鉴的对象。中资企业当地员工对各国影响力的评价是泰国民意的缩影，加深中资企业与泰国未来发展规划的对接，充分履行企业社会责任，通过互联网新媒体进行宣传推介将是增进中泰两国关系的突破口。

参考文献

一 中文文献

巴拉帕珀·西哈、马银福：《泰国政治冲突与 2014 年政变》，《南洋资料译丛》2018 年第 3 期。

曹云华：《远亲与近邻——中美日印在东南亚的软实力》，人民出版社 2015 年版。

常祥、张锡镇：《泰国东部经济走廊发展规划》，《东南亚纵横》2017 年第 4 期。

常翔、张锡镇：《泰国新政党法解析》，《东南亚纵横》2018 年第 6 期。

陈红升：《泰国：2014 年发展回顾与 2015 年展望》，《东南亚纵横》2015 年第 4 期。

陈红升、黄幼霞：《2015 年泰国发展回顾》，《东南亚纵横》2016 年第 3 期。

陈红升、唐卉：《泰国 2016 年发展回顾》，《东南亚纵横》2017 年第 3 期。

陈军军：《泰国农业支柱产业研究》，《时代农机》2015 年第 1 期。

陈晖、熊韬：《泰国概论》，世界图书出版公司 2012 年版。

戴丽君：《泰国近五年投资环境及其经济数据分析》，《企业改革与管理》2016 年第 11 期。

邓仕超：《从敌对国到全面合作的伙伴》，世界知识出版社 2008 年版。

段立生：《论泰国历史上四次僧伽制度的改革》，《东南亚》2015 年第

1 期。

顾岩：《浅析泰国承包工程市场》，《国际工程与劳务》2013 年第 10 期。

［美］亨廷顿：《变化社会中的政治秩序》，王冠华译，生活·读书·新知三联书店 1989 年版。

梁汉学：《利用人口普查数据测量社会距离的方法探讨》，《南方人口》2011 年第 4 期。

林永亮：《"一带一路"建设的综合效益及前景展望》，《当代世界》2019 年第 1 期。

林崇德：《心理学大辞典》，上海教育出版社 2003 年版。

陆雄文：《管理学大辞典》，上海辞书出版社 2013 年版。

欧阳峣：《跨国企业的社会责任》，中国经济出版社 2008 年版。

仇振武：《普密蓬国王与泰国政治危机化解——以 1992 年"五月事件"为中心》，《安庆师范大学学报》（社会科学版）2018 年第 5 期。

任一雄：《政党的素质与民主政治的发展——从泰国政党的历史与现状看其民主政治的前景》，《东南亚研究》2001 年第 5 期。

宋清润、张锡镇：《泰国民主政治论》，中国书籍出版社 2013 年版。

唐奇芳：《泰国政治参与的困境》，《国际评论》2010 年第 12 期。

田禾、周方冶：《列国志：泰国》，社会科学文献出版社 2005 年版。

涂晓敏：《泰国军人政权研究》，硕士学位论文，云南师范大学，2000 年。

王冲：《试析泰国社会运动和政治不稳定的根源》，《东南亚研究》2009 年第 6 期。

王莉莉：《"4.0 战略"下的泰国：泰国成为东盟投资中心》，《中国对外贸易》2018 年第 6 期。

王禹、李哲敏等：《泰国农业发展现状及展望》，《农学学报》2017 年第 11 期。

王正绪、叶磊华：《东亚社会中的公民政治参与》，《政治学研究》2018 年第 1 期。

王武召：《社会交往论》，北京大学出版社 2002 年版。

魏海香：《论美国文化国际影响力模式及其特点》，《新闻传播》2019 年第 2 期。

徐哲明：《当代泰国青年的政治参与研究》，硕士学位论文，上海外国语大学，2017 年。

叶麒麟：《政党政治共识危机：街头运动与军事政变——泰国民主困境的一种解析》，《学术探索》2018 年第 4 期。

印凡、刀国新：《泰国媒体中国报道特征及影响因素分析》，《新闻研究导刊》2017 年第 7 期。

余海秋：《"影子家族"：他信兄妹卷土重来?》，《世界知识》2019 年第 3 期。

余海秋：《山头林立：泰国新内阁的特征》，《世界知识》2019 年第 15 期。

曾繁旭、周俊林、杨艾莉：《"报网互动栏目"的新闻机制与公共议题的生成》，《国际新闻界》2009 年第 10 期。

张锡镇：《泰国民主政治的怪圈》，《东南亚研究》2009 年第 3 期。

张锡镇：《中泰关系近况与泰国社会厌华情绪》，《东南亚研究》2016 年第 3 期。

张锡镇：《泰国民主政治论》，中国书籍出版社 2003 年版。

郑淑娟：《2018 年泰国橡胶产业分析》，《世界热带农业信息》2019 年第 1 期。

周方冶：《从威权到多元：泰国政治转型的动力与路径》，博士学位论文，中国社会科学院，2011 年。

周方冶：《泰国政党政治回归的前景与挑战》，《当代世界》2018 年第 5 期。

周方冶：《泰国政党政治重返"泰式民主"的路径、动因与前景》，《东南亚研究》2019 年第 2 期。

周方冶：《王权·威权·金权——泰国政治现代化进程》，社会科学文献出版社 2011 年版。

周佳佳：《军人干政：泰国政治制度的顽疾及启示》，硕士学位论文，山东大学，2018 年。

周威：《中国企业在泰国投资的政治风险分析》，《中国经贸导刊》2018年第 2 期。

邹春萌、罗圣荣：《泰国经济社会地理》，世界图书出版公司 2014 年版。

二　外文文献

Benjamin Zawacki, *Thailand*: *Shifting Ground between the US and a Rising China*, London: Zed Books, 2017.

Dahl, R., *Polyarchy*: *Participation and Opposition*, New Haven: Yale University Press, 1971.

后　记

近年来，在"和平合作、开放包容、互学互鉴、互利共赢"的丝路精神和"共商、共建、共享"的合作理念指导下，"一带一路"建设不断推进。截至2020年1月，中国已与138个国家和30个国际组织签署了200份共建"一带一路"合作文件，与沿线国家的合作进一步深化。"一带一路"倡议取得的积极进展引起了部分境外媒体乃至西方国家的无端猜疑和无理指控，造成部分对象国的不安和误解，致使中资企业"走出去"面临新的困境和挑战。基于此，云南大学专门设立"'一带一路'沿线国家综合数据库建设"项目，作为学校"双一流"建设的旗舰项目，对沿线国家中资企业及东道国员工展开综合调查，了解东道国营商环境和当地员工对中资企业的认知与看法，以期深入把握沿线国家中资企业经营发展的问题与困境，为中资企业"走出去"和实现高质量发展提供决策咨询参考，从而主动服务和融入国家发展战略。

近年来，泰国积极支持和参与共建"一带一路"，是"一带一路"沿线的重要合作伙伴，被纳入云南大学"'一带一路'沿线国家综合数据库建设"项目的首批调研对象国，由云南大学国际关系研究院邹春萌研究员担任泰国国别组组长，组建"泰国中资企业营商环境和泰国员工调查"课题组，对泰国中资企业开展调研工作。调研前期，课题组精心准备，认真做好文献梳理、问卷设计、访员培训、机构沟通、企业联络等一系列准备工作，于 2018 年 11 月及 2019 年 4 月，分别对泰国首都曼谷市、罗勇府、春武里府、北揽府、龙仔厝府等省府不同行业和不同规模的具有代表性的中资企业开展密集调研。调研过程中，课题组严格按照社会调查的科学标准，以电子问卷和一对一访谈的方式进行实地调查，确保调查数据的真实性、可靠性和科学性。通过集中实地问卷调查，课题组共获得有效问卷 1083 份，其中中资企业问卷 70 份，泰籍员工问卷 1013 份，较好地完成了调研任务。调研结束后，在技术和后勤等各小组的高效保障之下，课题组对调研结果进行详细分析，并积极撰写研究成果，继而形成本书这一最终成果。

本书具体写作分工如下：第一章四节分别由硕士研究生张泽亮、王好苑、何青青、李春迎负责；第三章、第四章、第六章由硕士研究生周一迪负责；第五章由硕士研究生马腾和周一迪共同负责；第七章由硕士研究生李春迎负责；第八章由硕士研究生何青青负责；第九章由硕士研究生王好苑负责；第十章由博士研究生沈圆圆负责；邹春萌负责全书框架的设计和写作的指导，并承担第二章的撰写和全书的修改、补充、完善与统合；博士研究生沈圆圆也参与了部分章节内容的修改与补充。

在本书付梓之际，衷心感谢所有为课题调查提供便利、为课题研究提供宝贵意见和建议的国内外人士、专家、学者、企业代表及热情参与调研的泰国访员。特别应诚挚感谢中国驻泰国使领馆、云南省驻泰国商务代表处、泰国中国企业总商会及其罗勇分会和受访的泰国中资企业等，没有这些机构的大力支持、协调与参与，课题组难以顺利完成整个调查工作，并获得宝贵的数据资料。还需说明的是，本书得到云南大学边疆治理与地缘政治学科（群）特区高端科研成果培育项目的支助，在此一并致谢。

当然，本书的不足显而易见。一是缘于数据采集阶段。跨国实地调查的困难超乎想象，要使受访中资企业的行业分布、地域分布及受访员工的类别分布处于理想范围，实难做到，故所得数据欠完美。二是缘于数据的分析阶段。因该研究具有明显的跨学科特征，囿于作者的学识与水平，难于全面地展现整个调查结果。对于本书的不足与错漏之处，恳请专家和读者批评指正。

邹春萌

2020 年 3 月